ABD # AI世代傳播素養

Communication Literacy
of AI Generation

◎作者—— 黃葳威

◎推薦人

李蔡彥（政治大學校長）
林月琴（立法委員）
林澤浩（競泰總經理）
胡青中（台北影業董事長）
胡婉玲（中央通訊社社長）
胡惠森（友歲超算董事長）
孫秀蕙（政大傳院院長）
陳依玫（衛星公會秘書長）
張　立（聯合新聞網總編輯）
郭文平（文化新傳學院院長）
郭瑞祥（健行科大校長）
賴士葆（立法委員）

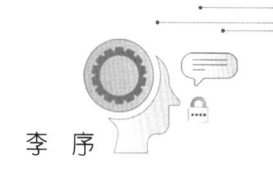

李　序

在當今迅速變動的數位時代，人工智慧早已不再只是技術領域的關鍵詞，而是滲透至教育、傳播、文化、法律乃至社會生活各個角落的核心議題。本書精心鋪陳八大主題，從傳播素養、美感教育，到消費權益、假訊息辨識，再至迷因文化與著作權合理使用，為我們勾勒出一幅既深刻又多元的知識地圖。這不僅是一部學術專著，更是一份對社會與教育皆具啟發意義的重要讀本。

AI技術的興起，帶來了資訊傳播速度與規模的全面提升，同時也挑戰了我們對真實、倫理與美學的既有認知。葳威教授以嚴謹的研究方法，在本書中剖析傳播環境中的素養議題，從媒體解讀到數位美感，從法制保障到國際比較，皆以清晰的脈絡與深入的案例，讓學術成果不僅留於研究室，更能走向大眾視野。相信對於關心數位轉型與傳播教育的師生學者而言，具有相當的參考價值。

難能可貴的，本書亦兼顧社會關懷的視野。在OTT平台快速崛起的今天，消費者權益如何保障？在社群媒體熱潮下，假訊息如何流動與辨識？在迷因文化大行其道的背景中，如何理解它對社會輿論與世代文化的影響？書中不僅有深入的理論剖析，更結合了現實社會的案例，提醒我們AI世代的便利背後，隱藏著資訊操弄、權益侵害、法律空白等挑戰。本書不僅是理論書寫，更是一部映照社會的明鏡。

縱觀全書，八大章節相互呼應，從宏觀的政策視角到微觀的文化觀察，從嚴肅的法學討論到活潑的迷因文化，編織出一張兼具厚度與廣度的知識網絡。這樣的安排，展現了本書在學術推廣、社會關懷與教育勉勵三方面的並重特色。讀者在翻閱之際，不僅能獲得理論啟發，更能感

受到知識與生活緊密結合的脈動。

　　教育的核心價值，除了專業知識的傳授外，更重要的是在於培養能面對未來世界的公民，具備知識、能力與態度，以適應及應對各種挑戰。本書從傳播素養與美感素養談起，強調批判思考、創意表達與審美判斷的重要性。在方興未艾的AI浪潮之中，除技術的發展外，素養的培育、制度的健全與文化的反思，皆更顯人文價值與人文精神的重要性。期待本書能夠為所有關心傳播、教育與人工智慧議題的讀者帶來啟發，亦能作為後續相關議題研究的重要文獻。

國立政治大學校長

李蔡彥 謹識

2025年8月

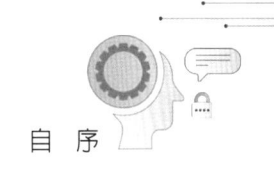

自　序

　　數位媒體變革發展，內容，一向被視為王道；媒體科技進化過程，始終在機會與挑戰交錯，關鍵更在於，人如何運用。

　　從大眾傳播媒體子彈理論的說服主張，進入分眾媒體重視市場定位、閱聽人使用與滿足；社群網路自媒體時代，閱聽人既為參與者，也扮演傳播者。

　　AI大數據普遍應用，加上新冠疫情肆虐，閱聽人逐漸在同溫層效應的推波助瀾下，喪失自主權。原本期待的多元化生態，一旦輕忽個人的主動選擇，反而隨波逐流，限縮個人視野；類似網路霸凌、假新聞於焉出現。

　　第三世界國家1970年代提出「國際資訊新秩序」（New International Information Order），呼籲當時擁有媒體科技資源的第一世界國家，要尊重在地人才培育及在地觀點的報導，早期媒介接近使用權，往往環繞在資訊觀點取向、媒體科技取向。

　　當代社群網路自媒體、網紅的蓬勃發展，媒體近用已經進階到個人參與交流，甚至訊息傳播層面。媒體識讀也從電視、網路等媒體科技面，擴展到閱聽人之間的互動、傳遞面。

　　從傳播模式觀察，訊息傳遞端、訊息內容、管道、訊息接收端、效果、回饋等媒體機構範疇，目前聚焦於個人生活圈。本書從閱聽人的主體能動性出發，使用傳播素養一詞，表達AI世代的閱聽人對於內容資訊、媒體科技、尤其是回饋參與或主動傳播等多面向。

　　閱聽人不再限於被動使用資訊或媒體科技，閱聽人也可能是訊息內容產製端，從迷因梗圖的推陳出新，社群成員未必僅僅是按讚，也可能

分享，形同參與；甚或進一步調整、重製梗圖型態或修飾文字下標，形同訊息產製傳播。

2020年開始執行大學社會責任計畫，從STEAM教育的美感素養，結合哈佛大學的賞識思維（artful thinking），導入網路安全的數位文化品味，前往臺灣各縣市與偏鄉離島推動美感素養暨數位韌性實踐行動。這也為自己推動網路安全找到新視野與契機。

所羅門王曾說：「一句話說得合宜，就如金蘋果在銀網子裏。」（箴25：11）當AI世代浸潤全媒體生態，個人美感品味、線上影音平台閱聽消費權益、網友訊息交流、面臨假訊息的分辨判讀、或隨謠言起舞成為霸凌助長者？AI與AIGC的日益友善便捷，閱聽使用涉及智慧財產權的權益與合理使用分際如何？這些皆為各章探討的議題。

本書各章論述始自教育部及政大校方對於大學社會責任的重視，參與白絲帶關懷協會社區行動實踐、消費者文教基金會媒體委員會、衛星公會新聞自律討論，國北教文教法所老師們如沐春風般的教導。謝謝多位先進賢達的推薦和家人的鼓勵，閻富萍總編輯悉心編排，得以集結出版，在此一併致謝。

黃葳威 謹識
2025仲夏

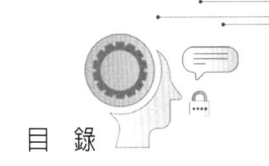

目 錄

李 序 i
自 序 iii

Chapter 1　AI世代傳播素養　1

第一節　AI世代社群現象　2
第二節　傳播素養與媒體近用　7
第三節　本書結構　16

媒體篇　23

Chapter 2　AI世代美感素養　25

第一節　前言　26
第二節　文獻探討　28
第三節　研究方法　43
第四節　研究結果　45
第五節　結論與討論　64

Chapter 3　OTT閱聽消費權益　79

第一節　前言　80
第二節　閱聽消費權益　82
第三節　影音串流平台服務與特色　86
第四節　影音串流平台消費爭議　90
第五節　影音串流平台須持續關注的問題　92

Chapter 4　社群假訊息傳播模式　101

第一節　研究背景與問題　102
第二節　文獻探討　104
第三節　研究設計　125
第四節　案例分析　126
第五節　結論與討論　135

迷因篇　145

Chapter 5　AI世代迷因梗圖　147

第一節　迷因梗圖意涵　148
第二節　社群與迷因梗圖　154
第三節　網路迷因梗圖研究　164

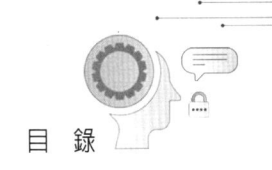

Chapter 6　英美著作權合理使用　179

第一節　國際條約上的合理使用概念　180
第二節　英國著作權法中的合理使用　192
第三節　美國著作權法中的合理使用　197

Chapter 7　我國著作權合理使用　213

第一節　我國《著作權法》　214
第二節　合理使用法律主張　233
第三節　網路平台著作權案例　236
第四節　結論與討論　249

Chapter 8　AI世代迷因面面觀　257

第一節　迷因梗圖資訊近用觀　258
第二節　迷因梗圖科技近用觀　268
第三節　迷因梗圖合理使用　276
第四節　結論與討論　285

附錄：訪談研究架構及其工具編製　295

Chapter 1

AI世代傳播素養

- **AI世代社群現象**
- **傳播素養與媒體近用**
- **本書結構**

AI世代傳播素養

網路科技與人工智慧持續變革，社群內容服務推陳出新，豐富民主開放的網路空間與視野，如何善用創新內容、激發創意？本章分別從科技演進應用、疫情居家作息、社群迷因梗圖行銷、爭議糾紛頻傳等角度，對應資訊近用、科技近用、參與近用、傳播近用實踐，探討AI世代傳播素養與媒體近用。

第一節　AI世代社群現象

聯合國1948年提出《世界人權宣言》，其中第19條：人人有權享受主張和發表意見的自由；此項權利包括持有主張而不受干涉的自由，和通過任何媒介和不論國界尋求、接受和傳遞消息和思想的自由。

這項條文揭示接收資訊、使用媒介、交流意見、傳遞主張等，為各國家族群成員人的基本權利。

一、科技演進應用

因應疫情起伏變化，法國巴黎羅浮宮（Musée du Louvre）推出線上館藏資料庫。受到疫情影響，羅浮宮乾脆規劃線上藏品資料庫The Collections，將羅浮宮與歐仁德拉克羅瓦美術館（Musée National Eugène-Delacroix）近四十八萬件館藏透過網路免費展出（Liu, 2021/3/31），各國藝術迷滑滑手機就有機會瀏覽曠世佳作。

美國OpenAI人工智慧研究實驗室2022年11月底，發布自然語言生成式模型ChatGPT，這款聊天機器人以對話方式進行，用戶註冊登入可免費使用；使用者輸入對話條件後，聊天機器人可回覆各式問題（如特定主題、編劇、文案寫作），還可撰寫論文（Guo, Chen, Wu & Wang,

2023）。微軟加碼投資OpenAI，宣布擴大ChatGPT存取權限，讓更多客戶申請使用（林妤柔，2023/1/17）。

《科學月刊》（*Science*）公布2022年度十大科學突破評選（The Guardian, 2022/12/18），生成式人工智慧（artificial intelligence-generated content, AIGC）榜上有名，引發各界關注。推斷人類將有機會友善運用AI作畫、AI作曲、AI寫作。AIGC場景下，類似文本、圖像、影音多模態生成方式逐漸形成，正改變著人與AI的共創生活。

ChatGPT等生成式人工智慧應用推陳出新，引發著作權、事實查證及倫理等無法可管等疑慮。行政院邀集國科會、數位部、通傳會及文化部相關單位（曹晏郡、邱福財，2023），納管ChatGPT等生成式AI，研議草擬《人工智慧基本法》。

財團法人臺灣網路資訊中心（TWNIC）2024年度《臺灣網路報告》調查（財團法人臺灣網路資訊中心，2024），年滿十八歲以上的臺灣民眾上網比例達84.7%，較前一年上網率84.3%，僅微幅增加，顯示一般民眾的上網使用進入高原期；目前臺灣的5G使用率為38.06%。相較於《2023臺灣網路報告》調查之5G使用率26.77%，提高了超過一成。

觀察在學學生的上網行為，政大數位傳播文化行動實驗室與白絲帶關懷協會調查臺灣各縣市在學學生（黃葳威，2024），受訪國小三年級至大學四年級在學學生，每週使用手機時間達31.27小時，上網時間有30.4小時，收看電視時間有11.28小時，運動時間僅有10.53小時。反映國小、國中、高中至大學階段在學學生為行動科技與上網的重度使用者；網路與青少兒學生的作息緊密結合，青少兒學生瀏覽的網路內容，在AI大數據演算的推波助瀾下，瀰漫網路世代的視野。

二、疫情居家作息

新型冠狀病毒（COVID-19）疫情衝擊，遠距視訊會議或教學愈趨普及，立法院2022年5月下旬三讀通過《著作權法》部分條文修正草案（曾智怡，2022），此次修正是因應數位科技發展的教學應用（章忠信，2023）、電子書包教材需要，推展圖書館的圖書資料保存及數位化服務，因應莘莘學子教育多元需要。

疫情期間居家上網成為日常，網路儼然扮演現代人接觸世界的重要窗口。日本知名動畫吉卜力工作室2020年4月起，授權經典動畫「桌布」提供免費下載，期待舒緩網友居家隔離、遠距工作等緊繃現象。同年9月吉卜力再度公布《霍爾的移動城堡》、《龍貓》等八部動畫作品的五十張高畫質劇照，提供免費下載，並公告「請在常識範圍內自由使用」（徐文鴻，2020）。

臺灣網友發揮創意，將宮崎駿動漫電影劇照，搭配設計對白、看圖說故事，發揮創意或捉弄搞笑，創造出各式「迷因」梗圖。從個人突發奇想、私部門傳遞理念，到公部門宣傳政策等，紛紛出現於社群平台。

迷因梗圖結合時事，網友常接力般分享，甚至重製、再創，其中可能涉及的著作權糾紛引起討論（韓義興，2021）。2022年奧斯卡頒獎典禮，非洲裔美籍演員威爾史密斯（Will Smith）因不滿頒獎人克里斯洛克（Chris Rock）嘲諷其大病初癒妻子的髮型（蔣巧薇，2022），突然走上頒獎台打對方巴掌，網友將此意外製作成梗圖，反諷揶揄。

疫情期間居家作息，迷因梗圖既可附和社群、表達己見，也可透過幽默、揶揄的符號，調劑足不出戶的生活。然而，分享傳遞來路不明的迷因梗圖，若內容涉及網路謠言或假訊息，稍有不慎，則可能落入造謠或散播假訊息的糾紛。

三、迷因梗圖行銷

迷因翻譯自英文meme，梗圖形同有梗的視覺訊息，為迷因的一種。迷因梗圖被定義為（Carlos, 2013）：以圖像、視頻、動畫、主題標籤或GIF的形式集結在一起的想法或概念，以有趣的方式代表主題的諷刺、幽默和嚴肅性。

文獻顯示，七成以上的買家盡可能不再以贊助廣告方式進行促銷推廣，行銷、廣告和銷售與熟悉的人相關的諷刺、幽默和有趣的內容，可以吸引難以接觸的民眾（Sharma, 2020）。這種內容已成為社群媒體的新語言，可短時間內傳遞散布。

結合各式議題行銷的迷因梗圖此起彼落，根據「品牌、政治咖玩迷因，你中了沒？」調查發現（陳政偉，2022），九成八民眾每天有機會接觸到迷因，五成以上民眾表示迷因可加深品牌印象；當公部門操作迷因時，其中超過四成民眾以為能增加對該部門的好感度。

這項由中國文化大學廣告系執行的調查顯示，98%受訪民眾每天會至少接觸一次迷因，透過臉書社群平台（31%）最多，其次經由IG（24%），所接觸到的迷因內容以大多為時事、娛樂或政治類迷因；受訪民眾覺得迷因有趣好笑又容易產生共鳴，五成六以上受訪者接收迷因後會轉傳分享他人，抱持瀏覽純粹欣賞的占三成五，接收瀏覽會再重製二創者有2%。

以公部門為例，行政院數據分析（楊涵之，2020），2019年2月以來，行政院運用了485項圖文結合政策行銷，達到公共政策宣傳目的。

不論個人或團體，藉由迷因梗圖表達主張、抒發情緒，或反諷搞笑，經由社群平台的分享轉載，或重製、轉化，各達到擴散的影響。重製過程如何不侵犯他人肖像或他人的著作權益，值得留意。

四、爭議糾紛頻傳

　　新北市某高中附設國中部2023年底發生割喉事件（古靜兒，2024/5/19），十五歲郭姓男同學因為聲援乾妹，與另一名楊姓男同學吵架，郭男爭吵過程中突然情緒失控、拿彈簧刀攻擊，造成楊男脖子噴血，經急救仍於隔天不治身亡，此事件引起全臺關注。

　　面對人智協作的AIGC潮流，青少兒學生個人情緒、與人溝通、對環境的覺察，到底浮現那些扭曲的意外？

　　德國詩人哲學家席勒（Friedrich Schiller）說：美感教育（aesthetic education）是使感性、理性與精神性動力和諧開展的唯一途徑，才得以造就完美人格、建立和諧的社會（馮至、范大燦譯，1989）。這意味著美不限於視覺藝術的外在美感，還包括個人內在修為，以及與社會他人間的相處。

　　社群迷因梗圖隨著網友、生活情境的變動，所傳遞的訊息和生活經驗產生共振。由於網友各有選擇性的注意、理解、參與程度，經過篩選的迷因梗圖，一旦取得社群的關注度，往往出現適者生存或唯我獨尊的樣態。

　　包括商標戲謔仿作等迷因梗圖，成為穿梭於言論自由及侵權的惡搞創意之一（陳琮勛，2021）。如果無傷大雅，可以調劑網友的生活情趣；如果引發糾紛，則可能產生蓋世太保主義（Godwin's law）的寒蟬效果、或網路霸凌等惡性循環（Godwin, 1994）。

　　前述行政院相關迷因梗圖行銷，大多是政府公部門，如前行政院長蘇貞昌臉書上傳的圖片連結，由於圖片都是有張貼在「官方網站」的內容，爭議較少。其中「美豬牛記者會簡報」三張梗圖，以宣傳公部門施政為主；「臺美經貿發展相關澄清」係澄清政策主張。不過媒體批露立

Chapter 1　AI世代傳播素養

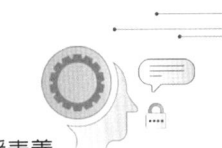

法院製作的梗圖，穿插兩張梗圖被歸類於「議場杯葛澄清」，內容卻反擊在野黨立委「霸占議場唱KTV就能月領十九萬」，達到揶揄效果（楊涵之，2020），但文不對題，引發爭議。

藝人楊丞琳參與舞蹈節目演出，由於凶狠表情不斷切換，被網友截圖猙獰表情做成梗圖。楊丞琳對媒體報導部分網友惡意截圖的行為進行回應，表示遭受網友霸凌（世界新聞網，2023）。

此外，網路直播主古阿莫透過社群平台播出其二創重製的改作影音，日前與五家國內片商的侵害著作權糾紛，最後和片商以和解收場。古阿莫在其社群平台刊登今後會注意遵守《著作權法》規定，社群平台改作、二創重製的合理使用（葉冠吟，2020）。這代表古阿莫原本自認其社群影音作品係詼諧改作的主張，未必成立。

基於網路科技普及與疫情相互驅動，串流影音平台順勢普及，網友接力重製分享的社群效應，迷因梗圖的行銷趨勢，人工智慧生成內容的異軍突起，以及迷因梗圖爭議逐漸出現，本書將先後探討影響AI世代美感素養形成的因素，跨國串流影音平台涉及的消費權益，及現有《著作權法》合理使用的條文涵蓋被視為新語言的迷因梗圖的型態，其中涉及《著作權法》的合理使用的適用性。

第二節　傳播素養與媒體近用

聯合國教育科學文化組織在1982年12月，倡導國際資訊新秩序（new international information order），主張「傳播的權利」（the right to communicate），不同國家（第三世界與第一世界國家）、區域乃至個人，均應享有傳播權（Snijders, 1983）。

聯合國前秘書長卡菲・安南（Kofi Annan）在2006年首屆聯合國網

路治理論壇指出：「我們正以生活、學習、工作、溝通以及從事商業活動的方式，穿越歷史性的轉變。我們一定要以自主的方式決定自己的命運。科技帶來了資訊時代，現在則取決於我們是否建造資訊社會的時候了。」（黃葳威，2012）

2006年11月，聯合國首屆「網路治理論壇」集結各國產官學代表與相關NGO民間團體，就開放性（openness）、安全性（security）、多樣性（diversity）、接近性（access）等四個子題進行討論與對話（黃葳威，2012）；針對開放性研商上網涉及的言論自由及觀念、資訊與知識的自由流通；諸如資訊的自由流通、言論自由及知識的易接近性及授權。

資訊社會成員對於數位傳播發展的認知，可反映資訊社會發展的成熟與否：究竟是電子公民，還是數位遊民？

聯合國對媒體近用的觀點，隨資訊科技進化逐漸演進，從關注第三世界的區域傳播與發聲，至個體面的兒少、婦女、特定族群等各世代族群的近用權。

一、資訊近用

自1945年以來，大多數西方工業化國家嘗試實現資訊自由流動的理念，主張各國得以在任何地方蒐集、傳播和發布新聞的權利，以期透過資訊交流促進世界和平與進步。當時拉丁美洲、非洲、亞洲等第三世界國家，將媒體資訊用來治理國家，對於已開發國家的主張則感受到國家主權可能被干擾的壓力（Schiller, 1974）。

不結盟新聞組織（The Non-Aligned News Agencies Pool, NANAP）是1975年到1990年代中期具半官方色彩的新聞通訊社間的合作平台，成員來自非洲和南亞不結盟國家（Wolfe, 1980），不結盟新聞組織回應

Chapter 1　AI世代傳播素養

西方已開發國家的理念，提出《新世界資訊和傳播秩序》（New World Information and Communication Organization, NWICO），從不同發展國家角度辯論資訊接近意義。不結盟新聞組織認為資訊自由流通（free flow）是「平衡流通」（balanced flow），而非西方國家聲稱的「豁免流通」（free flow）（黃葳威，2020）。

不結盟新聞組織將「平衡流通」界定為各國的訊息流通，內容和數量均受地主國政府監管。各國竭力「輸出」其認為其他國家適合獲悉的本國相關資訊，「輸入」其認為對本國公民有用和有益的資訊。為達最佳平衡，第三世界國家政府不得不壟斷資訊市場；政府在資訊審查系統影響較大（Records of the General Conference Nineteenth Session, 1976)。這些從第三世界國家角度出發的觀點，提醒已開發國家所謂對等的資訊交流，應尊重第三世界國家社會發展的主體性，衝擊已開發國家對於第三世界資訊流通的標準。

第一世界國家係從市場經濟角度定義「豁免流動」，期待世界各國和私人新聞社以商品的形式蒐集和傳播消息，透過在特定地點設置的新聞通訊社蒐集訊息，傳遞他們認為可以透過利益交換從受眾得知訊息（Records of the General Conference Nineteenth Session, 1976）。在這樣的市場機制系統中，一些弱勢社群或低開發國家在國際媒體便沒有發聲的管道。

不結盟新聞組織於1970年代倡導「新的國際經濟秩序」（new international economic order, NIEO）訴求，直到1980年代初，聯合國教科文組織委由愛爾蘭外交官西恩·馬克布萊德（Sean MacBride）主持獨立委員會（Wolfe, 1980），提倡「多種聲音，一個世界」主張，並於1980年聯合國教科文組織第二十一屆會員大會通過，至今仍是有關傳播問題的全球辯論歷史上的一個里程碑。

這階段的媒體近用權訴諸資訊再現應尊重報導人事物的主體價值。

如1978年馬克布萊德報告揭示：傳播可被視為個人、區域乃至國家參與任何公共機構管理的保證途徑（Snijders, 1983, pp.3, 5）。

上述對傳播權概念的界定，明顯地勾勒出不論發展程度的任何國家、區域以及個人，皆享有主動蒐集、主動傳遞或被動知曉、被動通知的權利，也就是參與任何公眾事務權利。這種傳播權可避免傳播媒體被誤用，亦可監督媒體運作，不僅代表一種參與社會發展的權利，也反映接近媒體的權利。

時宜至今，資訊社會網際網路提供資訊公開的空間，除了查詢地圖、餐飲、生活資訊、國際動態發展、數位學習外，一些攸關公共政策和人權的判決，較過往透明化，民眾上網搜尋到相關訊息，建構並維護個人生存發展權。

二、科技近用

1970年代國際新聞的主要提供來自發展國家的消息來源，包含合眾國際社（United Press International, UPI）、美聯社（Associated Press, AP）、法新社（Agence France Presse）和英國的路透社（Reuters）等西方國家通訊社（Wolfe, 1980）。這種情況導致國際資訊流通的失衡。

發展中國家遂呼籲新國際經濟秩序（NIE0），質疑國際貨幣體系改革從已開發國家到發展中國家的技術原材料價格比製成品價格高（Mahiou, 2011；黃葳威，2020），致力於更公平適切地分配各國的財富和資源。

1977年加拿大電訊傳播研究（Canadian Telecommunication Studies）報告所言：「由獲悉、被知悉、告知、被告知等權利所構成」，發展傳播的學者指出，接近資訊的權利與參與傳播的權利是亞洲社會須努力的方向（Silberman, 1979；黃葳威，2020），市民均有參與規劃的權利。

Chapter 1　AI世代傳播素養

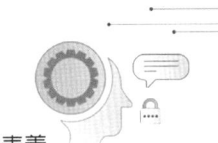

奚氏的主張反映民眾參與傳播過程的角色，更顯示傳播媒體係公共資源，民眾的科技近用權與參與權密不可分。

發展中國家提出「資訊主權」（information sovereignty）的訴求。各國將資訊視為一種國家資源，國家擁有其主權；且應像其他任何權利一樣，在國家現代化和發展過程的擁有使用資訊與媒體資源（Mahiou, 2011）。

美國前副總統高爾（Al Gore）1994年在國際電信聯盟會議將網際網路視為資訊高速公路（Vincent, 1997），呼籲掌握「技術突破和經濟手段」（technological breakthroughs and economic means），連結全世界，有助於經濟與社會發展、兒少教育，並促進社區成員交流互動，網路平台也形成全球消費者購買或出售產品的資訊市場。

科技乍看使人類能夠接近更多的資訊，讓互動機會增加，因而減少人與人之間的矛盾衝突，稍有不慎，傳播科技的普及可能是幻象，因為可能帶來更多垂直式的傳播方式，反而阻礙參與，任何傳播政策的擬定應重視科技人性化。

根據AI世代數位韌性與美感素養調查報告，青少兒在家中常用電子產品以智慧型手機、可上網的電腦為主，其次為數位電視、平板電腦，再來是電動遊樂器和不能上網的手機。

對於Z世代而言，網際網路成為日常，但不可否認，全球各地偏鄉仍存在數位落差現象，沒有網路科技與相關載具，便無法獲取資訊。這呼應加拿大學者麥可魯漢（Herbert Marshall McLuhan）所言：媒介即訊息。

撫今追昔，過往已開發國家不再只是透過其通訊社的擴張進入發展中國家，也應讓發展中國家人民有機會參與資訊內容的產製，無疑將媒體近用權從被動的資訊近用，進展至科技近用，以及參與近用的層面。如今資訊社會網路無所不在，尤其如此。

三、參與近用

傳播學者馬塔（Matta, 1984）認為，任何傳播政策的擬定，應將資訊視為一種公共服務事業，要重視傳播是一種社會權利，要能促進有效的傳播參與，科技人性化等（陳世敏，1989；黃葳威，2004）。

馬塔對於參與權的詮釋，將傳播事業視為一種需由傳播業者與社會大眾共同參與的公共服務事業，他不諱言有效的傳播參與難以落實到社會各團體或分子，但強調立法保障傳播權利的重要性，促使傳播業者廣徵民意，並鼓勵社會大眾珍視、善用其參與權利。

亞洲大眾傳播研究資訊中心的執行秘書馬隆（Vijay Menon）在談及資訊共享與公民參與傳播過程時，提出以下建議（Menon, 1986, pp.89-90；黃葳威，2020）：

1. 政府相關部門應改善在傳播過程中行政體系過度集權中心化的現象，加速訊息傳遞給民眾的時效，並考慮基層老百姓對發展訊息的瞭解程度。
2. 媒體不僅可反映政府相關部門的事務，也應呈現社會其他層面的事宜。
3. 政府應加強諸如遠距學習、非正式、以社區為主導的教學節目或活動，以補償因學雜費上漲而無法正式就學的失學人士的學習需要。
4. 政府應派遣能與居民打成一片的專業人士，提供基層民眾適宜的訓練計畫。
5. 媒體與一般民眾應不斷牢記人民所享有的傳播的權利。

馬隆不僅強調組織在社會中所應享有的自由傳播權利，更揭櫫社會

中每個成員都應珍惜與使用其監督媒體運作及傳遞內容的傳播權。這代表一般民眾回饋意見的重要性，也呈現媒體組織與民眾之間的互動、雙向溝通關係。

分析美國肯塔基州路易斯維爾市報紙的「觀點專欄」投書者（Forsythe, 1950）得知，讀者投書如同「社會安全閥」（social safety valve）（黃葳威，2004）。讀者投書專欄扮演著抒解民眾情緒的功能。

唐倫（Tarrant, 1957）分析讀者投書的作者未必都是所謂患有妄想症（crackpot）的人，處處和社會現況作對；相對地，讀者投書的作者大多受過高等教育，是比較成熟、善於表達自己的一群人，因此使得讀者投書成為一個主動參與社會的機智民眾組成的公共論壇。

有關中國大陸文化大革命的研究指出（Chu & Chu, 1981），讀者投書如同整合社會意識型態的機制；到四人幫被批鬥的時代，讀者投書則相當於化解社會衝突的工具。

美國商業委員會傳播附屬委員會（Subcommittee on Communications of the Committee on Commerce）1968年報告，說明廣播電台利用電話進行的叩應（call-in）節目，如同一個開放麥克風的廣播論壇（open mike radio forum），可促進地方民主政治發展（Crittenden, 1971）；民眾對叩應節目參與的程度，可被視為其對地方公共事務熱衷與否的指標。

參酌臺灣司法院大法官釋字第364號解釋：大法官陳述「接近使用傳播媒體」之權利（the right of access to the media），民眾得依一定條件，要求傳播媒體提供版面或時間，行使表達意見之權利而言，以促進媒體報導或評論之確實、公正。如媒體之報導或評論有錯誤而侵害他人之權利者，受害人即可要求媒體允許其更正或答辯，以資補救。

從閱聽人回饋探索廣播（黃葳威，1997）、電視媒體（黃葳威，2004）的叩應節目中閱聽眾參與傳播的回饋模式，發現大致可以分為單向有限、比較信賴、保持距離等型態，單向回饋意指閱聽人參與傳播，

卻沒有得到適切的互動；比較信賴則是閱聽人和媒體間的互動頻繁且多為有效溝通；保持距離形同零回饋，閱聽人對於參與互動無動於衷。

隨著資訊科技進展，網路成員彼此交流的範圍與延展性，顯著高於實體互動，網路社群參與成員可涵蓋現實未曾謀面者，且成員身分背景多樣，透過網路貼圖和帳戶設定，網友天涯若比鄰。成員真實身分和交流資訊的變化多樣，充滿各式可能的機會和挑戰。

四、傳播近用

聯合國〈世界人權宣言〉宣示人們有透過媒體自由表達意見的權力，美國法律學者拜倫（Jerome A. Barron, 1967, 2003）質疑，美國憲法第一修正案強調保障言論自由的主張其實並不周延，因為只在保護媒體及其老闆的言論自由，卻忽略市民大眾表達意見的自由，顯示第一憲法修正案的主張並不足夠，還應重視民眾接近大眾媒體的言論自由（rights of access to the media），他主張政府應立法保障人民的媒體近用權。

拜倫在1967年提出的媒體近用主張主要是針對民眾近用報紙（印刷媒體）的自由，如讀者投書、表達意見、購買廣告版面等，並未涉及廣電媒體。直到其2003年之後才談及廣電媒體，包括有線電視系統之公用頻道。發展至此，媒體近用權進入民眾可以自行辦社區媒體，自製播放於公用頻道的影音節目，形同傳播者的角色。

亞洲大眾傳播研究資訊中心的執行秘書馬隆（Vijay Menon）說明資訊共享與公民參與傳播過程時，也關注民眾本身擁有表達其意見的權利，呼應市民大眾擁有媒體傳播的主體性。這些理念隨著網際網路時代而成為可能，也迅速普及化。

數位網路時代來臨，無線廣播電視線性、單向的服務受到結構性的挑戰，閱聽大眾使用數位媒體可享有較多自主權與參與權，不再是單

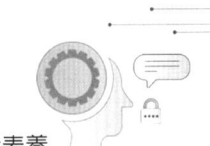

向、被動、無回饋的傳播路徑。

聯合國2003年起舉行「資訊社會世界高峰會」（World Summit on the Information Society, WSIS），以社會結構的轉變為主軸，強調在二十一世紀資訊社會「如何使資訊社會惠及全人類，消除數位落差」（黃葳威，2018）。會中主張以全人類得以自由接收、分享或運用資訊與知識，建造公開包容的資訊社會（Girard & Ó Siochrú, 2003）。

2005年聯合國第二屆「資訊社會高峰會」聚焦資訊社會轉變成知識社會的議題，通過《資訊社會—突尼斯議題》，決議展開始籌辦聯合國第一屆「網路治理論壇」，集結各國產官學代表與相關民間團體進行對話。「網路治理論壇」成立背景乃依據突尼斯議程第72項，「網路治理論壇」有關媒體近用使命有（黃葳威，2008）：向各方利益相關人提出建議計畫，加速促使發展中國家人民使用網路的方案。

《憲法》明文保障傳播自由基本權，包括意見表達與事實陳述等散布自由、資訊自由與資訊獲知請求權及近用媒體。包括原創和二創等作品均受《著作權法》規範。《著作權法》維護作者人格權與財產權。

有關網路人格權保護包含姓名使用、使用他人文章、更改他人文章等，除非為可受公評的議題，網路發言宜慎重，避免侵害他人權益或商譽。

網路智慧（財產）權，可能涉及著作權、商標權、專利權及營業秘密等。主因在於網路社群平台與自媒體興起，部分網紅或直播主形同個人品牌，代言等商業活動頻繁，目前侵權案例也對這些網路名人形成衝擊。

網路空間社群交流頻繁，訊息作品轉貼上傳網路平台，如何拿捏言論自由、發揮創意、避免侵權，不可不慎。

第三節　本書結構

　　本書分為〈媒體篇〉、〈迷因篇〉兩部分。〈媒體篇〉包括三章，其中第二章〈AI世代美感素養〉，源自美國哈佛大學教育所「零點計畫」（Project Zero）主張的「賞識思維」（artful thinking），賞識思維的關鍵在「深思熟慮的觀看」（slow looking）。思考、思辨形同需時深沉的腦力活動。德國詩人哲學家席勒（Friedrich Schiller）說：美感教育（aesthetic education）是使感性、理性與精神性動力和諧開展的唯一途徑，也才得以造就完美人格、建立和諧的社會（馮至、范大燦譯，1989）。美不限於視覺藝術的外在美感，還包括個人內在修為，以及與社會他人間的相處。本章除呈現AI世代的美感素養，也尋找影響美感素養形成的因素。

　　跨國境外平台帶動全球閱聽人的眼球經濟革命，臺灣閱聽人對於串流影音平台涉及的消費權益有哪些？當韓國網路服務提供者SK Broadband長期與Netflix訴訟，爭取應有的在地平台經營成本爆爭的權益時期，以Netflix、消費者保護法關鍵字，查詢司法院判決書系統，臺灣僅有一件消費者提出與Netflix有關《消費者保護法》的訴訟，但被告是中華電信。第三章〈OTT閱聽消費權益〉，自科技近用觀探索置身境外串流影音平台的浪潮中，閱聽消費者有哪些線上串流影音牽涉的權利義務？

　　從社群經營的口碑行銷到假新聞／訊息，透過社群平台散播，已是不爭事實，其傳播模式如何？是否衝擊言論自由的價值？第四章〈社群假訊息傳播模式〉，從資訊近用觀以楊蕙如網軍事件的法院判決為例。檢視言論自由與新聞自由取向，假新聞／訊息的敘事，以及傳播模式，

Chapter 1　AI世代傳播素養

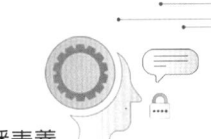

並以楊蕙如網軍事件為例，分析臺灣法院的相關判決與爭點，探討楊蕙如網軍事件的傳播模式，與其中涉及假新聞／訊息的爭點。

〈迷因篇〉共計四章，迷因梗圖透過視覺圖像及簡潔文字符號的召喚，網友可以迅速接收訊息，分享轉貼或接續重製、變異、擴散；所傳遞的內容訊息，隨著不同解讀的社群成員，形成各自的接力行動。第五章〈AI世代迷因梗圖〉，本章藉由資訊近用、科技近用、參與近用、傳播近用觀，先後梳理迷因梗圖意涵、社群與迷因梗圖，以及迷因梗圖在社群平台之間傳遞、演化、分享的多元文化繽紛樣貌。

法蘭西學院院士維克・雨果（Victor Marie Hugo）的《鐘樓怪人》（*Notre-Dame de Paris*）、《悲慘世界》（*Les Misérables*）等作品聞名全球，從文字小說、歌劇、電影，甚至音樂劇等，傳唱至今。合理使用從教育、圖書館公共服務、弱勢族群等非營利目的，應用於媒體報導授權或法定例外等部分。第六章〈英美著作權合理使用〉，審視國際公約、英國及美國《著作權法》合理使用的著作範圍與相關案例。

我國《著作權法》自民國17年5月14日制定、同日公布，至111年間，歷經二十次修法。網路迷因相關論述偏重行銷、社會文化現象等層面，伴隨生成式人工智慧（Artificial Intelligence Generated Content, AIGC）應用日趨普及，其中牽涉著作權、假訊息和倫理等議題。第七章〈我國著作權合理使用〉，聚焦討論我國著作權法合理使用的規範與相關案例。

接續前述文獻分析整理臺灣《著作權法》各階段的修法延革，及合理使用相關條文的發展。第八章〈AI世代迷因面面觀〉，採取資訊近用、科技近用視角，以深度訪談法訪問十五位學者專家，針對迷因梗圖繽紛多樣，對於社會文化展現交流，產生哪些影響？社群媒體頻頻出現相同或相近圖文的迷因梗圖，是否涉及觸犯《著作權法》？迷因梗圖的合理使用原則有哪些？將依序陳述訪談結果、討論與建議。

參考文獻

古靜兒（2024/5/19）。〈新北國三生割喉案總整理〉，《風傳媒》，http://storm.mg/lifestyle/4961819

世界新聞網（2023/5/12）。〈跳舞猙獰表情被做成梗圖 楊丞琳批：帶頭霸凌很糟糕〉，《世界新聞網》。取自https://stars.udn.com/star/story/10089/7152785，查詢時間：2023年5月27日。

朱世凱（2019/11/13）。〈民宿美照是假的？過來人淚揭訂房網「暗黑內幕」〉，《東森新聞雲》。取自https://house.ettoday.net/news/1578766

呂翔禾（2019/4/16）。〈假造汽車排放數據 福斯前總裁遭起訴〉，《臺灣醒報》。取自https://tw.news.yahoo.com/%E5%81%87%E9%80%A0%E6%B1%BD%E8-%BB%8A%E6%8E%92%E6%94%BE%E6%95%B8%E6%93%9A%E7%A6%8F%E6%96%AF%E5%89%8D%E7%B8%BD%E8%A3%81%E9%81%AD%E8%B5%B7%E8%A8%B4-082158309.html

林妤柔（2023/1/17）。〈傳加碼投資 OpenAI，微軟宣布擴大ChatGPT存取權限〉，《科技新報》。取自https://technews.tw/2023/01/17/azure-openai-chatgpt/，查詢時間：2023年4月30日。

邱怡萱（2018/12/7）。〈三星再爆造假門！〉，《中時新聞網》。取自https://www.chinatimes.com/realtimenews/20181207001471-260410?chdtv

風傳媒（2019/4/2）。〈父母上網曬娃：孩子的尷尬和安全隱憂〉，《風傳媒》。取自https://www.storm.mg/lifestyle/1118239?page=1

財團法人臺灣網路資訊中心（2024/10）。〈2024臺灣網路報告〉，臺北市：財團法人臺灣網路資訊中心。取自https://report.twnic.tw/2024/assets/download-TWNIC_TaiwanInternetReport_2024_CH_-summary.pdf，查詢時間：2025年3月20日。

徐文鴻（2020/9/22），〈吉卜力免費劇照引爆梗圖大亂鬥 立委、部長跟風參戰〉，《鏡周刊》。取自https://www.mirrormedia.mg/story/20200922edi033/，查詢時間：2023年4月21日。

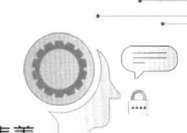

陳世敏（1989）。〈讀者投書：接近使用權的實踐〉，《新聞學研究》，第41期，頁25至46。

陳政偉（2022/3/18），〈4成6民眾可接受地獄迷因 專家：用於行銷要謹慎〉，《中央社》。取自https://www.cna.com.tw/news/ahel/202203180196.aspx，查詢時間：2023年4月30日。

陳琮勛（2021年4月）。〈商標戲謔仿作——兼評智慧財產法院108年度民商上字第5號判決〉，《法觀人月刊》，第259期，頁3-9。

黃哲民（2021/11/12）。〈卡神涉養網軍釀外交官之死〉，《東森新聞雲》。取自 https://www.ettoday.net/news/20211112/2122089.htm

黃葳威（1997）。《走向電視觀眾——回饋理念與實證》。臺北市：時英。

黃葳威（2004）。《閱聽人與媒體文化》。新北市：威仕曼。

黃葳威（2008）。《數位傳播與資訊文化》。新北市：威仕曼。

黃葳威（2012）。《數位時代資訊素養》。新北市：威仕曼。

黃葳威（2018）。《數位時代網路治理》。新北市：揚智。

黃葳威（2020）。《數位時代社會傳播》。新北市：揚智。

黃葳威（2024/12/17）。「AI世代臺灣青少兒美感素養與數位韌性報告」，臺北市：中華白絲帶關懷協會。取自https://www.cyberangel.org.tw/file/evt2024/2024_tw_youth_survey.pdf

章忠信（2023年6月）。〈111年新修正著作權法關於教學之合理使用評析〉，《智慧財產局月刊》，第294期，頁86-102。

馮至、范大燦（譯）（1989）。《審美教育書簡》。臺北市：淑馨。

葉冠吟（2020/6/9）。〈谷阿莫賠百萬與片商和解，臉書聲明日後注意著作權法規定〉，《中央通訊社》。取自https://www.cna.com.tw/news/firstnews/202006090286.aspx。查詢時間：2023年6月5日。

曾智怡（2022/5/27）。〈著作權法三讀通過 經部：增進教育多元發展〉，《中央社》。取自https://www.cna.com.tw/news/afe/202205270160.aspx。查詢時間：2023年5月30日。

曹晏郡、邱福財（2023/5/25）。〈行政院擬推人工智慧基本法 納管AI侵權造假等爭議〉。取自https://news.pts.org.tw/article/638466。查詢時間：2023

年5月28日。

楊宗興（2013/5/22）。〈誤信便當文為真 四方報總編請辭〉，《新頭殼新聞》。取自https://newtalk.tw/news/view/2013-05-22/36683

楊涵之（2020/11/26），〈政院公開過去一年半所有製作圖文 485項中梗圖只有遭抓包的2張〉，《信傳媒》。取自https://www.cmmedia.com.tw/home/articles/24542。查詢時間：2023年4月28日。

蔣巧薇（2022/3/28），〈迷因界暴動了！威爾史密斯奧斯卡上打人畫面 被瘋狂製成搞笑梗圖〉，《新頭殼newtalk》。取自https://newtalk.tw/news/view/2022-03-28/730548。查詢時間：2023年4月22日。

韓義興（2021/6）。〈主流網路迷因之保護與著作合理使用「轉化性利用」之探討〉，中華傳播學會2021年會，臺北市：中華傳播學會。

關鍵評論（2022/3/14）。〈2022臺灣網路使用報告：每日上網時間比全球平均多一小時〉，《關鍵評論》。取自https://www.thenewslens.com/article/163977/fullpage

Liu, I.（2021/3/31），〈羅浮宮48萬件館藏線上免費看！蒙娜麗莎的微笑等名作、主題策展3大項目亮點〉，《大人物》。取自https://www.damanwoo.com/node/94870?fbclid=IwAR3FVAKrBEyzNBzPqs6iCIx2I1Y24oVyZcyIuDlrosJs7a1XqgzdDgzuthc

Armstrong, A. G. & Hagel, J. (1997). *Net Gain: Expanding Markets through Virtual Communities*. Cambridge, MA: Harvard Business school Press.

Barron, J. A. (1967). Access to the press: A new first amendment right. *Harvard Law Review*, *80*, 1641-1678.

Barron, J. A. (2003). Rights of access and reply to the media in the United State today. *Communications and the Law*, *25*(1), 1-13.

Carlos Mauricio Castaño Díaz (2013, June). "Defining and characterizing the concept of Internet Meme". *CES Psicología, 6*(2), 82-104.

Chu, G. C. & Chu, L. L. (1981). Parties in conflict: Letters to the editor of the People's Daily. *Journal of Communication*, *30*(4), 74-91.

Crittenden, J. (1971). Democratic functions of the open mike forum. *Public Opinion*

Quarterly, *35*(2), 200-210.

Forsythe, S. A. (1950). An exploratory study of letters to the editor. *Public Opinion Quarterly*, *14*(1), 143-144.

Girard, B. & Ó Siochrú, S. (Eds.). (2003). *Communicating in the Information Society* (pp.1-10). Geneva, CH: UNRISD.

Godwin, M. (October 1, 1994). "Meme, Counter-meme". *Wired*, *2*(10). Retrieved 24 June, 2024.

Guo, D., Chen, H., Wu, R. & Wang, Y. (2023, December). "AIGC challenges and opportunities related to public safety: A case study of ChatGPT", *Journal of Safety Science and Resilience*, *4*(4), 329-339

Mahiou, A. (2011). "Declaration on the Establishment of a New International Economic Order", *United Nations Audiovisual Library of International Law*, pp.1-6. Retrieved from http://legal.un.org/avl/pdf/ha/ga_3201/ga_3201_e.pdf

Matta, F. R. (1984). A social view of information, pp.63-38. In G. Gerbner & M. Siefer (Eds.). *World Communication: A Handbook*. New York, NY: Longman.

Menon, V. (1986). Access to information and participation in communication as basic necessities for the communication structure of Asian societies, *Media Asia*, *13*(2), 88-90.

Putnam, R. D. (2000). *Bowling Alone: The Collapse and Revival of American Community*, New York, NY: Simon & Schuster.

Records of the General Conference Nineteenth session Nairobi (1976). *Proceedings*, Vol. 2, Part 1. Published by UNESCO.

Schiller, H. I. (1974). Freedom from the "Free Flow", *Journal of Communication*, *24*, 110, 112.

Sharma (2020, September 1), "Meme Marketing: A Serious Business", in: https://hicentrik.com/meme-marketing-guide-memevertising-2021/, Retrieved 24 May 2023

Silberman, M. (1979). Popular participation through communication, *Media Asia*, *6*(2), 22-35.

Snijders, M. L. (1983). The right to communicate: The latest effort to put the media under control, *Gazette*, *31*, 3-7.

Tarrant, W. D. (1957). Who writes letters to the editor. *Journalism Quarterly*, *34*, 501-502.

The Guardian (2022/12/18). "The 10 biggest science stories of 2022", https://www.theguardian.com/science/2022/dec/18/the-10-biggest-science-stories-of-2022-chosen-by-scientists, Retrieved 21 May 2023.

Wolfe, T. R. (1980). A new international information order: the developing world and the free flow of information controversy, *Syracuse Journal of International Law and Commerce*, 8(1), Art. 7, 249- 264.

Vincent, R. (1997). The new world information and communication order in the context of the information super-hightway, in *Democratizing Communication? Comparative Perspectives on Information and Power* (pp.375-404), by M. Bailie and D. Winseck (Eds.). New Jersey: Hapmton Press.

媒體篇

- **AI世代美感素養**
- **OTT閱聽消費權益**
- **社群假訊息傳播模式**

Chapter 2

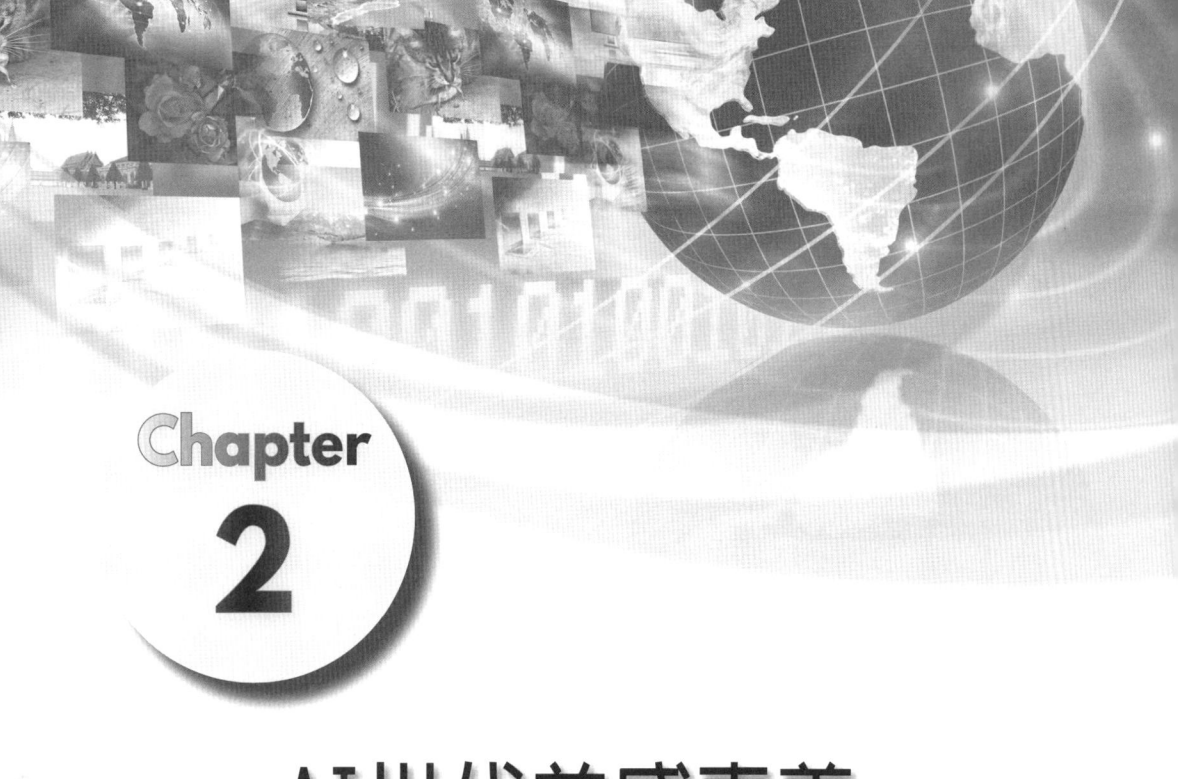

AI世代美感素養

- 前言
- 文獻探討
- 研究方法
- 研究結果
- 結論與討論

民國106年被視為臺灣AI元年。行政院107年1月18日起推動四年期的「臺灣AI行動計畫」（行政院，2019），全面啟動產業AI化。近年人工智慧生成內容（artificial intelligence-generated content, AIGC）日益普及應用，持續接力新的科技風景。

第一節　前言

生成式人工智慧的突破轉機始於2022年11月30日。OpenAI發布ChatGPT的自然語言生成式模型，這款聊天機器人，以對話方式進行，用戶註冊登入可免費使用ChatGPT；設定對話條件後，即可運用人工智慧回覆或產生各式內容（包括圖像、編劇、文案寫作），甚至可撰寫論文。微軟並加碼投資OpenAI，宣布擴大ChatGPT存取權限，讓更多客戶申請使用新技術（林妤柔，2023）。

英國《衛報》（*The Guardian*）報導（2022），《科學月刊》（*Science*）公布2022年度十大科學突破評選，人工智慧生成內容（AIGC）榜上有名，引發各界關注。今後大眾將有機會友善運用AI作畫、AI作曲、AI寫作。AIGC場景下，類似文本、圖像、影音多模態生成方式逐漸形成，正改變著人與AI的共創生活。

AI世代的演進，跨領域思維愈發重要（邱倢芯，2023）。一項分析年輕世代對於使用人工智慧的態度研究發現（Nikolenko & Astapenko, 2023），年齡四十至五十歲或二十至三十五歲使用人工智慧的人皆同意：人工智慧有助於提升生產力或簡化生活等助益，四十至五十歲受測者尤認為人工智慧的運用會帶來風險；二十至三十五歲受測者使用人工智慧過程的情緒為正向積極的，四十至五十歲受測者則表示使用過程充滿焦慮。

Chapter 2　AI世代美感素養

　　聯合國經濟合作暨發展組織（OECD）推出「2030OECD未來教育和技能計畫」（OECD Future of Education and Skills 2030 Project），因應不可預測的情況和未來趨勢。學生不僅需要發展知識和技能，還需要發展態度和價值觀。創造新價值需要批判性思考和創造力來發現問題的不同解決方案，並與他人合作尋找複雜問題的解決方案（OECD，2019）。

　　除了半導體代工服務居全球之冠，「臺灣AI行動計畫」直陳臺灣的垂直應用領域科技化程度高，包含醫療照護、智慧城市、數位政府服務、智慧製造及精緻農業等，讓臺灣極具研發AI的基礎實力。

　　從Web1.0、Web2.0，演進至Web3.0時代，資訊社會媒體創意也由專業產製（professional generated content, PGC），歷經自媒體（user-generated content, UGC），進展到生成式人工智慧（AIGC）階段，閱聽大眾運用AI，即可迅速生成產製內容訊息，人機交互的協作互動便捷，也面臨資料庫涉及侵權、個資隱私等新的挑戰。

　　美國加州大學柏克萊校區研究員及兩位爾灣分校教授曾發表〈蘋果的iPad和iPhone誰分到最多價值？〉（Capturing Value in Global Networks: Apple iPad and iPhone?）論文（Kraimer, Linden & Dedrick, 2011），證明一件眾所周知的事實，蘋果商品外包中國大陸製造，主責設計、行銷的品牌地主國美國為最大獲益方。主責造型美感設計、行銷的效益，遠勝過承包製造端。

　　跨領域教育理念，見諸2011年美國總統歐巴馬在國情咨文提出創新與科技、教育的重要性，發布《總統2012預算要求和中小學教育改革藍圖法案》（A Blueprint for Reform: The Reauthorization of the Elementary and Secondary Education Act）。美國羅德島設計學院（Rhode Island School of Design），發起「從STEM到STEAM」的運動（Maeda, 2013），推廣至全美。藝術及傳播學者專家認為，STEAM最有效的切

入點，是從設計的角度來結合科技、科學與藝術（Bequette & Bequette, 2012; Vande Zande, 2017），被視為新素養教育。

「賞識思維」（artful thinking）源自美國哈佛大學教育所「零點計畫」（Project Zero），賞識思維的關鍵在「深思熟慮的觀看」（slow looking）。思考、思辨形同需時深沉的腦力活動。迅速瀏覽可看到事物的輪廓（李宜蓁，2022/12/14）；深思熟慮的賞識，則可辨識細節及弦外之音。

德國詩人哲學家席勒（Friedrich Schiller）說：美感教育（aesthetic education）是使感性、理性與精神性動力和諧開展的唯一途徑，也才得以造就完美人格、建立和諧的社會（馮至、范大燦譯，1989）。這意味著美不限於視覺藝術的外在美感，還包括個人內在修為，以及與社會他人間的相處。

臺灣一〇八課綱強調素養導向教學，藉十二年國民教育培養學生的知識、能力、態度，核心素養中的「藝術涵養與美感素養」，為「溝通互動」的一環。但在重視升學的臺灣，藝術相關課程或教育，常被數理語文課借走，無形剝奪年輕學子涵詠美感生活的機會。

藝術始於生活，應用其中，堆疊出人類文明。隨著AIGC普遍運用於學習、生活、休閒，AI世代校園學生的美感素養如何？影響學生美感素養養成的個人背景因素、數位科技因素有哪些？

第二節　文獻探討

法國雕塑家羅丹（August Rodin）曾說：世界並非缺少美，而在於沒有感知（Beauty is everywhere. It is not that she is lacking to our eye, but our eyes which fail to perceive her.）。美存在於生活周遭，可能牽動我們

的思緒，引發內心的感觸或感動，關鍵在於我們對周遭美感的覺察。

換言之，「美」存在於萬物中，可能有形或無形中牽動我們的思維，具有可解釋的美的原理或其他無法敘述的內心感動，就稱為美。

一、美感教育與美感素養

「美感」（aesthetic）源自希臘文aisthetikos，原意是感性的認知學，由德國哲學家鮑姆嘉敦（Alexander Gottlieb Baumgarten）提出，意指對感知（perception）、感覺（sense）、自然或藝術之美的哲學研究（張敏琪，2009）。

英文字aesthetie兼有「愛美」、「審美」、「美學」的意思（漢寶德，2007）。研究將美感定義為：具有美的特性的客體，觸動主體所生的愉悅的感覺，即為美感。主體即為個人，客體則有不同的形式存在著（鄭筱萍，2018）。

美學被理解為一種精神狀態涉及美感經驗的概念（Iseminger, 2003），意即我們在回應物體／人／文本所採取某種立場。杜威（Dewey, 1934）在美感經驗著作探討人們如何透過各種互動來賦予環境意義，認為可鼓勵學生與藝術邂逅，透過不同的意義模式來交流現實的不同面向。杜威將美感經驗與普通體驗區分開來，指出存在某種情緒反應，即我們內心感受到的東西（Shelley, 2017）。這些體驗可以在生活的各個方面感受到，並且需要必要的條件才能發生。

「美感教育」出現於十八世紀，西哲主張美感教育（aesthetic education）是使感性、理性與精神性動力和諧開展的唯一途徑，才得以形塑完美人格、建立和諧的社會（馮至、范大燦譯，1989）。美感可由外部覺察表現，也包括個人內在修為，及與社會群體的關係互動。

另一方面，語言研究學者詹姆斯・保羅・吉（James Paul Gee,

1991）和布萊恩・史崔特（Brian Vincent Street, 1995）進行新素養研究，運用批判思辨方法，觀察人們如何在不同的文化和社會建構條件下，理解、創作不同類型的文本。這種思維方式將掃盲教育當作一種批判性的社會實踐，學生從中詢問文本，而不僅僅是獲得在社會中順從運作的識字技能（Barton, 2019; Pahl & Rowsell, 2010）。新素養研究鼓勵學生積極參與學習，最終目標是反思質疑，且有可能改變所處情境的主流教條規範（Colvert, 2022）。

新素養研究開啓許多讀寫能力領域的分析，以及爾後符號學和評估理論等以社會文化觀點爲基礎的研究。這類讀寫能力通常被視爲混合和／或基於生活場域的讀寫能力，包括那些可能在家庭、社區和學校使用的讀寫能力（Bulfin & Koutsogiannis, 2012; Mendoza, 2018; Moje, 2016）。

新素養研究關注教室師生與同學的互動交流，所促動引發的素養養成；面對這些情境以網路空間爲主軸時，相關科技使用與網路社群互動會形成哪些影響？

1979年臺灣公布的《國民教育法》第一條揭示「以德、智、體、群、美五育均衡發展之健全國民爲宗旨」，美育在此被提出，列爲五育之一；1980年，教育部公布「國民中小學加強美育教學實施要點」，再次強調美育的功能在促進德、智、體、群均衡發展，並提高其境界，豐富其內涵。然而，在學科掛帥、升學主義的教育體制下，美育仍一直處於被忽略的情境當中，甚至常當作其他學科教學時數擠壓下的犧牲品。

1993年，國小新課程標準中美勞科目標包含「表現」、「審美」和「生活實踐」三大目標：

1. 表現目標：運用造形媒材，體驗創作樂趣，培養表現能力。
2. 審美目標：經由審美活動，體認藝術價值，提升審美素養。
3. 生活實踐目標：應用藝術及結合生活科技知能，涵養美的情操，

Chapter 2　AI世代美感素養

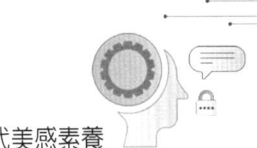

提升生活品質（教育部，1993，頁245-260）。

課程標準陳述培育兒童分辨自然與人造物之視覺要素，瞭解美的原則、培養敏銳的知覺及美感能力，再將藝術知能運用於生活中，覺察日常生活事物之美（郭武雄，1996）。這階段修訂的課程標準的特色：從情意層面推動藝術教育，培養基本的審美能力，並且在日常生活中實踐美育，代表美感能力的培養在藝術教育受到重視。這階段美勞教育的目標關注個人與所處環境的心情覺察、內在感受與啟發。

檢視2003年公布的九年一貫課程綱要，藝術與人文領域的課程目標分為「探索與表現」、「審美與理解」、「實踐與應用」三層面（教育部，2003a）。相較於1993年新課程的目標，兩階段都強調藝術教育課程應讓學生和環境有所互動，除了藝術表現創造力之外，還要培養學生有認識文化藝術的審美素養，讓藝術教學不只是動手的課程，更需要多運用思考來判斷、理解、賞析，多用心去感受並省察所處環境。由此觀察，藝術教育的最終理想未必是創作表現，而在於覺察鑑賞；要能夠欣賞、感受美的存在，才能夠豐富生活與心靈，後者尤其為美感教育的核心理念。

隨著時代演進，政策修訂逐步推行十二年國民教育，以「核心素養」為課程發展主軸，因應三大層面：自主行動，溝通互動、社會參與，三大層面再區分為九大項目，其中「藝術涵養與美感素養」列於九項之一（教育部，2014），彰顯在各大領域中都須有符應「具備藝術感知、創作與鑑賞能力，體會藝術文化之美，透過生活美學的省思，豐富美感體驗，培養對美善的人事物，進行賞析、建構與分享的態度與能力」（教育部，2014）的課程綱要。這呼應對於美感的覺察、表現、賞析、體驗、實踐。

十二年國教課程綱要草案中，修訂藝術領域的課程目標是透過表現、鑑賞與實踐三個學習構面來達成：

1. 表現（expression）：善用媒介與形式從事藝術創作與展現，傳達思想與情感。
2. 鑑賞（appreciation）：透過參與審美活動培養感受力與理解力，體認藝術價值。
3. 實踐（practice）：培養主動參與藝術的興趣與習慣，促進美善生活（教育部，2016，頁1）。

同時，近年來教育部推動了「美感教育中長程計畫：第一期五年計畫（103-107年）」，是首次由政府擬訂的重要發展政策，計畫目標有三：

1. 美感播種：強化課程與教學、優化教職人員美感知能。
2. 美感立基：建構美感學習之支持系統及活化相關資源。
3. 美感普及：創造美感環境及在地化之美感認同與獨特性（教育部，2013，頁3）。

計畫推手漢寶德（2010）曾說：二十一世紀是美感的世紀，美感是一種競爭力。美的力量是不容忽視的，此政策期望能夠成就：「美力國民、美化家園、美善社會」，要從提升國民的美感素養做起，美感教育是需要持久而長遠地受重視。美的感知、表現與實踐，可以涵蓋個人、環境與社會群體。

美感素養（aesthetic literacy）一詞中，素養（literacy）是一種「知識」、「能力」與「態度」，是個人發展成為健全個體所不可或缺（蔡清田，2011）。教育學者大衛布魯默（David Bloome）指出，「素養」在1980年代前是簡單定義為對文本的編碼（encoding）和解碼（decoding），所以過去傳統的定義來說，素養指的大多是聽、說、讀、寫或演算的能力（Bloome, 1989）；班哲明康佩恩（Benjamin M. Compaine）認為，素養會隨著時間、空間的改變，政治、經濟、社會、

Chapter 2　AI世代美感素養

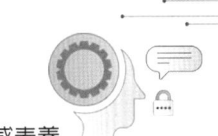

環境與科技的變化,而呈現不同的樣貌(Compaine, 1984)。

經由研究辯證,素養被界定為:生活情境中面對問題或挑戰,當下能夠運用出來的能力,蔡清田(2011)解釋素養不只是知識或能力,在知能之上,態度的重要性更舉足輕重,這也是攸關課程改革的重要因素。教育部在2014年公布的「十二年國民基本教育課程綱要總綱」提到,「核心素養」是指一個人適應現在生活及未來挑戰,所應具備的知識、能力與態度。

美感素養是培養對生活周遭一切的敏銳度與感受力。吳正雄(2006)分析,以教育的立場來看,美感經驗的重心是知覺的關心度和敏銳度。當一個人的對外在事物的細膩度和感受力、感動提升時,美就無所不在、美就不限於藝術範疇,關鍵在於能看見覺察、能自己發現;這時候個人是否能分析色彩、構成,或是否理解對稱、均衡等美感形式原理原則,或能否辨識藝術流派、說出藝術家名字等等,非關緊要;美感素養著重於知覺態度,勝於知識理解。

美感素養實證研究多分布於教育領域,大致以人為對象,如分析社區校園教職員生、聚焦校園教師或學生等。研究結果除檢驗理論外,也對社區或校園的美學教育或教材設計提出具體建議。

英國倫敦大學金匠學院教師以個人任教與作家的經歷分析美感素養,研究探討自身坎坷的童年成長與教育經驗。作者覺得現有素養教學方法不夠完整,從語藝角度的美感素養理論(Gilbert, 2018),提出從美感欣賞(esthetic appreciation)、美感創作(esthetic creation)兩層面審視美感素養。前者包括:解讀個人生活(reading your life)、解讀所處世界(reading the world)、欣賞新世界(appreciating new worlds);後者計有:訴說故事(telling stories)、創作藝術(creating art)、新世界(new worlds)。這是採取反身自省的方法,提供另一理解其他作家的美學實踐。

巴西一項公立大學博士教育計畫從閱讀和漫畫作品，探索美學素養對於農村教育中青壯年學生閱讀和寫作發展的重要性。本研究以文化歷史理論為基礎，以教學形成實驗（didactic-formative experiment）為方法，研究使用的資料記錄工具包括課堂觀察的現場記錄、學生訪談錄音、學生製作的漫畫書的視覺記錄和影片中的課堂錄音；研究採取唯物史觀辯證法角度分析資料，主張將閱讀和寫作視為社會和文化實踐時，識字力乃教育過程重要基礎，認為可運用漫畫於農村教育中青少年和成人閱讀和寫作發展的工具，在教學過程中將文字和圖像結合（Araújo & Miguel, 2018）。這項計畫從教材發展面，建議結合圖像的美感素養有助於提升閱讀與寫作。

巴西另一項針對教學設計的研究探討如何透過視覺元素和文字，培育年輕人和成年人的鄉村意識，以幫助他們瞭解現實。行動研究過程發現（Araújo, Miguel & Araújo, 2021），參與製作漫畫書的實踐，有助於發展整體思維，並從抽象轉向具體，也建構對現實的意識，學習者在製作這些故事時擁有更大的自主權，作為現實的再現和轉化。

研究團隊透過課程參觀校園附近藝術場所的體驗，探討落實美育和手繪創作的經驗，以及藝術創作課程中美育與手繪創作結合的可能性。課程執行地點選擇位於新北市三峽區的李梅樹紀念館。經過三個階段的課程後，學生的回饋與作者的想法基本一致（Lo, H., Sun, Y., Lin, P.-H. & Lin, R., 2022）。這說明類似的課程設計符合美育的要求，也提供建構中學階段的美育課程參考。

二、個人美感素養養成

依據臺灣民眾景觀美感素養調查報告（李彥希、顏宏旭，2013），年齡在四十三歲至六十二歲（中壯年）、個人月收入五萬元以上、居住

在都市、曾有住過農村經驗的民眾其景觀美感素養較好；而就讀相關領域（自然生態、景觀建築及人文藝術）、曾從事景觀工作的專業者也明顯優於不曾就讀相關領域或從事景觀工作之民眾。另外，最常接觸自然生態、景觀建築及人文藝術之民眾，且對於自然生態、景觀建築及人文藝術愈有興趣的民眾，其景觀美感素養的表現也就愈佳。

這意味著不同人口背景如年齡、收入、居住地、生活歷練等，影響個人美感素養的養成。影響美感素養養成的因素，成為實證研究關注的方向，包括不同背景的影響，或個人自我效能、專業能力，或接觸不同媒材等。

針對校園教職員進行的美感素養調查有：黃紫雲（2006）調查國立大學行政人員之美感素養，問卷中將「美感研究」的問卷加以修正整理，歸納美感的測量面向，建構適合一般民眾的美感素養量表；呂明飛（2016）調查分析將學校行政領導者美感素養分為「參與藝術的態度」與「對藝術的態度」兩構面，陳瓊花（2004）則是在「臺灣民眾美感素養發展與藝術教育改進」研究計畫提出臺灣民眾的美感素養尚待提升，吳冠嫻（2017）則是將前述臺灣民眾美感素養發展與藝術教育改進之美學素養進行相關研究。

網路購物消費者美感素養的調查指出（劉立行、彭品瑜，2022），年齡在三十一歲至三十五歲的服裝美感素養顯著大於二十歲以下受訪者，且二十歲以下組別的填答者之平均服裝美感素養最低。研究認為主要原因可能受限於二十歲以下網購消費者經濟能力及生活經驗。目前學校還設有每天穿著制服規定，學生較少有自行搭配服裝之機會。

從教育學子立場來研究學生美感素養的文獻，有潘惠雯（2005）研究國中小學生美感素養與其影響因素，對象是臺北市小六和國一的普通班、美術班學生，發現學生較缺乏參與的意願或實踐的習慣；從學習階段來看，國小學生的美感素養優於國中生。研究者提出主要影響學生美

感素養的是興趣、家庭活動習慣與專業程度。

邱梨玲（2007）探究「視覺藝術鑑賞之美感形式分析能力」，在桃園境內六所國小高年級學生，各校隨機抽取五、六年級各一班，共計三百五十五位學生，進行問卷調查，研究發現國小高年級學生對美感形式的敏銳度已具備進行藝術鑑賞的基礎，也進入美感知識與形式能力統合的關鍵期。國小高年級學童在「藝術知識概念」上的表現主要受到年級、性別、家庭社經地位、城鄉差距、學校有無藝術作品展示空間、是否參加美術才藝班，與參觀美展次數等因素影響。高年級生在美感形式分析能力受性別、家庭社經地位與城鄉差距影響，且環境對孩子美感能力的養成影響顯著。

朱雅華（2009）在其研究中用改編自陳瓊花的問卷，來測得國小四、六年級學生美感素養的程度，發現女生比男生有較佳的美感素養取向，且其認為美感素養需經教育與培訓使能發揮成效。林玉滿（2013）則對中部地區美感素養上，高年級女生比男生較優，且強化美感探索能力有助國小高年級學童進行美感素養之現況調查，其研究亦發現在整體於提升學生之美感素養。

以國民小學教師為對象的美感素養相關研究論文中，皆以調查法為主要研究方法，各自採不同變項調查與美感素養變項進行現況、差異情形、相關及其預測情形之調查（田建弘，2016；蔡昕璋，2016；余旻諺，2018）。

臺灣以學校教師為研究對象的美感素養論述，研究對象涵蓋不同學習階段或教學領域的師資，如研究臺東縣國民小學教師（田建弘，2016）；或以社區大學教師為研究對象的研究（蔡昕璋，2016）；或以國民小學視覺藝術教師作為研究對象（余旻諺，2018）。

田建弘（2016）採問卷調查法探討國民小學教師美感素養現況，分析發現教師的任教年資、工作生活品質會影響美感素養；美感素養量表

Chapter 2　AI世代美感素養

中，包含藝術知識、視覺藝術的表現與鑑賞技能、音樂與表演藝術的表現與鑑賞技能、對藝術的態度，及參與藝術的習慣五大面向的測量。

社會大學師資也是調查研究對象，蔡昕璋（2016）探討在社區大學中，美感教育可行的實施方式，並進一步探討社區大學教師其教學知能、美感素養與教學工作滿意度之概況、差異情形及其相關，而其中美感素養包含藝術素養與人文涵養兩大構面，藝術涵養包含藝術參與及藝術的態度兩大面向；人文涵養則包含社會關懷與人文思維兩大面向。

余旻諺（2018）採問卷調查法探討國民小學視覺藝術教師其專業能力、自我效能與美感素養三個變項、其中差異、相關及其預測作用，其中在美感素養問卷包含對美的感受、對美的理解以及對美的經驗三個構面作為判斷之依據。

影響美感素養養成的因素，成為實證研究關注的方向，包括不同背景的影響，或個人自我效能、專業能力，或接觸不同媒材等。

調查得知國民小學教師美感素養與工作生活品質大致為中上程度，普遍有良好的美感素養及生活工作品質（田建弘，2016），進一步分析，美感素養與工作生活品質的五個層面皆呈現正相關，即工作品質愈高，其美感素養就愈高，其中教學工作與整體美感素養兩層面間的相關程度最高。

蔡昕璋（2016）研究結果顯示，教學知能透過美感素養對教學工作滿意度有直接且正向以及間接的影響效果，且美感素養為影響教學工作滿意度的重要因素。余旻諺（2018）則發現國民小學教師美感素養趨向良好，且國民小學視覺藝術教師專業能力與自我效能，皆與其美感素養呈現正相關，專業能力愈高，美感素養則愈高；自我效能愈高，美感素養則愈高。前述文獻應證，美感素養與工作生活品質、教師專業能力及自我效能皆呈現正相關。

以教師為調查對象的美感素養相關實證研究，其中有研究提出不

同年齡的教師其美感素養有顯著差異（田建弘，2016）。教師專業領域也影響美感素養，余旻諺（2018）的研究印證，不同畢業科系與美感素養有顯著差異，國民小學視覺藝術教師畢業科系為「視覺藝術教育類」與「一般美術相關科系」，其美感素養皆高於「教育相關科系」及「其他」。

蔡昕璋（2016）分析發現教師的性別、教育程度及進修狀況的不同，皆與其美感素養有顯著差異。僅田建弘（2016）研究結果顯示服務年資和教師美感素養有顯著差異；蔡昕璋（2016）和余旻諺（2018）的研究結果則顯示，教學年資的不同與美感素養並無差異，因美感素養是與個人經驗和學習有關，不容易因教學時間長短有所改變。

上述相關文獻之主題以工作生活品質、教學工作滿意度、專業能力及自我效能等變項與美感素養此變項進行研究，探討不同美感素養之影響因素，綜整上述相關研究結果則可知，教師年齡、畢業科系、性別、教育程度及進修狀況等變項與美感素養皆有顯著差異，而其服務年資的多寡即其教學的資歷，是否影響教師美感素養之情形，目前存在不同的研究結果及看法，仍值得繼續探究。

以學生為調查對象的研究結果發現：以性別來說，女生的美感素養、創意態度優於男生（朱雅華，2009；林玉滿，2013；張瑋眞，2012；鄭安琪，2011）。科技大學學生的美感素養與公民行動分析顯示，「整體美感素養」、「藝術參與」面向，女性顯著高於男性（蔡昕璋，2018）。

有關網路購物消費者美感素養的調查也應證，女性的服裝美感素養顯著地大於男性的服裝美感素養，女性的服裝美感素養顯著地大於男性的服裝美感素養；研究者說明不分男女，合適的服裝能在各種社交、工作場合為穿衣者塑造良好的形象，代表對出席場合的尊重（劉立行、彭品瑜，2022）。

Chapter 2　AI世代美感素養

自我效能對於不同身分的受訪者有不同的意義，教師的自我效能可能來自於其專業能力或工作滿意度等，學生的自我效能可能來自於個人學習興趣、美感經歷或學習表現等。針對技專學生美感素養的分析獲知（蔡昕璋，2018），「整體校園參與經驗」學業成績前段學生顯著高於後段學生；「正式課程」參與經驗學業成績前段學生、中段學生顯著高於後段學生；「整體美感素養」、「藝術態度」、「人文思維」，前段學生顯著高於中段學生；「整體美感素養」、「藝術態度」、「人文思維」分析得知，學習效能在前段學生顯著高於中段學生。

除了性別、年齡、學習階段、學習成績外，宗教信仰、家庭型態也影響美感素養養成。針對新冠疫情期間的青少兒在學學生調查發現（Huang, 2024），家中信仰佛教或道教的受訪者，其美感素養顯著高於其他信仰或無信仰者；生長於兩代同堂的青少兒學生的美感素養，明顯高於其他家庭型態受訪者。這代表家庭生活的啟發，或宗教信仰的自在感，有助於美感素養的養成。

學生的美感經驗對創意有正向關係，不論是創造力（語文及圖形創造思考能力）或創意態度，這反映累積豐富的美感經驗，會成為創造力的潛在能量（張原誠，2015），學生之美感素養愈高，創意態度也愈高，因為若學生的美感素養較高，對於美的客體有所感知，美感經驗生成內化的同時，也是創意潛能的累積，由此可見，美感經驗有助於創意表現（張原誠、蕭佳純，2016；Lussier, 2010）。

相關文獻呈現，美感與創意是正相關的，上述研究取樣多是小範圍內的樣本，本研究將從小學中年級階段至大學階段進行在學學生調查分析。

青少年次文化對於美感素養有何影響？研究團隊調查證實（伊彬、林演慶、張婉琪，2006），青少年的次文化可展現他們的人生態度、價值觀及審美態度。兒童與青少年的流行文化諸如電玩、網路遊戲、偶像

明星及動漫等，對他們的美感與意識形態的具有潛移默化的作用（高震峰，2008）。巴西運用漫畫圖片與文字並陳的教材設計的實驗，也應證類似觀點。

與動畫相關的文獻發現：兒童能欣賞卡通動畫色彩的風格、對比、明暗、色調，且喜歡鮮豔、明亮、豐富的色彩，常關注卡通動畫中色彩、光影、背景的細緻變化；其次，兒童在詮釋卡通動畫時較少針對主題、色彩，大多是描述情節、人物行為特色；檢視兒童對卡通動畫的思考及欣賞邏輯，與其認知能力、審美判斷發展、生活背景等相配合（陳玉滿，2005）。

針對青少年階段的研究，對於流行圖像風格以具象寫實類所獲得的評價較高，卡通圖像的審美與偏好取向都較為集中在科幻打鬥，女生偏好的主題是神話傳說與嘲諷荒謬類，但是審美部分除了神話傳說最高分之外，愛情倫理、科幻打鬥與俠義偵探等也都接近高分，顯示女生較能廣泛欣賞各主題間的美感（伊彬、林演慶、張婉琪，2006；黃志成，2012）。

論及漫畫喜好與美感素養，不同性別的國小學生在閱讀漫畫時，對於漫畫畫面呈現、圖畫美醜的喜好有差異，女生比較注重畫面表現，當漫畫中的人物畫得好看時，就能吸引女生閱讀；兒童的繪畫發展與美感經驗易受大眾文化的影響，且隨年齡增長成正比，學生大都會因為閱讀漫畫影響而與學習描繪漫畫人物呈現正相關；學生大都會因為閱讀漫畫影響而學習描繪漫畫人物，其中又以女生「畫娃娃」居多，這些圖像都是他們喜歡繪製、模仿的題材（陳育淳，2000；賴靜平，2008）。

觀察教師為調查對象的論述，林幸楨（2005）曾以藝術教師為對象做調查，教師認為自己學生的作品有受漫畫影響的高達八成以上。這與研究者在教學現場所見的狀況吻合，學生在繪畫表現時，總是呈現與漫畫風格相仿的人物造型。

Chapter 2　AI世代美感素養

　　檢視電子遊戲與美感素養關聯程度，研究發現國小高年級學生對於線上遊戲的視覺風格較偏好西方寫實風格（蘇心怡，2012），也有研究顯示國中生在數位視覺媒體（包含網路中影像、遊戲、動畫、視訊等視覺圖像）涉入情形是偏高的，且正向顯著影響美感經驗（胡美智，2015）。這反映年齡的增長對於美感素養似乎有正面影響。

　　當討論不同的藝術形式和媒體時，可以形成一種批判性的美學素養，可以在創造自己的藝術形式和媒體時，受到其他藝術形式的啟發（Daniel & Johnstone, 2017a, b; Paek, 2015）。

　　有鑑於美感和媒介素養的科學研究相對缺乏客觀的方法論，兩岸三所大學研究團隊對大學生進行實證研究。實驗得知，較高的新媒體素養與較高的美學興趣和較低的困惑有關；較低的新媒體素養與較低的美感興趣和較高的美感興趣有關。團隊主張錯亂、新媒體素養是當代閱聽人的必備素質（Xu, Wang & Hsu, 2022）。

　　結合網路互動平台用於校園教學，其中翻轉教室（flipped classroom）模式便是一例，課程融合多樣化的教學方法，運用網路平台於課前學習準備、課中學習活動、課後鞏固學習三個階段（Zhao, 2023）；結合網路科技的翻轉教室模式，樂觀者以為可鼓勵學生「主動學習」、提升學習效能。

　　國外校園美感教育研究發現，學生已經意識到美學的概念，諸如在日常使用社交媒體平台、購買時尚或裝飾臥室時，另一方面，學生並不認為學校有傳授美學（Barton & Le, 2022）。Instagram、Facebook、Tik Tok和Snapchat等社群媒體平台用戶的激增，相關科技平台對於美感素養的影響不容輕忽（Kennedy, 2020; Leaver et al., 2020）。以Tik Tok為例，目前擁有超過十億用戶，他們的目標是創建、分享和發現用手機拍攝的短影片（最多十五秒），許多影片都是人們對嘴唱歌和跳舞的內容；TikTok也被用來向他人傳播嚴肅的訊息，如與安全和健康相關的訊息

（Southerton, 2021）。有論述主張社群媒體使用者設定帳戶並繼續上傳內容時，需要運用科技生活的美學知識（Olcese & Savage, 2015）。

參考網購消費者的分析（劉立行、彭品瑜，2022），網購時間達兩小時的受訪者，其服裝美感素養顯著地大於使用半小時（含）以下受訪者。研究者解釋，當消費者花較長時間使用網購服裝平台，其接觸服裝資訊，如材質、色系、造型搭配、流行趨勢的時間也較多，不知不覺能將服裝美感、知識潛移默化到自身。因此主張增強服裝美感素養的方法之一，是多接觸服裝相關訊息，並以模仿、學習他人服裝風格做起，最後內化成屬於自己的服裝美感、穿搭造型。網路購物屬於功能性上網，其上網時間長所接觸或體驗的服飾美感設計，與其服裝美感素養呈正相關。如果是漫無目的的儀式性上網，是否有同樣結果？

日常工作的美感特徵也成為研究取向。D'Souza（2021）指出，「業餘和專業創作者都可以在他們的視頻中添加濾鏡、背景音樂和貼紙等效果，且可以在內容上進行協作並創建分屏二重奏視頻」，即使他們「身處不同的地點位置」。這種視覺吸引力是主觀的，許多只能引起某些用戶的共鳴，而不能引起其他用戶的共鳴。例如，文化背景可能會影響我們的品味類型（Broeder & Scherp, 2018）。然而，有一些共同的吸引力方面可能會吸引大多數消費者（Cheng et al., 2019）。社群平台運用大數據演算，不時主導使用者的接觸訊息與目光，這些會帶來哪些影響？

社交平台提供網友交流的空間，相較於單向的影音訊息接收，前者的社群成員似乎有助於訊息內容的討論或評估，這些或可激發對於內容（包括美感）的反思。媒體科技使用時間、社群參與、媒體科技使用，甚至入口網站的使用的差異，皆左右美感素養的形成。新近研究顯示（Huang, 2024），智慧型手機使用時間愈長、有加入網路社群、以學校網站或綜合網站為上網入口網站，有助於提升美感素養；然而，平日周間或周末收看電視時間愈長、平日周間或周末假日上網時間愈長的受訪

Chapter 2　AI世代美感素養

學生,與其整體美感素養、再現反思美感素養則呈反比。這意味著媒體科技的使用時間長,未必有助於美感素養的提升。

網路空間成為主要生活領域時,網路使用的互動性、資訊是否多樣、使用者能否掌握個人主體性,均影響其對個人與所處生活的覺察、反思或美感實踐。

根據以上實證研究,本研究提出以下假設:

假設1:不同社經背景的學生,其美感素養有所差異。
假設2:不同上網行為的學生,其美感素養有所差異。

第三節　研究方法

研究採取紙本問卷調查,前往二十九所國小、二十八所國中、四十七所高中、三十一所大學,共計一百三十五所大學、高中、國中、小學在學學生,發出九千份問卷,回收8,175份有效問卷,回收率為90.8%。

受訪者個人社經背景變項包括:性別、年齡、學習階段(國小、國中、高中、大學)、成績表現(優良、中上、中等、中下、很差)、宗教信仰〔基督教、天主教、佛教、沒有信仰、伊斯蘭教、道教、一貫道、民間信仰(拜拜、其他)〕、家庭型態(三代同堂、兩代同堂、單親家庭、隔代教養、寄養或寄宿家庭、其他)等。

上網行為分別有:用智慧型手機／不用、收視時間(周末、周間)、上網時間(周末、周間)、運動時間(周末、周間)、上網年資、加入社群與否、出席網聚、入口網站(學校網頁、Google、HiNet、Yahoo!奇摩、Meta／Facebook、YouTube、PChome、MSN臺灣、Yam蕃薯藤、其他)等。

表2-1 美感素養因素分析

問卷變項	因素負荷值	特徵值	解釋變異（%）	信度（Cronbach's Alpha）
覺察表現面		5.699	28.497	.909
我會因發現意外的美景而感到開心喜悅	.762			
我能留意生活周遭美的景物	.729			
我能欣賞大自然中生物生活模式	.715			
我喜歡用攝影、錄音等方式捕捉日常感動	.690			
我喜歡布置自己居家的住所、房間及書房	.689			
外出用餐時我會重視商店裝潢布置與擺設	.643			
我會去氣氛優美的餐廳用餐	.635			
我會利用社群網站與他人分享日常生活美景	.623			
我能明確瞭解自己對穿著的喜好與風格	.619			
商品設計是我購買的重要考慮因素	.611			
行動實踐面		5.985	29.924	.926
我會蒐集不同文化的藝文資訊	.782			
我能夠向他人解說自己文化中的藝術創作特色	.777			
我會蒐集有關自己文化的藝文資訊	.769			
平日我會主動搜尋藝文活動相關資訊	.737			
我能具體說明藝術創作在不同文化的差異性	.683			
我會利用空閒時間參與不同類型的藝文活動	.679			
我能清楚理解藝術作品的意涵	.675			
我喜歡推薦好的藝文活動或展覽資訊給朋友	.665			
我會注意目前正在進行的藝文活動	.645			
我能夠辨別不同文化藝術創作之特質	.622			
總累積解釋變異（%）			58.421	

　　素養研究量表根據相關理論（Dufrenne,1973; Feldman, 1967; 林筱伶，2010；顏宜君，2013）及美感鑑賞能力相關之指標（包含有藝術與人文與涉及環境教育、家政教育議題）進行美感鑑賞經驗內涵之探討後，歸納美感鑑賞經驗基本架構，成為研究「美感素養前測量表」參考依據。量表採李克特（Likert）五點量表，每題共有五個不同程度的選項

（非常同意、有點同意、不知道、有點不同意、非常不同意），透過量表中二十項問題，測量受訪學生的美感素養。

研究以KMO（Kaiser-Meyer-Olkin）取樣式當性數量與Bartletts球型考驗量表試題是否適合進行因素分析。當KMO值愈大時（接近1），表示變項間的共同因素愈多，變項間相關係數愈低，愈適合進行因素分析，根據Kaiser（1974）指出KMO值.7，尚可進行因素分析；「美感素養」的KMO值為.95，指標統計量大於.7，表示變項間具有共同因素，變項適合進行因素分析。再以因素分析可分為覺察表現面、行動實踐面兩因素群。覺察表現面的信度為.91，行動實踐面信度達.93。

第四節　研究結果

一、人口社經背景

研究採親身問卷調查小三至大四學生，男生略多（51.2%）、女生占48.8%。

表2-2　性別分布

性別	次數	百分比
男性	4,188	51.2
女性	3,987	48.8
總和	8,175	100.0

青少兒學習階段以大學生最多（28％），其次分別是國小（27.9%）、高中（24.5%），再者是國中（19.4%）。

青少兒家庭型態包含三代同堂、兩代同堂、單親、隔代、寄養、其他等，以兩代同堂居多（58.4），其次為三代同堂（25%）、單親家庭（10.3%）。青少兒家中以民間信仰較多（33.5%），其次沒有宗教信仰（32.4%），再者依序為道教（11.3%）、佛教（8.1%）、基督教（7.6%）。

表2-3 學習階段、家庭型態與宗教信仰分布

年級	次數	百分比	家庭型態	次數	百分比	宗教信仰	次數	百分比
國小	2,281	27.9	三代同堂	2,019	25.0	基督教	621	7.6
國中	1,589	19.4	兩代同堂	4,710	58.4	天主教	149	1.8
高中	2,005	24.5	單親家庭	828	10.3	佛教	660	8.1
大學	2,286	28	隔代教養	220	2.7	沒有信仰	2,611	32.4
未回答	13	0.2	寄養寄宿家庭	29	0.4	伊斯蘭教	42	0.5
總和	8,175	100.0	其他	254	3.2	道教	919	11.3
			總計	8,060	100.0	一貫道	130	1.6
						民間信仰（拜拜）	2,719	33.5
						其他	273	3.4
						總計	8,125	100.0

二、上網行為

超過八成小五至大四的青少兒擁有自己的手機（88.4%），近九成六是智慧型手機，顯示即便後疫情期間，智慧型手機與青少兒生活緊密相連。

整體來看，小三至大四受訪在學學生，每周使用手機時間達26.21

小時，上網時間有24.54小時，收看電視時間有6.01小時，運動時間僅有7.61小時。

其中周間平日每天平均以手機平板使用時間最高，有3.33小時，其次為平均上網時間3.16小時、收視時間平均每天低於1小時；周間平日每天運動時間為1.01小時。

表2-4 青少兒手機擁有比率

手機擁有	次數	百分比		百分比
有自己的手機	7,230	88.4	智慧型手機	95.5
			一般手機	4.5
沒有自己的手機	945	11.6		
總和	8,175	100.0		100.0

周末假日每天平均以手機使用時間最高，達4.78小時，其次為電腦上網（M=4.37），再者為收看電視（M=1.23）；周末假日每天運動時間為1.28小時。

表2-5 青少兒媒體使用與運動時間

	周間平均時數	周末平均時數
收視時間	0.71	1.23
上網時間	3.16	4.37
手機／平板時間	3.33	4.78
運動時間	1.01	1.28

青少兒最常使用的入口網站，以影音社群平台「YouTube」為入口網站的青少兒最多（25.1%），其次為社群網站影音平台「Google」（21.7%），再者為「Instagram」（18.4%）、「抖音TikTok」（12.8%）、「Facebook」（11.7%），其餘作為入口的均不到兩成。境

外影音社群平台拔得頭籌；其中短影音為主的IG與TikTok異軍突起，兩短影音社群平台的總使用者超越其他類型入口網站。

表2-6　青少兒常用入口網站

入口網站	次數	百分比
學校網頁	750	4.2%
Yahoo！奇摩	196	1.1%
Google	3,875	21.7%
HiNet	46	0.3%
Facebook	2,093	11.7%
PChome	117	0.7%
MSN臺灣（Bing）	74	0.4%
Yam 蕃薯藤	41	0.2%
YouTube	4,480	25.1%
Instagram	3,273	18.4%
抖音（TikTok）	2,287	12.8%
其他	596	3.3%
總計	17,828	100.0

三、網路社群參與

六成以上的青少兒會參加網路社群，此現象從2010年至2017年呈現持續成長，爾後停滯。

比較過往研究調查，2010年全臺灣小五至國一青少兒學生，參加者有1,090人（1.6%）；2011年近兩成青少兒表示有參加網路社群（19.6%）。2012年，超過兩成青少兒表示有參加網路社群（24%），2013年成長至43%。2014年，全臺灣小五至高三的學生中，近六成參與網路社群（58.7%）；2016年，近六成小五到大一在學學生參與網路社

群;2017年加入大二、大三族群,參與率更突破七成。2022年為六成四,2023年為六成。

受到疫情影響,校園學生日常作息逐漸和網路社群緊密相結合,網路社群成員以友人為主,也超出日常生活中可預期的同學圈。青少兒學生受到疫情居家政策影響,七以上參與網路社群的學生,七成三以上不常出席或從未出席或不常出席網聚,約一成五表示偶爾出席或經常出席。

表2-7 青少兒網路社群參與

社群參與	次數	百分比	出席網聚	次數	百分比
有	4,887	60.1	經常出席	189	3.9
沒有	2,599	32.0	偶爾出席	605	12.4
不知道	647	8.0	不常出席	667	13.7
總計	8,134	100.0	從未出席	2,922	59.9
			不知道	496	10.2
			總計	4,879	100.0

小三至大四在學學生加入的社群類型以娛樂流行最多(27.7%),其次為親友學校(21.3%),再者是運動休閒(10.1%)、藝文學術(9.3%),其餘包括聯誼交友(7.7%)、電腦通訊(7.2%)、星座命理(5.6%)、其他(4.4%)、不知道(2.7%)、商業金融(2.2%)、醫療保健(1.7%)等。

表2-8 青少兒網路社群參與類型

社群參與類型	次數	百分比
親友學校	1,921	21.3%
聯誼交友	698	7.7%
娛樂流行	2,501	27.7%
星座命理	504	5.6%
運動休閒	913	10.1%
醫療保健	157	1.7%
電腦通訊	645	7.2%
藝文學術	835	9.3%
商業金融	202	2.2%
不知道	244	2.7%
其他	395	4.4%
總計	9,015	100.0

四、青少兒美感素養

調查對象包括國小中年級至大學四年級在學學生，參考Dufrenne（1973）美感經驗理論與Feldman（1967）美感鑑賞理論主張，經由因素分析，臺灣青少兒學生的美感素養可分為覺察表現與行動實踐兩層面。受訪青少兒在學學生的美感素養整理平均值為3.63分。覺察表現得分（M=3.81）高於行動實踐層面（M=3.59）。

Chapter 2　AI世代美感素養

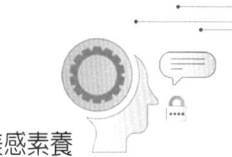

表2-9　青少兒美感素養

題項	非常同意	同意	非常不同意	不同意	不知道	平均數
整體美感						3.63
覺察表現面						3.81
我會因發現意外的美景而感到開心喜悅	42.5	38.3	7.1	2.5	9.5	4.02
我能留意生活周遭美的景物	37.6	38.6	9.5	2.9	11.4	3.88
我能欣賞大自然中生物生活模式	37.7	39.8	9	2.9	10.6	3.91
我喜歡用攝影、錄音等方式捕捉日常感動	32.3	35.6	14.4	5.3	12.5	3.7
我喜歡布置自己居家的住所、房間及書房	37.2	39.0	10.7	2.8	10.3	3.9
外出用餐時我會重視商店裝潢布置與擺設	29.8	39.9	13	3.4	13.9	3.68
我會去氣氛優美的餐廳用餐	29.7	39.5	11.4	3.3	16.1	3.63
我會利用社群網站與他人分享日常生活美景	31.8	33.8	14.1	7.2	13.1	3.64
我能明確瞭解自己對穿著的喜好與風格	37.7	40.1	8.6	2.7	10.9	3.91
商品設計是我購買的重要考慮因素	35.0	42.5	8.5	2.6	11.5	3.87
行動實踐面						3.59
我會蒐集不同文化的藝文資訊	23.1	34.2	19.1	5.4	18.2	3.39
我能夠向他人解說自己文化中的藝術創作特色	21.5	34.0	20.1	6.3	18.1	3.34
我會蒐集有關自己文化的藝文資訊	21.7	35.0	19.8	5.4	18.1	3.37
平日我會主動搜尋藝文活動相關資訊	9.7	8.0	31.7	32.8	17.8	3.41
我能具體說明藝術創作在不同文化的差異性	20.0	29.9	24.1	8.9	17.1	3.27
我會利用空閒時間參與不同類型的藝文活動	22.6	34.7	19.5	7.6	15.7	3.41
我能清楚理解藝術作品的意涵	27.1	41.3	12.4	3.6	15.6	3.61
我喜歡推薦好的藝文活動或展覽資訊給朋友	25.9	37.2	16.3	6.1	14.5	3.54
我會注意目前正在進行的藝文活動	30.5	40.4	11.3	3.8	14.0	3.69
我能夠辨別不同文化藝術創作之特質	20.9	33.5	19.4	6.3	19.9	3.29

　　檢視覺察表現面，青少兒美感素養在「我會因發現意外的美景而感到開心喜悅」（M=4.02）；其次為「我能欣賞大自然中生物生活模式，如：雲彩的濃淡、樹葉的色彩等」（M=3.91）、「我能明確瞭解自己對穿著的喜好與風格」（M=3.91）；緊接在後分別是「我喜歡布置自己居家的住所、房間及書房等」（M=3.9）、「我能留意生活周遭美的景

物」（M=3.88）、「在選購商品時，商品設計是我重要考慮的因素之一」（M=3.87）。這意味著青少兒學生對於生活與環境的美感覺察表現，已經有相當覺察力。

美感行動實踐行動面表現較不足的有：「我會去氣氛優美的餐廳用餐」（M=3.63）、「我會利用社群網站與他人分享日常生活美景」（M=3.64）、「外出用餐時我會重視商店裝潢布置與擺設」（M=3.68），這些涉及個人日常消費預算，或社群平台個人隱私觀念，涉及務實面，可以理解。

青少兒美感實踐行動面，低於覺察表現面。行動實踐面得分高於平均值僅有：「我會注意目前正在進行的藝文活動」（M=3.69）、「我能清楚理解藝術作品的意涵」（M=3.61），其餘皆低於平均值。這反映臺灣近年藝術教育、藝文活動推廣已具備一些影響。

然而，青少兒主動搜尋在地文化的意願或文化作品理解，則相關不足。檢視美感行動實踐行動面表現最不足的有：「我能具體說明藝術創作在不同文化的差異性」（M=3.27）、「我能夠辨別不同文化藝術創作之特質，如：原住民文化與客家文化的差異」（M=3.29）、「我能夠向他人解說自己文化中的藝術創作特色」（M=3.34）、「我會蒐集有關自己文化的藝文資訊」（M=3.37）、「平日我會主動搜尋藝文活動相關資訊」（M=3.41）、「我會利用空閒時間參與不同類型的藝文活動」（M=3.41）等。這意味著臺灣在地文化、族群文化的教育仍有進步空間。

五、假設驗證

參考t檢定顯示，小三至大四在學學生的性別不同，其整體美感素養（t=-4.46，p<.001***）、行動實踐美感素養（t=-8.1，p<.001***）均顯

著有別。女學生的整體美感素養、行動實踐美感素養得分，皆明顯高於男學生。這是否受到社會文化的刻板的角色分工，或來自女學生教養過程被格外鼓勵要整潔美觀等，皆可能影響其中差異。

表2-10　性別與美感素養的t檢定

類別	選項	個數	平均數	t值	顯著值
整體美感	男	3,917	3.77	-4.46	.000***
	女	4,173	3.86		
覺察表現	男	3,917	3.9	-.9	.367
	女	4,170	4.05		
行動實踐	男	3,917	3.65	-8.1	.000***
	女	4,173	3.67		

*p值<.05，**p值<.01，***p值<.001。

運用ANOVA分析，不同學習階段的在學學生，大學、國小、國中、高中依序具備的美感素養有相當顯著差異。雪菲事後檢定發現，受訪者各學習階段在整體美感素養、覺察表現面、行動實踐面的平均值，皆有顯著差異。

表2-11　學習階段與美感素養的ANOVA分析

		國小	國中	高中	大學	總計
整體美感	個數	2293	2336	1943	1519	8091
	平均數	4.3	3.48	3.6	3.88	3.82
	標準差	0.57	1.03	0.9	0.68	0.89
	F= 442.4；顯著性 .000***					
覺察表現	個數	2293	2334	1942	1519	8088
	平均數	4.34	3.67	3.83	4.09	3.98
	標準差	0.55	1.04	0.91	0.66	0.87
	F= 294.11；顯著性 .000***					
行動實踐	個數	2293	2336	1943	1519	8091
	平均數	4.26	3.29	3.38	3.66	3.66
	標準差	0.66	1.13	1.04	0.83	1.02
	F= 490.23；顯著性 .000***					

*p值<.05，**p值<.01，***p值<.001。

雪菲事後檢定得知，從整體美感素養（F=442.4，p<.001***）與覺察表現面（F=294.11，p<.001***）、行動實踐面審視（F=490.23，p<.001***），小學生得分最高，其次是大學生、高中生，國中生略低。

表2-12　學習階段與美感素養的雪菲檢定

		平方和	自由度	均方和	F	顯著性	事後檢定
整體美感	群組之間	901.650	3	300.550	442.403	.000***	國小>國中、國小>高中 國小>大學、大學>國中 大學>高中、高中>國中
	群組內	5,493.967	8,087	.679			
	總計	6,395.618	8,090				
覺察表現	群組之間	598.537	3	199.512	294.114	.000***	國小>國中、國小>高中 國小>大學、大學>國中 大學>高中、高中>國中
	群組內	5,483.784	8,084	.678			
	總計	6,082.321	8,087				
行動實踐	群組之間	1,299.519	3	433.173	490.228	.000***	國小>國中、國小>高中 國小>大學、大學>國中 大學>高中、高中>國中
	群組內	7,145.799	8,087	.884			
	總計	8,445.318	8,090				

*p值<.05，**p值<.01，***p值<.001。

表2-13　宗教信仰與美感素養的ANOVA分析

		基督教	天主教	佛教	無信仰	伊斯蘭	道教	一貫道	民間	其他	總計
整體美感	個數	618	143	634	2,776	40	883	115	2,813	16	8,038
	平均數	3.8979	3.9191	3.9785	3.808	4.0891	3.7801	3.8476	3.7755	3.6656	3.8176
	標準差	0.86985	0.89792	0.82411	0.91035	0.96688	0.80534	0.86248	0.90043	0.91719	0.88737
		F= 5.067；顯著性 .000***									
覺察表現	個數	617	142	634	2,776	39	883	115	2,813	16	8,035
	平均數	4.0239	4.0042	4.1313	3.9548	4.1778	3.9749	3.9903	3.9545	3.8875	3.9785
	標準差	0.87232	0.86148	0.80459	0.88952	0.92664	0.78562	0.8703	0.87317	0.82775	0.86545
		F= 3.524；顯著性 .000***									
行動實踐	個數	618	143	634	2,776	40	883	115	2,813	16	8,038
	平均數	3.7718	3.8347	3.8254	3.6612	3.98	3.5851	3.7057	3.5965	3.4438	3.6565
	標準差	0.9792	1.02349	0.94006	1.03572	1.09268	0.96177	0.97314	1.04149	1.12663	1.02032
		F= 6.122；顯著性 .000***									

*p值<.05，**p值<.01，***p值<.001。

Chapter 2　AI世代美感素養

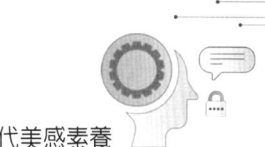

ANOVA分析發現，不同宗教信仰的在學學生，美感素養有顯著不同。具備的整體美感素養（F=5.067，p<.001＊＊＊）、覺察表現面（F=3.524，p<.001＊＊＊）、行動實踐面（F=6.122，p<.001＊＊＊）美感素養顯著不同。從雪菲事後檢定發現，不同宗教信仰的在學學生，家中為佛教信仰的受訪者，整體美感素養得分顯著高於家中信仰道教，或沒有信仰的受訪者。

文獻顯示（羅子堯，2009），道教認為人不該只用人的角度去對待大自然，要有道教「天人一體」觀，達到內外身心都平衡；佛教主張萬物都有佛性的存在，既有佛性，皆能成佛，被視為無神論信仰。這些無為、自在的教義影響受訪者對於環境生活的覺察與實踐。

表2-14　宗教信仰與美感素養的雪菲檢定

		平方和	自由度	均方和	F	顯著性	事後檢定
整體美感	群組之間	31.790	8	3.974	5.067	.000＊＊＊	佛教>沒有信仰 佛教>道教 佛教>民間信仰
	群組內	6,296.807	8,029	.784			
	總計	6,328.597	8,037				
覺察表現	群組之間	21.062	8	2.633	3.524	.000＊＊＊	佛教>沒有信仰 佛教>民間信仰
	群組內	5,996.420	8,026	.747			
	總計	6,017.482	8,034				
行動實踐	群組之間	50.728	8	6.341	6.122	.000＊＊＊	佛教>道教 佛教>民間信仰
	群組內	8,316.138	8,029	1.036			
	總計	8,366.866	8,037				

＊p值<.05，＊＊p值<.01，＊＊＊p值<.001。

透過ANOVA分析得知，不同家庭型態的在學學生，具備的美感素養無顯著差異。進一步分析，家庭型態不同，覺察表現面、行動實踐面的美感素養也未呈現明顯差距。

皮爾森積差相關分析顯示，小三至大四在學學生的年齡高低與美感素養呈現負相關。年齡愈長的在學學生，其整體美感素養（r=-.148， p<.001＊＊＊）、覺察表現面（r=-.079，p<.001＊＊＊）、行動實踐面美感素養均表現較弱（r=-.190，p<.001＊＊＊）。

在學學生的學校成績表現，和整體美感（r=.1，p<.001＊＊＊）、覺察表現面美感素養（r=.101，p<.001＊＊＊）、行動實踐面美感素養，均呈正相關（r=.1，p<.001＊＊＊；r=.101，p<.001＊＊＊；r=.088，p<.001＊＊＊）。

年齡愈小所具備的美感素養較差，可呼應學習階段在小學的學生，美感素養得分高於其他學習階段。這與大學生的心智成熟或學習經歷相關。同時，臺灣在學學生的成績表現佳，具備相對的美感素養。成績表現亮眼的學生的美感素養，高於成績平平的學生。這意味著學生學習效能高，自尊感與自我形象提升，也可能反映在美感覺察與省思。

皮爾森相關分析應證，在學學生的周末假期或周間平日運動時間愈多，其整體美感素養（r=.107，p<.001＊＊＊；r=.069，p<.001＊＊＊）、覺察表現美感素養（r=.074，p<.001＊＊＊；r=.042，p<.001＊＊＊）、行動實踐美感素養（r=.122，p<.001＊＊＊；r=.083，p<.001＊＊＊）得分愈高。這反映運動休閒提供在學學生的生活體驗或思考空間，有助於美感素養、覺察表現美感素養、行動實踐美感素養的啓發與培養。

表2-15　上網年資、年齡、成績表現與美感素養的皮爾森相關分析

	年齡	成績表現	周末假日運動時數	周間平日運動時數
整體美感	-.148＊＊＊	.1＊＊＊	.107＊＊＊	.069＊＊＊
覺察表現	-.079＊＊＊	.101＊＊＊	.074＊＊＊	.042＊＊＊
行動實踐	-.190＊＊＊	.088＊＊＊	.122＊＊＊	.083＊＊＊

＊p值<.05，＊＊p值<.01，＊＊＊p值<.001。

根據以上可以驗證假設1：不同社經背景的學生，其整體美感素養、覺察表現美感素養、行動實踐美感素養有所差異。

H-1.1：不同性別的學生，其整體美感素養、行動實踐美感素養有所

Chapter 2　AI世代美感素養

差異。

H-1.2：不同學習階段的學生，其整體美感素養、覺察表現美感素養、行動實踐美感素養有所差異。

H-1.3：不同宗教信仰的學生，其整體美感素養、覺察表現美感素養、行動實踐美感素養有所差異。

H-1.4：學生年齡大小，與其整體美感素養、行動實踐美感素養呈負相關。

H-1.5：學生成績表現，與其整體美感素養、覺察表現美感素養、行動實踐美感素養呈正相關。

H-1.6：學生運動時間，與其整體美感素養、覺察表現美感素養、行動實踐美感素養呈正相關。

其次，將從是否用智慧型手機、社群參與、使用入口網站、收視時間、上網時間等上網行為，檢視在學學生的美感素養。

依據t檢定，小三至大四在學學生在有使用智慧型手機，其整體美感（t=-7.156，p<.001***）、覺察表現面（t=-4.324，p<.001***）、行動實踐面美感素養（t=-8.944，p<.001***）顯著有別。有使用智慧型手機的在學學生，其美感素養得分較高。

有加入網路社群的在學學生，其整體美感素養（t=-4.64，p<.0001***）、行動實踐美感素養（t=-6.546，p<.001***）得分亦低於沒有加入社群者。智慧型手機提供較佳的影音品質及通訊功能，加上人工智慧演算的推波助瀾，左右使用者的自主選擇，皆考驗使用科技者的自主思維、覺察及行為。

表2-16　智慧型手機使用、社群參與及美感素養之t檢定

類別	智慧型手機	個數	平均數	t值	顯著值	社群	個數	平均數	t值	顯著值
整體美感	使用	6,661	3.7651	-7.156	.000***	加入	4,750	3.7890	-4.64	.000***
	不用	349	4.0750			沒有	2,639	3.8871		
覺察表現	使用	6,661	3.9465	-4.324	.000***	加入	4,749	3.9731	-1.783	.075
	不用	349	4.1287			沒有	2,638	4.0100		
行動實踐	使用	6,661	3.9465	-8.944	.000***	加入	4,750	3.6049	-6.546	.000***
	不用	349	4.1287			沒有	2,639	3.7642		

*p值<.05，**p值<.01，***p值<.001。

根據t檢定發現，小三至大四在學學生使用的入口網站不同，其整體美感素養、覺察表現美感素養、行動實踐美感素養呈顯著差異。

表2-17　綜合性入口網站與美感素養之t檢定

入口網站	整體美感		覺察表現		行動實踐	
學校網頁	不用	使用	不用	使用	不用	使用
個數	7,342	749	7,339	749	7,342	749
平均數	3.7967	4.0202	3.9609	4.1401	3.6322	3.9004
t值	-6.875		-5.828		-7.015	
顯著值	.000***		.000***		.000***	
Yahoo奇摩	不用	使用	不用	不用	不用	使用
個數	7,896	195	7,893	7,896	7,896	195
平均數	3.8117	4.049	3.9738	3.8117	3.6493	3.9699
t值	-3.686		-2.455		-4.686	
顯著值	.000***		.014*		.000***	
其他	不用	使用	不用	使用	不用	使用
個數	7,496	595	7,493	595	7,496	595
平均數	3.8094	3.9179	3.9714	4.0545	3.6472	3.7811
t值	-2.865		-2.25		-3.08	
顯著值	.004**		.024*		.002**	

*p值<.05，**p值<.01，***p值<.001。

Chapter 2　AI世代美感素養

　　呈現顯著差異的綜合性入口網站包括使用學校網頁（t=-6.875，p<.001***；t=-5.828，p<.001***；t=-7.015，p<.001***）、Yahoo奇摩（t=-3.686，p<.001***；t=-2.455，p<.05*；t=-4.686，p<.001***）、或其他網站（t=-2.865，p<.01**；t=-2.25，p<.05*；t=-3.08，p<.05*）為入口網站者。

　　整體來看，以綜合性網站為入口網站的受訪者，在整體美感、覺察表現、行動實踐得分均明顯高於未使用綜合性網站為入口網站者。影音社群網站YouTube使用者在整體美感（t=2.822，p<.01**）、覺察表現得分（t=3.474，p<.01**）均明顯低於未使用YouTube社群網站為入口網站者；短影音社群Instagram使用者在整體美感（t=6.917，p<.001***）、行動實踐（t=10.66，p<.001***）得分均明顯低於未使用Instagram社群網站為入口網站者。

表2-18　社群網站與美感素養之t檢定

入口網站	整體美感		覺察表現		行動實踐	
Facebook	不用	使用	不用	使用	不用	使用
個數	6,002	2,089	5,999	2,089	6,002	2,089
平均數	3.8529	3.7153	4.0142	3.8723	3.6914	3.5584
t值	5.652		5.952		4.812	
顯著值	.000***		.000***		.000***	
YouTube	不用	使用	不用	使用	不用	使用
個數	3,616	4,475	3,614	4,474	3,616	4,475
平均數	3.848	3.7926	4.0144	3.9478	3.6812	3.6375
t值	2.822		3.474		1.936	
顯著值	.005**		.001**		0.053	
Instagram	不用	使用	不用	使用	不用	使用
個數	4,820	3,271	4,819	3,269	4,820	3,271
平均數	3.8735	3.7346	3.9899	3.9593	3.757	3.5098
t值	6.917		1.557		10.66	
顯著值	.000***		0.12		.000***	

*p值<.05，**p值<.01，***p值<.001。

相對地，以社群網站為入口網站的使用者，其臉書使用者在整體美感（t=5.652，p<.001***）、覺察表現（t=5.952，p<.001***）、行動實踐（t=4.812，p<.001***）得分均明顯低於未使用社群網站為入口網站者（t=5.652，p<.001***；t=5.952，p<.001***；t=4.812，p<.001***）。

皮爾森績差相關分析發現，在學學生的影音媒體使用時數與整體美感素養、覺察表現美感素養呈現負相關。周間平日平均收視時數愈長，受訪學生的整體美感素養（r=.029，p<.05**；r=.043，p<.01**）、行動實踐美感素養得分愈高（r=.029，p<.05**；r=.043，p<.01**）。周末假日或周間平日平均上網時數愈長或上網年資愈久，受訪學生的整體美感素養（r=-.096，p<.001***；r=-.08，p<.001***；r=-.038，p<.01**）、行動實踐美感素養得分愈低（r=-.107，p<.001***；r=-.088，p<.001***；r=-.059，p<.001***）。

手機使用時數，小三至大四學生周末假日手機使用時間愈長，其整體美感、覺察表現美感、行動實踐美感素養較低（r=-.071，p<.001***；r=-.084，p<.001***；r=-.046，p<.001***）。周間平日手機使用時數愈長，受訪學生的整體美感素養、覺察表現美感素養得分愈低（r=-.03，p<.05*；r=-.047，p<.001***）。

表2-19　收視時間、上網時間、上網年資與美感素養之皮爾森相關分析

	周末假日平均收視	周間平日平均收視	周末假日上網時數	周間平日上網時數	上網年資	周末假日手機時數	周間平日手機時數
整體美感	.006	.029*	-.096***	-.08***	-.038**	-.071***	-.03*
覺察表現	-.007	.008	.003	.011	-.009	-.084***	-.047***
行動實踐	.016	.043**	-.107***	-.088***	-.059***	-.046***	-.006

*p值<.05，**p值<.01，***p值<.001。

以上代表影音媒體對於在學學生的美感素養養成沒有使用助益，原因可能在於在學學生多採取被動使用，或經由人工智慧大數據推播引導

使用，缺乏自主選擇或思考空間。隨著上網年資增加，在學學生對於美感的比較或評估能力，可能因為熟悉網路工具，以及年齡或視野閱歷變化而有所增長。

由此驗證研究假設2：不同上網行為的學生，其美感素養有所差異。

H-2.1：在學生使用使用智慧型手機，其整體美感素養、覺察表現美感素養、行動實踐美感素養顯著有差異。

H-2.2：使用加入網路社群的在學生，其整體美感素養、覺察表現美感素養、行動實踐美感素養有所差異。

H-2.3：在學生使用的入口網站不同，其整體美感素養、覺察表現美感素養、行動實踐美感素養呈顯著差異。

H-2.4：在學生的周間平日收視時間，與其整體美感素養、行動實踐美感素養呈現正相關。

H-2.5：在學生的上網時間，與其整體美感素養、行動實踐美感素養呈現負相關。

H-2.6：在學生上網年資愈久，與其整體美感素養、行動實踐美感素養呈負相關。

H-2.5：在學生的手機使用時間，與其整體美感素養、覺察表現美感素養、行動實踐美感素養呈現負相關。

六、逐步迴歸分析

以逐步迴歸分析整體美感素養，刪除第一次分析產生的共線性問題，將共線性統計量變異數膨脹因子（Variance Inflation Factor, VIF）大於10的年齡、就學階段及平日上網時間刪除，獲致以下可推論美感素養的相關迴歸方程式如下：

整體美感素養=.129周末假日運動時數+.082成績表現+.074用智慧型手機-.063周末假日平均手機使用時數+.78性別-.042 Instagram+0.4家中信仰佛教+.39使用學校網頁+037其他入口網站+.035使用Yahoo奇摩-.034使用Facebook/meta

除了周末假日平均手機使用時數、Instagram、Facebook/meta使用為負向預測力，周末假日每日運動時間、成績表現、用智慧型手機、女性對整體美感素養具相當顯著的正向預測力；其次，家中信仰佛教、入口網站為學校網頁、家中信仰佛教、入口網站為Yahoo奇摩等，皆依序對整體美感素養表現，具正向預測力。

表2-20　整體美感素養影響變項之迴歸分析

	非標準化係數	標準錯誤	標準化係數	T	顯著性
（常數）	3.069	.093		32.835	.000
周末假日運動時數	.07	.008	.129	8.573	.000
智慧型手機使用	.286	.058	.074	4.934	.000
成績表現	.067	.012	.082	5.498	.000
周末假日用手機時數	-.013	.003	-.063	-4.211	.000
性別	.137	.027	.078	5.060	.000
Instagram	-.074	.028	-.042	-2.657	.008
佛教	.131	.048	.04	2.712	.007
學校網頁	.123	.047	.039	2.592	.01
其他入口網站	.129	.052	.037	2.505	.012
Yahoo奇摩	.196	.084	.035	2.332	.02
Facebook	-.067	.030	-.034	-2.256	.024

*p值<.05，**p值<.01，***p值<.001。

覺察表現面美感素養=.085成績表現+.108周末假日運動時數+.109女性+.051智慧型手機使用-.051 Facebook/meta+ -.045周末假日平均上網時數+.035家中信仰佛教+.031用學校網頁

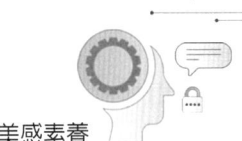

受訪學生以Facebook/meta為入口網站、周末假日手機使用時數，對覺察表現面美感素養呈負向預測力；具顯著正向預測力的變項有成績表現、周末假日每日運動時間、女性。包括用智慧型手機、家中信仰佛教、使用學校網頁為入口網站等，皆依序對覺察表現面美感素養表現，具正向預測力。

表2-21　覺察表現美感素養影響變項之迴歸分析

	非標準化係數	標準錯誤	標準化係數	T	顯著性
（常數）	3.242	.091		35.624	.000
成績表現	.068	.012	.085	5.730	.000
周末假日運動時數	.058	.008	.108	7.189	.000
性別	.186	.026	.109	7.184	.000
智慧型手機使用	.195	.056	.052	3.470	.001
Facebook	-.096	.028	-.051	-3.410	.001
周末假日用手機時數	-.009	.003	-.045	-2.971	.003
佛教	.112	.047	.035	2.363	.018
學校網頁	.094	.046	.031	2.051	.040

*p值<.05，**p值<.01，***p值<.001。

行動實踐面美感素養=.13周末假日運動時數+.082使用智慧型手機-.81周末假日平均手機使用+.071成績表現+.045入口網站為其他-.074以Instagram為入口網站 +.042用學校網頁為入口網站+.041家中信仰佛教+.047女性+.048平日周間每天上網時數+.036使用Yahoo奇摩為入口網站+.039平日周間運動時數+.034周間平日收視時數

包括周末假日手機使用時數、入口網站為Instagram為負向預測力，受訪學生周末假日每日運動時間、用智慧型手機、成績表現，對於行動實踐面美感素養具相當顯著的預測力；其次、入口網站為其他網站或學校網頁、女性、家中信仰佛教、入口網站為Yahoo奇摩、平日周間平均收視時數等，皆依序對行動實踐面美感素養表現，具正向預測力。

表2-22　行動實踐美感素養影響變項之迴歸分析

	非標準化係數	標準錯誤	標準化係數	T	顯著性
（常數）	2.885	.106		27.086	.000
周末假日運動時數	.082	.009	.13	8.696	.000
智慧型手機使用	.364	.067	.082	5.464	.000
周末假日用手機時數	-.019	.004	-.081	-5.245	.000
成績表現	.067	.014	.071	4.796	.000
Instagram	-.15	.031	-.074	-4.83	.000
其他入口網站	.182	.059	.045	3.076	.002
學校網頁	.153	.054	.042	2.823	.005
性別	.095	.031	.047	3.057	.002
佛教	.154	.055	.041	2.78	.005
Yahoo奇摩	.232	.096	.036	2.406	.016
平日周間收視時數	.018	.008	.034	2.228	.026

*p值<.05，**p值<.01，***p值<.001。

第五節　結論與討論

根據135所小三至大四在學生8,175份問卷分析，以下將依研究問題分述研究結論。

一、網路世代學生的美感素養如何？

參考Dufrenne（1973）美感經驗理論與Feldman（1967）美感鑑賞理論主張，經由因素分析，臺灣青少兒學生的美感素養可分為覺察表現與行動實踐兩層面。受訪青少兒在學學生的美感素養整理平均值為3.63分。覺察表現得分（M=3.81）高於行動實踐層面（M=3.59）。

檢視覺察表現面，青少兒學生對於個人造型、生活環境的美感覺

察表現，已具相當覺察力。如在「我會因發現意外的美景而感到開心喜悅」（M=4.02）；其次為「我能欣賞大自然中生物生活模式，如：雲彩的濃淡、樹葉的色彩等」（M=3.91）、「我能明確瞭解自己對穿著的喜好與風格」（M=3.91）；緊接在後分別是「我喜歡布置自己居家的住所、房間及書房等」（M=3.9）、「我能留意生活周遭美的景物」（M=3.88）、「在選購商品時，商品設計是我重要考慮的因素之一」（M=3.87）。

美感行動實踐行動面表現較不足，除部分涉及消費預算考量，青少兒主動搜尋在地文化的意願或文化作品理解，則相關不足。美感行動實踐行動面表現最不足，諸如「我能具體說明藝術創作在不同文化的差異性」（M=3.27）、「我能夠辨別不同文化藝術創作之特質，如：原住民文化與客家文化的差異」（M=3.29）、「我能夠向他人解說自己文化中的藝術創作特色」（M=3.34）、「我會蒐集有關自己文化的藝文資訊」（M=3.37）、「平日我會主動搜尋藝文活動相關資訊」（M=3.41）、「我會利用空閒時間參與不同類型的藝文活動」（M=3.41）等。網路世代學生對於臺灣在地文化、族群文化的教育亟待加強。

二、影響學生美感素養養成的個人背景因素、數位科技因素有哪些？

驗證假設1：不同社經背景的學生，其整體美感素養、覺察表現美感素養、行動實踐美感素養有所差異。

　　H-1.1：不同性別的在學生，其整體美感素養、行動實踐美感素養有所差異。

　　H-1.2：不同學習階段的在學生，其整體美感素養、覺察表現美感素

養、行動實踐美感素養有所差異。

H-1.3：不同宗教信仰的在學生，其整體美感素養、覺察表現美感素養、行動實踐美感素養有所差異。

H-1.4：在學生年齡大小，與其整體美感素養、行動實踐美感素養呈負相關。

H-1.5：在學生成績表現，與其整體美感素養、覺察表現美感素養、行動實踐美感素養呈正相關。

H-1.6：在學生運動時間，與其整體美感素養、覺察表現美感素養、行動實踐美感素養呈正相關。

呼應文獻有關性別與美感素養的分析（朱雅華，2009；鄭安琪，2011；林玉滿，2013；張瑋眞，2012；蔡昕璋，2018；劉立行、彭品瑜，2022），女學生的美感素養、行動實踐美感素養高於男學生，這是否受到約定俗成性別角色分工觀念的影響，或對於性別外貌的刻板期待，或校園不同生理性別相關美感教育教材仍待加強，都值得進一步檢視。

潘惠雯（2005）發現國小學生的美感素養優於國中生，本研究亦發現國小學生的美感素養，顯著高於大學、高中、國中階段。檢視原因在於升學主義的影響，中學階段學生多處於制式課程教材，或相關美術課程被其他數理、語文課程借用取代，學生被規劃需升學目標導向的學習，皆限制其對於個人生活、所處環境生態的覺察與表現。同理，就在學學生年齡大小觀察，年紀愈小的小學生，其美感素養優於其他年齡較長的中學生或大學生。這也與過往針對臺灣民眾（非在學生）美感素養的調查發現有別（李彥希、顏宏旭，2013）。

學習效能與美感素養互為正相關，這呼應文獻相關主張教師的專業表現（余旻諺，2018）、工作滿意度（田建弘，2016；蔡昕璋，2016；余旻諺，2018）等類似自我效能，皆與美感素養呈正相關。這意味著當

個體有健康的自我價值感，比較有餘力覺察生活環境，或建立和諧的社會互動，也可以說是相輔相成。

學生實體運動時間長，相較運動時間短者，前者美感素養得分較高。學生實體運動操練過程，有較多時間接觸環境與放鬆思考，這些有助於美感素養提升。

研究分析得知，家中宗教信仰佛教的在學生，其美感素養明顯高於家中信仰道教者，或無宗教信仰者。佛教看重自省冥想，或許有助於在學生的自我覺察，或對環境生活的感知與美感實踐行動。

驗證研究假設2：不同上網行為的學生，其美感素養有所差異。

H-2.1：在學生使用智慧型手機，其整體美感素養、覺察表現美感素養、行動實踐美感素養顯著有差別。

H-2.2：使用加入網路社群的在學生，其整體美感素養、覺察表現美感素養、行動實踐美感素養有所差異。

H-2.3：在學生使用的入口網站不同，其整體美感素養、覺察表現美感素養、行動實踐美感素養呈顯著差異。

H-2.4：在學生的周間平日收視時間，與其整體美感素養、行動實踐美感素養呈現正相關。

H-2.5：在學生的上網時間，與其整體美感素養、行動實踐美感素養呈現負相關。

H-2.6：在學生上網年資愈久，與其整體美感素養、行動實踐美感素養呈負相關。

H-2.5：在學生的手機使用時間，與其整體美感素養、覺察表現美感素養、行動實踐美感素養呈現負相關。

儘管網路消費者美感素養調查顯示（劉立行、彭品瑜，2022），網購時間較長者的服裝美感素養，高於網路時間較少者。本研究針對

小三至大四在學生調查卻發現，媒體科技使用時間過長，會占據在學生的時間分配，也干擾在學生美感素養的養成。手機使用時間或上網時間太長，尤其在周末假日過度使用媒體科技，加上人工智慧大數據的推波助瀾，減損使用者覺察省思的主體性，其美感素養較使用時間短者來得低。

媒體科技拓展使用者的世界觀，也提供跨域的社群交流。結合網路科技的翻轉教室模式，樂觀者以為可鼓勵學生「主動學習」、提升學習效能（Zhao, 2023），本研究則發現，類似上網、加入社群平台等媒體科技使用，有礙於美感經驗的覺察。反觀平日周間收視時間與整體美感素養、行動實踐美感素養呈正相關；並對行動實踐美感素養具正向預測力。

AI世代學生的入口網站使用，也影響其視野。統計分析獲知，入口網站為可提供多樣訊息的綜合性網站，如學校官網或Yahoo奇摩等，對整體美感素養呈現，具正向預測力；反之，如果從社群平台上網，其眼目容易被網路大數據演算主導，沉溺於大數據持續推播的短影音，而流失自制力與覺察力，美感素養相較低落。

在考慮學校的美育時，教師和課程規劃者在學習中嵌入不同的方法非常重要。例如，教育工作者如何從在地人文角度引入美學，且引導學生透過媒體科技進行創造性使用，而非漫無目的地儀式性使用，以引導、強化學生對於媒體科技如何使用或不用的主導角色，喚起AI世代主體性的思維，對於個人、周遭人事物的覺察與關懷，再進一步採取美感實踐行動。AIGC不斷推陳出新，後續研究可就使用者運用的AIGC軟體選擇、動機與方式，持續追蹤探討媒體科技對美感素養的養成影響。

Chapter 2　AI世代美感素養

參考文獻

田建弘（2016）。《臺東縣國小教師美感素養與工作生活品質之相關研究》。臺東市：國立臺東大學。

伊彬、林演慶、張婉琪（2006）。〈流行文化圖像與臺灣青少年的審美與偏好——互為因果的糾結〉。《傳播研究簡訊》，第45期，頁10-13。doi:10.6335/CRN.2006.45(3)。

朱雅華（2009）。《臺中市國小學生學業成就、創造力與美感素養之相關研究》。臺中：國立臺中教育大學。

行政院（2019/8/7）。〈臺灣AI行動計畫——掌握契機，全面啓動產業AI化〉。取材自https://www.ey.gov.tw/Page/5A8A0CB5B41DA11E/a8ec407c-6154-4c14-8f1e-d494ec2dbf23。查詢時間：2024年1月19日。

李宜蓁（2022/12/14）。〈什麼是賞識思維？它有什麼重要性？〉，《教育家》。取材自https://teachersblog.edu.tw/events/1699。查詢時間：2024年1月19日。

李彥希、顏宏旭（2013）。〈臺灣民眾景觀美感素養之研究〉。《造園景觀學報》，第19卷第2期，頁63-88。

呂明飛（2016）。《學校行政領導者美學素養及相關因素之研究》。彰化縣：大葉大學教育專業發展研究所碩士論文。

余旻諺（2018）。《國小視覺藝術教師專業能力、自我效能與美感素養之研究》。彰化縣：大葉大學教育專業發展研究所碩士論文。

林玉滿（2013）。《中部地區國小高年級學童美感素養現況調查之研究》。臺中：國立臺中教育大學。

林妤柔（2023/1/17）。〈傳加碼投資 OpenAI，微軟宣布擴大ChatGPT存取權限〉，《科技新報》。取材自https://technews.tw/2023/01/17/azure-openai-chatgpt/。查詢時間：2024年1月19日。

林幸楨（2005）。《國小美術教師對於「漫畫」影響學生美術學習之態度分析》。臺北：臺北市立師範學院。

林筱伶（2010）。《應用美感經驗理念於公民科教學之個案研究》。彰化縣：國立彰化師範大學。

吳正雄（2006）。《人應該怎麼活》。高雄：春暉出版社。

吳正雄（2017）。〈試論美感教育〉。取自https://www.facebook。

吳冠嫻（2017）。〈臺灣民眾「美感素養量表」之建構與調查〉。《測驗學刊》，第64卷第2期，頁131-154。

吳慧亞（2005）。《國小中年級兒童繪畫中受電視卡通影響之藝術》。嘉義縣：國立嘉義大學視覺藝術研究所碩士論文。

邱倢芯（2023/4/20）。〈AI世代新鮮人如何勇往「職」前？跨域思維是重點〉，《科技新報》。取材自https://technews.tw/2023/04/20/ai-gen-talents/。查詢時間：2024年1月19日。

邱梨玲（2007）。《國小高年級學童視覺藝術鑑賞美感形式分析能力之研究》。新竹：國立新竹教育大學。

胡美智（2015）。《國中生的數位視覺媒體涉入美感經驗與圖形創造力之相關性研究》。彰化：大葉大學。

教育部（1993）。〈國民小學課程標準〉。教育部國民小學課程標準編輯審查小組。臺北：教育部。

教育部（2003a）。〈國民中小學九年一貫課程綱要〉。臺北：教育部。

教育部（2003b）。〈創造力教育白皮書〉。臺北：教育部。

教育部（2012）。〈國民小學及國民中學學生成績評量準則〉。臺北：教育部。

教育部（2013）。〈教育部美感教育中長程計畫〉。臺北：教育部。

教育部（2014）。〈十二年國民基本教育課程綱要總綱〉。臺北：教育部。

教育部（2016）。〈十二年國民基本教育藝術領域課程綱要〉。臺北：教育部。

高震峰（2008）。〈視覺文化的影像力量——流行文化對藝術教育的衝擊與意義〉。《教師天地》，第153期，頁42-46。

張原誠（2015）。《學生美感經驗、創意自我效能與創造力之研究》。臺南：國立臺南大學。

張原誠、蕭佳純（2016）。〈學生美感經驗、創意自我效能與創造力──教師創造力教學有效？〉。《教育實踐與研究》，第29卷第2期，頁65-104。

張敏琪（2009）。〈下一站美學〉。《美育》，第196期，頁70-73。

張瑋真（2012）。《臺中市國民小學高年級學生美感素養、創意態度與藝術態度之相關研究》。臺中：國立臺中教育大學。

郭武雄（1996）。〈知覺發展與美勞教育關係之初探〉。載於陳錫祿（主編），《兒童美術教育理論與實務探討》。臺北市：臺灣省國民學校教師研習會。

黃志成（2012）。《不同性別青少年對卡通圖像之審美與偏好差異》。臺北：國立臺灣師範大學。

黃紫雲（2006）。《學校行政人員美感素養之研究──以某國立大學行政人員為例》。臺北：國立臺灣師範大學。

陳玉滿（2005）。《國小五年級學童對卡通動畫欣賞觀點之個案研究》。嘉義：國立嘉義大學。

陳育淳（2000）。《大眾文化對兒童繪畫發展的影響》。彰化：國立彰化師範大學。

陳瓊花（2004）。《臺灣民眾美感素養發展與藝術教育改進之研究》。國立臺灣藝術教育館委託之研究計畫成果報告。臺北：國立臺灣藝術教育館。

馮至、范大燦（譯）（1989）。《審美教育書簡》（原作者Friedrich Schiller）。臺北市：淑馨。

潘惠雯（2005）。《國民中小學學生美感素養與其影響因素之研究──以視覺藝術為例》。臺北：國立臺灣師範大學。

蔡昕璋（2016）。《社區大學教師教學知能、美感素養與教學工作滿意度之關係研究──以臺北市社區大學為例》（未出版之碩士論文）。臺北：國立臺北藝術大學。

蔡昕璋（2018）。〈技專校院學生校園參與經驗、美感素養與公民行動特質之因果關係研究〉。《學生事務與輔導》，第57卷第1期，頁31-47。

蔡清田（2011）。〈課程改革中的素養〉。《幼兒教保研究期刊》，第7期，頁1-13。doi: 10.6471/JECEC.201107.0001。

鄭安琪（2011）。《高雄市國小中年級學童創造力之調查研究》。臺中：國立臺中教育大學。

鄭筱萍（2018）。《國小學生美感素養、創意態度與動漫遊戲喜好之研究》。彰化縣：大葉大學教育專業發展研究所碩士論文。

漢寶德（2004）。《漢寶德談美》。臺北：聯經。

漢寶德（2007）。《談美感》。臺北：聯經。

漢寶德（2010）。《如何培養美感》。臺北：聯經。

劉立行、彭品瑜（2022）。〈網購時代下消費者服裝美感素養之研究〉。《聯大學報》，第19卷第2期，頁1-31。

賴靜平（2008）。《漫畫閱讀之性別差異——以臺北市國小六年級學童為例》。臺北：臺北市立教育大學。

顏宜君（2013）。《青少年美感鑑賞經驗研究——量表編製與相關因素之探討》。高雄：國立中山大學。

蘇心怡（2012）。《國小高年級學童對線上遊戲類型與視覺風格之偏好研究》。臺北：國立臺北教育大學。

羅子堯（2009）。《佛教與道教環境倫理觀之比較研究》。宜蘭縣：佛光大學宗教學系碩士論文。

Araújo, G. C. d. & Miguel, J. C. (2018). The aesthetic literacy in the youth and adult education. *Acta Scientiarum: Education*, *40*(2), 1-9. https://doi.org/10.4025/actascieduc.v40i1.34902

Araújo, G. C. d., Miguel J C. & Araújo, R. G. d. (2021) Aesthetic literacy in young people's and adults' awareness from a developmental learning perspective. *Frontiers in Psychology*. 12: 638920.

Barton, G. (2023). *Aesthetic Literacies in School and Work: New Pathways for Education*. Springer Nature Singapore Pte Ltd.

Barton, G. M. (2019). *Developing Literacy and the Arts in Schools*. Routledge.

Barton, G. M. & Le, A.-H. (2022). A survey of middle years students' perceptions of aesthetic literacies, their importance and inclusion in curriculum and the workforce. *The Australian Journal of Language and Literacy*, *45*, 71–84. https://doi.org/10.1007/s44020-022-00006-2

Bequette, J. W. & Bequette, M. B. (2012). A place for art and design thinking in the STEM conversation. *Art Education*, *65*(2), 40-47.

Bloome, D. (1989). *Classrooms and Literacy*. Norwood, NJ: Ablex Publishing Coporation.

Broeder, P. & Scherp, E. (2018). Colour preference of online consumers: A cross-cultural perspective. *Marketing from Information to Decision Journal*, *1*(1), 1–11.

Bulfin, S. & Koutsogiannis, D. (2012). New literacies as multiply placed practices: Expanding perspectives on young people's literacies across home and school. *Language and Education*, *26*(4), 331–346. https://doi.org/10.1080/09500782.2012.691515

Chang, M. (2009). "Next Stop for Aesthetics". *Journal of Aesthetic Education*, *196*, 70-73.

Chen, J. C. H. (2017). The teaching aesthetic literacy of theory and practice. *Journal of Education Research*, *275*, 18-33.

Cheng, F. F., Wu, C. S. & Leiner, B. (2019). The influence of user interface design on consumer perceptions: A cross-cultural comparison. *Computers in Human Behavior*, *101*, 394-401.

Colvert, A. (2022). Dreams of time and space: Exploring digital literacies through playful transmedia storying in school. *Literacy*, *56*(1), 59–72.

Compaine, B. M. (1984). Information technology and culture change: Toward a new literacy. In Issues in *New Information Technology*. Norwood, NJ: Ablex Publishing Corporation.

Cunha de Araújo G, Carlos Miguel J. & Gomes de Araújo R. (2021). Aesthetic literacy in young people's and adults' awareness from a developmental learning perspective. *Front in Psychology*, *12*: 638920.

Daniel, R. & Johnstone, R. (2017a). Becoming an artist: Exploring the motivations of undergraduate students at a regional Australian University. *Studies in Higher Education*, *42*(6), 1015–1032.

Daniel, R. & Johnstone, R. (2017b). Frameworks for building artists' resilience. *International Journal of Innovation, Creativity and Change* (Special Edition: Mental Health, December), 89-104.

De Botton, A. & Armstrong, J. (2013). *Art as Therapy*. London.

Defrenne, M. (1973). *The Phenomenology of Aesthetic Experience*. trans. E. S. Casey. Evanston: Northwestern University.

Dewey, J. (1934). *Art as Experience*. New York: Capricorn Books.

D'souza, D. (2021). What is TikTok? Retrieved 2024/4/3 from https://www.investopedia.com/what-is-tik tok-4588933

Feldman, E. B. (1967). *Art as Image and Idea*. New Jersey: Prentice-Hall, Inc.

Gee, J. (1991). *Social Linguistics: Ideology in Discourses*. Falmer Press.

Gibson, W. (1984). *Neuromancer*. London: Victor Gollancz.

Gilbert, F. (2018). Esthetic literacy and autobiography, retrieved 2024/4/5 from file:///C:/Users/User/Downloads/WritinginPracticeAestheticLiteracyandautobiographyFGilbert2018.pdf

Huang, W. V. (2024). Young students' aesthetic literacy and online usage during COVID-19 in Taiwan, *Journal of Media and Management*, *6*(1): 1-18.

Iseminger, G. (2003). Aesthetic experience. In Jerrold Levinson (ed.), *The Oxford Handbook of Aesthetics*. Oxford University.

Kaiser, H. F. (1974). "An index of factorial simplicity". *Psychometrika, 39*(1), 31-36.

Kaya, M. S. & McCabel, C. (2022, Aug.). "Effects of COVID-19 on adolescent mental health and internet use by ethnicity and gender: a mixed-method study", *International Journal of Environment Research and Public Health*, *19*(15): 8927. Published online 2022 Jul 22. doi: 10.3390/ijerph19158927.

Kennedy, M. (2020). 'If the rise of the TikTok dance and e-girl aesthetic has taught us anything, it's that teenage girls rule the internet right now': TikTok celebrity, girls and the coronavirus crisis. *European Journal of Cultural Studies*, *23*(6), 1069-1076.

Kraimer, K. L., Linden, G. & Dedrick, J. (2011). *"Capturing value in global networks: Apple's iPad and iPhone"*. Alfred P. Sloan Foundation and the U. S. National Science Foundation.

Lai, Jingping (2008). *Gender Differences in Comic Book Reading: A Case Study of Sixth-Grade Elementary School Students in Taipei City*. Taipei: Taipei City University of Education.

Leaver, T., Highfield, T. & Abidin, C. (2020). *Instagram: Visual Social Media Cultures*. Wiley.

Lo, H., Sun, Y., Lin, P.-H. & Lin, R. (2022). Design and implementation of a curriculum about aesthetic education: The experience of visiting Li Mei-Shu Memorial Gallery and its impact on creation. *Creative Education*, *13*, 1922-1940.

Lussier, C. (2010). Aesthetic literacy: The gold medal standard of learning excellence in dance. *Physical and Health Education*, *76*(1), 40-44.

Maeda, J. (2011, Sep 30). STEM to STEAM. Core77.com. Retrieved from: http://www.core77.com/posts/20692/getting-steamy-in-rhode-island-20692

Maeda, J. (2013). STEM + Art = STEAM. *The STEAM Journal*, *1*(1), 1-3. DOI: 10.5642/steam.201301.34.

Mendoza, A. (2018). Preparing preservice educators to teach critical, place-based literacies. *Journal of Adolescent and Adult Literacy*, *61*(4), 413-420.

Moje, E. B. (2016). Hybrid literacies in a post-hybrid world. In *International Handbook of Research on Children's Literacy, Learning and Culture*, Wiley-Blackwell: Chichester.

Nikolenko, O. & Astapenko, E.(2023). The attitude of young people to the use of artificial intelligence. E3S Web Conf. 460, 05013.

OECD Future of Education and Skills 2030: OECD Learning Compass 2030 (2019).

https://www.oecd.org/education/2030-project/teaching-and-learning/learning/learning-compass-2030/OECD_Learning_Compass_2030_Concept_Note_Series.pdf

Olcese, C. & Savage, M. (2015). Notes towards a 'social aesthetic': Guest editors' introduction to the special section. *The British Journal of Sociology*, 66(4), 720-737.

Paek, K. M. (2015). A critical cultural inquiry into insider issues in South Korean art education. *British Journal of Sociology of Education*, 36(6), 915–933.

Pahl, K. & Rowsell, J. (2010). *Artifactual Literacies: Every Object Tells a Story*. New York, NY: Teacher's College Press.

Samantha A., Tosto, S. A., Alyahya, J., Espinoza, V., McCarthy, K. & Tcherni-Buzzeo, M. (2023, Jun.). "Online learning in the wake of the COVID-19 pandemic: Mixed methods analysis of student views by demographic group", *Social Science and Humanities Open*, 8(1): 100598.

Schiller, Friedrich/ Snell, Reginald (TRN) (2004). *On The Aesthetic Education of Man*, Dover Publications.

Shelley, J. (2017). "The concept of the aesthetic." In *Stanford Encyclopedia of Philosophy*, edited by Edward N. Zalta, winter 2017 ed. Stanford University, 1997-. https://plato.stanford.edu/archives/win2017/entries/aesthetic-concept/

Southerton, C. (2021). "Lip-syncing and saving lives: Healthcare workers on TikTok". *International Journal of Communication*, 19328036, 15.

Street, B. (1995). *Social Literacies*. Longman.

The Guardian (2022/12/18). "The 10 biggest science stories of 2022", https://www.theguardian.com/science/2022/dec/18/the-10-biggest-science-stories-of-2022-chosen-by-scientists

Tian, Jianhong (2015). *A Study on the Correlation between Aesthetic Literacy and Work and Life Quality of Elementary School Teachers in Taitung County*, Taitung City: National Taitung University.

Vande Zande, R. (2017). *Design Education: Creating Thinkers to Improve the*

World. Lanham, MD: Rowman and Littefiled.

Xu, R., Wang, C. & Hsu, Y. (2022). Ameliorated new media literacy model based on an esthetic model: The ability of a college student audience to enter the field of digital art. *Frontiers in Psychology*.

Zhao, Xiushu(2023)."Flipped classroom" teaching model research: A case study of "innovation and entrepreneurship education and practice (theory)". *Open Journal of Applied Sciences, 13*(11), November 23, 2023.

Chapter 3

OTT閱聽消費權益

- 前言
- 閱聽消費權益
- 影音串流平台服務與特色
- 影音串流平台消費爭議
- 影音串流平台須持續關注的問題

第一節　前言

　　從OTT問世以來，逐步改變人們觀看影音節目的習慣，尤其各家平台為搶攻訂閱率，不時以促銷方案、獨家內容吸引消費者，可謂百花齊放、目不暇給。

　　韓國網路服務提供者SK Broadband 2021年10月提告美國串流影音平台內容服務提供者Netflix，要求Netflix支付網路流量增加成本及維護費用。對此Netflix表示將審查 SK Broadband的要求並尋求合作機會，以保護用戶權益。

　　SK Broadband指出（國際通傳產業動態觀測，2021/10/13），Netflix網路流量自2018年5月至訴訟期間成長約二十四倍，《魷魚遊戲》影集熱播期間，Netflix成為韓國網路第二大流量來源，惟相對於其他內容提供者（如Amazon、Apple以及Facbook等），Netflix與YouTube皆未支付網路使用費。2020年以來，南韓網路服務提供商SK Broadband和Netflix一直處於法律爭議之中。

　　這起訴訟案直到2023年9月告一段落，SK Broadband 與 Netflix宣稱達成合作，將推動兩家公司的產品開發與市場擴張，期使Netflix 在韓國地區的發展有正面影響。訴訟初期，國內中華電信也曾關切相關進展，目前兩造雙方達成共識；臺灣相關電信服務的主體性，卻沒有動靜。

　　另一方面，Netflix 2024年4月宣布，自2023年打擊共享密碼以來，2024年第一季美國增加了九百三十萬訂戶，總訂戶數六十九億（林宏翰，2024/4/19）。

　　線上影音串流服務在臺灣的發展主要轉捩點，源自2020年受到疫情的推波助瀾，足不出戶的居家隔離政策轉變在家辦公、線上學習、線上

Chapter 3　OTT閱聽消費權益

開會，相關娛樂休閒也被迫環繞在上網或線上影音平台。

　　文化內容策進院公布「2023年臺灣文化內容消費趨勢調查報告」，受訪者最常使用的串流影音平台是Netflix，且付費使用率也屬最高。調查報告顯示（文化內容策進院，2023），Netflix使用率達62%，且有57%的用戶付費。其次是YouTube，使用率58%，由於主要是免費觀看，付費比例雖然居第二，但僅26%，與Netflix有明顯差距。其他平台的使用率依序為Disney+（31%）、LINE TV（29%）、愛奇藝（26%）、巴哈姆特動畫瘋（12%）、LiTV（12%）、friDay影音（10%）、Hami Video（7%）、MyVideo（6%）、HBO GO（6%）。

　　資策會產業情報研究所（MIC）2024年5月發表臺灣影音觀看行為報告呈現，在串流影音平台方面，臺灣觀眾最常觀看的五大國際平台分別是YouTube（占73%）、Netflix（占52%）、Disney+（占28%）、LINE TV（占23%）和愛奇藝（占19%）（資策會產業情報研究所，2024/5/15）。

　　政大數位傳播文化行動實驗室與白絲帶關懷協會長期觀察臺灣青少兒上網趨勢，調查全臺一百一十所小學至大學各級學校小三至大四在學生發現（黃葳威，2024），AI世代最常使用的入口網站以YouTube、IG與TikTok影音社群平台占大宗，其中「YouTube」占（26.6）%、其次是「Google」（24%），再者為短影音社群平台「Instagram」（19.2%）、「抖音TikTok」（12.4%）、「Facebook」（8.4%）；至少四成以上最常使用短影音平台；即便YouTube也不乏短影音。

　　跨國境外平台帶動全球閱聽人的眼球經濟革命，臺灣閱聽人對於串流影音平台涉及的消費權益有哪些？

第二節　閱聽消費權益

閱聽人予人的一般印象，往往為一群使用大眾傳播媒介，如廣播、電視、電影、報紙、雜誌等的人。根據傳播學者馬圭爾（McQuail, 2000）的分析，觀眾的概念，最早係指一群觀賞戲劇、比賽、景觀或表演的人；這群特定人口兼具以下特色（黃葳威，2004）：

1. 泛指相當於全體人口、或一般社交聚集的多數人。
2. 經由事先安排於某段時間及地點。
3. 目的在擴大閱聽接收品質。
4. 其聚集地點（劇場、大廳、教會）按階級、地位設計。
5. 潛在受權威當局的控制。
6. 為一集體行為的組織化型式。

因此，閱聽人在沒有大眾傳播媒介的時期被視為：根據娛樂、崇拜、學習、享受、恐懼或哀悼等預期效益，在某一特定時段，經由個人

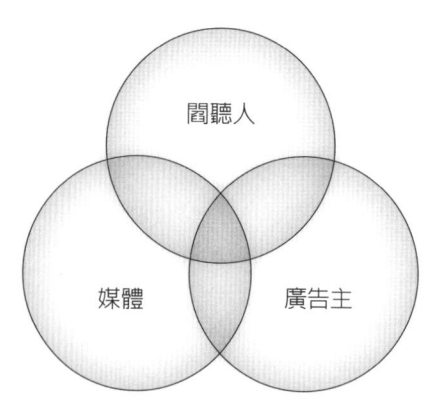

圖3-1　閱聽人、媒體、廣告主三角關係

Chapter 3　OTT閱聽消費權益

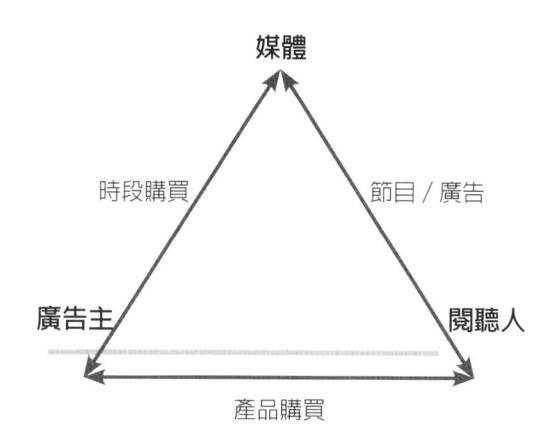

```
            媒體
           ▲
          ╱ ╲
  時段購買 ╱   ╲ 節目／廣告
        ╱     ╲
       ╱       ╲
   廣告主 ←─────→ 閱聽人
         產品購買
```

圖3-2　閱聽人、媒體、廣告主消費循環關係

自願方式的公共聚集（McQuail, 2000）。

　　曾幾何時，線性影音媒體閱聽人逐漸被數位影音媒體閱聽人取代，數位影音媒體又涉及網路大數據演算的推波助瀾，影音閱聽人未必有實體的公共聚集型態，卻可能在點閱影音平台間，凝聚特定影音社群。這些閱聽人同時累積為廣告主投放社群媒體廣告參考的點閱量，閱聽人付費觀影，同時消費個人時間與費用。

　　從閱聽人的立場，要付出時間與訂閱費用給媒體，甚至在媒體播出廣告時，被說服而採取購買消費行為；從廣告主立場，廣告主依據流量作為投放廣告欄位或時段的依據，大數據演算更可將大量同質性產品服務，重複推播給閱聽人，促使產型消費行動；媒體透過節目的廣告行銷手法，吸引閱聽人眼球，而採取點閱或訂閱行為。

　　《消費者保護法》立法目的如第一條揭櫫，為保護消費者權益，促進國民消費生活安全，提升國民消費生活品質。

　　同法第二條界定相關利害關係人或涉及行為等，說明名詞定義如下：

一、消費者：指以消費為目的而為交易、使用商品或接受服務者。

二、企業經營者：指以設計、生產、製造、輸入、經銷商品或提供服務為營業者。

三、消費關係：指消費者與企業經營者間就商品或服務所發生之法律關係。

四、消費爭議：指消費者與企業經營者間因商品或服務所生之爭議。

五、消費訴訟：指因消費關係而向法院提起之訴訟。

六、消費者保護團體：指以保護消費者為目的而依法設立登記之法人。

七、定型化契約條款：指企業經營者為與多數消費者訂立同類契約之用，所提出預先擬定之契約條款。定型化契約條款不限於書面，其以放映字幕、張貼、牌示、網際網路，或其他方法表示者，亦屬之。

八、個別磋商條款：指契約當事人個別磋商而合意之契約條款。

九、定型化契約：指以企業經營者提出之定型化契約條款作為契約內容之全部或一部而訂立之契約。

十、通訊交易：指企業經營者以廣播、電視、電話、傳真、型錄、報紙、雜誌、網際網路、傳單或其他類似之方法，消費者於未能檢視商品或服務下而與企業經營者所訂立之契約。

十一、訪問交易：指企業經營者未經邀約而與消費者在其住居所、工作場所、公共場所或其他場所所訂立之契約。

十二、分期付款：指買賣契約約定消費者支付頭期款，餘款分期支付，而企業經營者於收受頭期款時，交付標的物與消費者之交易型態。

所謂通訊交易，依照《消費者保護法》第二條第十款，是指企業經

Chapter 3　OTT閱聽消費權益

營者以廣播、電視、電話、傳真、型錄、報紙、雜誌、網際網路、傳單或其他類似之方法，消費者於未能檢視商品或服務下而與企業經營者所訂立之契約。其意義說明如下（消費者保護處，2016）：

1. 通訊交易為新型傳銷術，由於通訊交易通常是在消費者無法詳細判斷或思考的情形下，而使消費者購買不合意或不需要的商品，為衡平消費者在購買前無法獲得足夠的資料或時間加以選擇，《消費者保護法》特別規定為特種交易的一種型態，予以特別的保障。
2. 通訊交易之交易型態，是指企業經營者利用廣播、電視、電話、傳真、型錄、報紙、雜誌、網際網路、傳單或其他類似之方法，消費者於未檢視商品或服務下而與企業經營者締結之契約。
3. 通訊交易主要是指消費者在締約前沒有檢視商品的機會，就與企業經營者締結契約的情形。而與消費者締約前已檢視商品，締約後同意企業經營者郵寄商品予消費者之一般買賣郵寄不同。

《消費者保護法》針對通訊交易或訪問交易也規範有七天的鑑賞期，且由接受商品或服務的次日起算；已交運商品或發出書面者，契約視為解除。但如果過了七天鑑賞期，也超過四個月，消費者的解除權利則依法取消。

相關條文依據為：

1. 通訊交易或訪問交易之消費者，得於收受商品或接受服務後七日內，以退回商品或書面通知方式解除契約，無須說明理由及負擔任何費用或對價。但通訊交易有合理例外情事者，不在此限。
2. 前項但書合理例外情事，由行政院定之。
3. 企業經營者於消費者收受商品或接受服務時，未依《消費者保護法》第十九條第一項第三款規定提供消費者解除契約相關資訊

者,第一項七日期間自提供之次日起算。但自第一項七日期間起算,已逾四個月者,解除權消滅。
4. 消費者於第一項及第三項所定期間內,已交運商品或發出書面者,契約視為解除。
5. 通訊交易或訪問交易違反本條規定所為之約定,其約定無效(消保法§19)。

以上《消費者保護法》、定型化契約,當與境外串流影音交涉,《消費者保護法》或相關定型化契約的適用與否,深切影響影音消費者的閱聽消費權益。

第三節　影音串流平台服務與特色

串流影音平台OTT（over-the-top）是疫情期間的發燒話題,社群成員彼此分享交流各式追劇經驗。所謂串流影音平台服務被認為是「通過公共網際網路向終端用戶提供內容、服務或應用程式」。由於科技的發展讓消費與服務逐步線上化,開啟了全新的網際網路商業模式與服務,即經由公共網際網路所提供的內容,皆屬OTT的服務範圍（BEREC, 2016, pp.3, 14）。

一般而言,OTT透過固網或行動上網提供的服務有（Peitz & Valletti, 2015）：

1. 通訊服務（communication）：通訊服務可能部分取代傳統電子通訊供應商提供的服務,也提供視訊通話等新的差異化服務。相關應用程式、服務和協定允許電子郵件、聊天、語音和視頻通訊以及使用者間的資訊共享（如Skype、WhatsApp、iMessage、Facetime）。

Chapter 3　OTT閱聽消費權益

2. 即時娛樂（real-time entertainment）：包括可點播觀看或聆聽的娛樂內容。音訊和視訊可能串流或緩衝傳輸。透過緩衝，材料可以在較小時間間隔內被消耗。串流服務由 Netflix、Hulu、YouTube 和 Spotify 提供。
3. 社群網路（social networking）：實現特定使用者群體之間的交流和資訊分享。例如Facebook、Twitter、LinkedIn 和 Instagram。
4. 下載應用（market places for downloads）：使用者可以購買和下載軟體、音樂、電影和書籍等應用程式。例如透過Apple iTunes、Google Android Marketplace 和 Amazon。
5. 檔案分享（file sharing）：文件共享服務提供點對點或新聞群組作為分發模型。如 BitTorrent、eDonkey 和Gnutella。
6. 儲存（storage）：儲存服務涉及使用檔案傳輸協定（FTP）及其衍生協定進行資料傳輸。科技公司諸如Dropbox、Google、蘋果、微軟以及傳統的電子通訊供應商都提供此類服務。
7. 影片和電腦遊戲（video and computer gaming）：遊戲服務可能只是由專門的遊戲平台提供者和遊戲開發商為遊戲機提供的遊戲下載，適用於電腦或手機。流量也可能源自互動線上遊戲。
8. 網頁瀏覽（web browsing）：結合網路瀏覽功能，如透過HTTP、WAP瀏覽。

從影音通訊層面來看，線上影音平台服務區分為（ITU-T, 2017, p.6）：

1. 語音服務（voice services）：通訊應用軟體如Skype、LINE、KakaoTalk等，將各項通訊功能整合進社群網路以及應用程式（例如Google、Facebook）之中。語音服務又可分為向傳統電話發送語音訊息、單一應用程式內通訊，以及同時提供以上兩種功能的

通訊應用。

2. 短訊息服務（SMS services）：通過行動通信網路提供簡短訊息的聊天服務，例如：WhatsApp、Viber。

3. 視訊會議（teleconferencing）：相較於過去電信業者為大企業提供的電話會議服務，現在通過網際網路進行的視訊會議，機動性更強、參與人數更多，且費用便宜、近用性高，但無法保證傳輸品質。例如：Google Meet、Zoom、Microsoft Teams等。

4. 聯播（有線）媒體（broadcast〔linear〕video）：即為與傳統電視競爭的IPTV。

5. 隨選視訊（video on demand）：通過網際網路以串流技術傳輸，彈性而靈活地提供線上影音隨選服務，例如：Netflix、YouTube、Dailymotion等。

有關線上影音平台與現有數位影音媒體的優缺點，分別從需求、用戶忠誠度、付費、頻寬、速率、營運方式、服務品質、市場規模、資訊安全、個資隱私、治理規範等進行比較。

2016年開始，不同國家、頻道業者、製作發行商、平台整合業者甚至通訊軟體業者，積極提供OTT視訊服務，串流影音市場日趨競爭。根據消費者文教基金會媒體委員會的調查，國人可以接觸的十三家國內外串流影音平台隨選視訊服務，分別有：LINE TV、YouTube Premium、Netflix、愛奇藝、Disney+、Hami Video、friDay影音、KKTV、Apple TV+、HBO GO、LiTV、MyVideo、CATCHPLAY+。

以HBO GO節目內容來看，多數是由HBO獨家原創的電影、電視劇、紀錄片、脫口秀、動畫、動作片、浪漫喜劇、恐怖片、劇情片、驚悚、科幻、東西方影片。

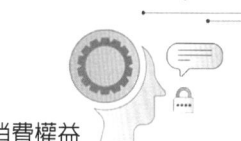

表3-1　OTT優點與缺點

優點	缺點
・終端用戶對OTT服務的採用率高 ・受益於互聯網的全球覆蓋，並且部署迅速 ・利用不同的經濟規模，使用量增加，成本更低 ・寬頻連線支持，推動寬頻（數據使用）服務的需求 ・受益於宣傳收入，並提供具有成本效益的方式來推銷產品／業務 ・在創收方面與供應商有較強的談判能力 ・數據需求不斷增加 ・增加營運商的數據收入 ・動態客戶群 ・轉換成本低 ・消費者對可透過多螢幕平台存取的線上媒體內容的興趣上升	・客戶保留率低 ・缺乏可靠、高速的網路 ・傳統語音和簡訊服務需求下降 ・增加交通負荷 ・網路服務供應商和營運商的投資需求增加，以滿足日益增長的數據需求 ・儘管關於隨著新競爭對手進入市場而加劇競爭的討論不斷出現，但關於OTT服務和網路營運商是否可以在同一市場內聯合營運的爭論一直存在 ・難以確保端到端的品質控制，也難以維護不同區域之間的服務品質（quality of service, QoS） ・鄰近問題以及消費者體驗相關要求 ・國家依賴服務能力較低，無法在管轄範圍內控制營運模式 ・對「普及服務基金」（Universal Service Fund, USF）的貢獻不足，難以為服務基金創造收入 ・儘管採用行動手機和SIM卡，語音和訊息服務收入仍然減少 ・非住所管轄區的OTT逃稅問題 ・國家法規難以解決個人資料保護和隱私問題 ・安全性問題，因為使用者無法控制所蒐集的數據 ・OTT缺乏直接、明確的監管

作者整理自Bilbil, 2018.

　　Disney+夾帶迪士尼影視產製王國的優勢，標榜有經典迪士尼、皮克斯、漫威、星際大戰、國家地理和star卡通、電影、動漫、紀錄片、實境影集、實驗短片等，提供各式多元的內容。但僅為播放境外作品平台，並不投入在地節目製作。

　　愛奇藝提供較多數量的自製華語電視劇、電影、綜藝、動漫、兒童、娛樂，不少華語劇的導演、編劇、音樂創製暨演出團隊來自兩岸三地組合。其部分電視劇也在首輪於串流平台播出後，陸續以前幾集的劇集於YouTube播出前導，達到前導宣傳試映的效果。

第四節　影音串流平台消費爭議

當韓國網路服務提供者SK Broadband長期與Netflix訴訟，爭取應有的在地平台經營成本爆增的權益時期，以Netflix、消費者保護法關鍵字，查詢司法院判決書系統，臺灣也僅有一件消費者提出與Netflix有關《消費者保護法》的訴訟，但被告是中華電信。

參考臺灣臺中地方法院112年簡上字第255號民事判決，原告（上訴人）為一名手機用戶；被告（被上訴人）係中華電信股份有限公司期間法定代理人先為謝繼茂。

本案的爭點在於上訴人主張被上訴人（中華電信）的種種行為侵害了其隱私權等人格法益，並請求損害賠償。根據判決紀錄，上訴人主張的具體行為包括：

1. 未經同意違法變更其市話號碼、遠端控制家中網路、更改wi-fi密碼等。
2. 洩漏其個人資料、刪除其市話及手機號碼、使其手機無法上網但仍以4G計費、遙控其手機消耗電力、使其無法使用臺灣行動支付、強迫其購買手機網路吃到飽、持續監控其網路、不讓家中電視連線網路、刪除其手機門號導致無法使用NETFLIX、googlepay等服務。
3. 因個資外洩導致其LINE帳號被盜。
4. 被上訴人多方攔截其申訴、派員偽裝客服、推諉責任、告知假訊息並偽造文件。
5. 玩弄、操縱司法，委任律師搓湯圓，在訴訟期間變本加厲操控其手機、鎖市話、強迫更換新市話、鎖信用卡等。

Chapter 3　OTT閱聽消費權益

　　上訴人提出文件佐證，提到了國家通訊傳播委員會（NCC）依《消費者保護法》第四十二條規定，函知被上訴人（中華電信）於十五日內與上訴人解決爭議。這表示國家通訊傳播委員會基於《消費者保護法》，介入了上訴人與被上訴人之間的爭議，並要求被上訴人積極處理。

　　雖然判決書中並未進一步說明被上訴人是否違反《消費者保護法》的具體條款，但NCC的介入本身即是基於該法的授權，旨在保護消費者的權益，促進爭議的解決。

　　值得注意的是，法院最終駁回了上訴人的請求，理由是上訴人未能舉證證明被上訴人有侵害其隱私權等人格法益的行為。雖然NCC依據《消費者保護法》介入，但法院的判決是基於民事訴訟的證據原則，判斷上訴人提出的損害賠償請求是否成立。

　　被上訴人（中華電信）則抗辯否認有遠端控制上訴人家中網路、手機及不法洩漏上訴人個資等事實。法院最終認為上訴人未能舉證證明其主張的侵權事實，因此駁回其上訴。

　　至於Netflix與消費者的權利義務關係，判決書僅提及上訴人主張因其0000000000之門號被刪除，造成其無法使用NETFLIX等服務。判決書本身並未探討或說明Netflix與消費者之間的權利義務關係。上訴人將無法使用Netflix列為其損害之一，但此與中華電信是否侵害其權利有關，而非直接涉及Netflix作為服務提供者的責任。

　　事實上，消費者文教基金會等消費求助單位，也未曾收到有關境外串流影音平台的申訴。這意味著消費者不知道個人權益為何，或對這些境外串流影音平台沒有任何抱怨嗎？代表電信服務最後一里路的中華電信，面對韓國網路服務提供者SK Broadband的護土有責，又有哪些啟示呢？

第五節　影音串流平台須持續關注的問題

疫情期間，大家被迫居家工作或學習，生活作息局限一方空間，使線上各式服務多了許多契機。後疫情時代，身在境外串流影音平台的浪潮中，可以關注那些線上串流影音牽涉的權利義務。

一、對本土影視創作有助益？

2017年上半年，美國在臺協會便邀請國家通訊傳播委員會、衛星公會、傳播學者專家與Netflix副總裁對談，與會臺灣媒體與傳播教育工作者便強調要求，Netflix如欲進入臺灣市場，需要重視並投資本土文創影視工作者的作品，並得以在Netflix平台播出。

時移至今，包括《我們與惡的距離》、《誰是被害者》、《不夠善良的我們》、《人選之人—造浪者》、《茶金》、《此時此刻》、《華燈初上》等本土自製影集皆有機會在平台播出。然而，其播放網域未必同步於全球網域，往往是區域網域，也就是以臺灣觀眾可以收看到為多。這些不同的上架網域，未經詳細分析，往往出現看起來熱鬧光彩，實則可能形成自我感覺良好的假象。

二、收費規則罔顧消費權益？

其次，比較各串流影音平台的收費方式，一些排名較前的平台收費規則時而更改，對於消費者權益是否形成衝擊？這些都值得關注。

以影音串流平台Netflix為例，2024年1月便預告將逐步取消「無廣

Chapter 3　OTT閱聽消費權益

告基本方案」，這項行動被視為變相漲價，最先實施的國家為加拿大和英國，近日已有兩國用戶開始收到通知、要求他們訂閱其他方案，代表Netflix已著手實行最新的機制（張君堯，2024/7/3）。

　　國內媒體引述《The Verge》報導，用戶在知名論壇「Reddit」貼出照片，表示觀看Netflix的電視畫面出現通知：「7月13日是您觀看Netflix的最後一天，請選擇一個新的方案來繼續觀看」。

　　加拿大用戶的收費方式將自原本每個月11.99美元（約新臺幣363元）的無廣告基本方案取消後，用戶選擇有三：每個月99美元（約新臺幣2,996元）的「廣告方案」、每個月149美元（約新臺幣4,509元）的「無廣告方案」或每個月299美元（約新臺幣9,048元）的「無廣告4K高畫質方案」。

　　收到通知的用戶大多數來自加拿大或英國，這與Netflix先前公布的計畫相呼應，至於未來將拓展至哪些地區、國家仍不得而知，臺灣方面目前維持每個月270元、330元和390元等訂閱機制。

　　還有不少Netflix的手機與平板用戶陸續被限制收看，登入時會跳出「您的裝置尚未設為此帳戶的同戶裝置」的通知，僅能選擇取得代碼暫時收看，或直接登出。

　　Netflix帳戶共享的限制大致分為（數位時代採訪中心，2024/2/21）：

1. 帳戶成員曾使用電視登入，被設定為主要地點，即使從電視登出，其他裝置被歸類為「未設置同戶裝置」，須額外再設定一台電視及同戶裝置。
2. 帳戶中成員使用電視登入，即有可能被設定為主要地點，其他非相同網路的裝置皆有機會跳出限制通知。
3. 成員未使用電視、機上盒、遊戲主機登入，僅經由手機、平板、電腦等行動設備觀看，暫時未受影響。

4.透過手機、平板、電腦等移動裝置，收到限制通知。

　　串流平台官方回應，目前方案皆僅能分享給同住用戶，「Netflix同戶裝置只能設定在一個電視而已，所連結的網路會被設定成安全，所以連結同個網路的電視才能正當觀看。」至於手機的部分，客服則回應，「連結家裏的網路便不會再出現此問題，至少一個月連結過一次即可。」

　　如果無法在三十天內連結同戶裝置網路，又跳出「尚未設定同戶裝置」的通知時，可點擊「暫時收看」選項，觀看十四天；至於可以重複多少次「暫時收看」，會由Netflix系統來決定。

三、相關單位應建立管理制度？

　　從網路的官方宣傳文字、或登入平台頁面編排觀察，提供隨選視訊服務的串流平台，其內容以電影、影集居多，大致含括電影、戲劇、動漫、兒童、綜合頻道、紀錄片、實驗短片等，琳瑯滿目。根據消費者文教基金會媒體委員會調查，去電接洽相關節目類型分布與數量，串流影音平台臺灣辦事處人員卻表示無法提供。

　　相較國內衛星暨有線電視頻道需要經過申設、評鑑等重重監理，並依照消費者滿意度、節目首播與重播率、是否違反相關法規等記點或得獎加分機制、財務人事報表等營運計畫，進行評鑑、面試報告或實地訪查等。

　　前述境外串流影音平台的節目重播率如何？當上架首播後節目便是以類似重播的方式陳列，不論國內數位發展部或國家通訊傳播委員會皆不聞不問，連消費者相關申訴與處理後續都不透明化？

　　境外串流影音平台對於國內自製節目、自製頻道的衝擊如何？是否顧及閱聽消費者的影視休閒消費權益？

Chapter 3　OTT閱聽消費權益

四、對影音產製從業人員的影響？

尤有甚者，國內文創工作者需要配合境外影音平台的播出規格，達到所謂國際化的形象，一些參與其中的製作團隊成員也表達創意空間有限。Netflix尋求好萊塢全球化的模式，卻選擇在成本較低、提供各項補貼的境外拍攝，看似積極投資在地內容再行銷至全球，以提高串流影音平台的市占率與訂閱數（Chmielewski, Broadway & Richwine, 2023）。

類似舉措被質疑，世界各地的投資除讓美國本土文化勞工減少許多工作機會，相對而言提供國際上其他微型影視工作團隊發展的空間，然而，各國法律與政策尚不周全，致使相關國際的基層文化勞工的壓榨比美國更甚。這些跨國的在地人事財務營運計畫如何？與國內相關產製團隊、攤在陽光下的檢核標準，大相逕庭。

表3-2　串流影音平台收視費用調查一覽表

影音平台名稱	收費	備註
LINE TV	月訂方案 NT$210；60天追劇方案NT$420；季訂方案NT$520；年訂方案NT$1,720	3個裝置同時觀看 訂閱任一方案即為「VIP會員」，另有「主題訂閱會員」及「單部租借用戶」
YouTube Premium	個人每月NT$199 家庭每月NT$399（最多可新增5位滿13歲的家庭成員） 學生每月NT$119（免費試用1個月）	享受零廣告的YouTube Music與YouTube服務，以及離線和背景播放功能
Netflix	基本：每月新臺幣270元 標準：每月新臺幣330元 高級：每月新臺幣390元	包括長片、紀錄片、節目、動畫、獲獎肯定的Netflix原創作品 基本：可同時在1部支援裝置上觀賞 標準：可同時在2部支援裝置上觀賞；可新增1部額外成員名額，每位每月只要多付新臺幣100元

(續)表3-2　串流影音平台收視費用調查一覽表

影音平台名稱	收費	備註
Netflix		高級：可同時在4部支援裝置上觀賞；可新增2部額外成員名額，每位每月只要多付新臺幣100元
愛奇藝	「黃金方案」 連續包月NT$120 連續包季NT$490 連續包年NT$1,590	電視劇、電影、綜藝、動漫、兒童、娛樂 另有「鑽石方案」
Disney+	Disney+ 標準：每月NT$270 Disney+ 高級：每月NT$320	Disney+ 標準：最高支援全高畫質1080p、最高支援音質1及2個裝置同時觀看 Disney+高級：最高支援4K超高畫質 & HDR、最高支援杜比全景聲及4個裝置同時觀看 另有年費方案
Hami Video	「月租型」電視館：168元／月 運動館：199元／月 影劇館+：199元／月 C@T網紅館：149元／月	月租型方案每月自動續租，最短租期1個月，如不續租須自行退租；另有天數型方案，到期自動退租，訂閱後，如有收視紀錄即無法取消訂閱或要求退費。此外，有「單次付費」之單片計價型服務
friDay影音	「影劇暢看」 每月續租 NT$199／月 每季續租 NT$597／90天 每半年續租 NT$1,194／180天 每年續租 NT$2,388／360天	每月續租：每期送2張電影單片券（當期可用） 每季續租：每期送10天+6張電影單片券 每半年續租：每期送20天+12張電影單片券 每年續租：每期送100天+24張電影單片券 另有「單片自由選」方案
KKTV	單人獨享：每月188元，每年1,888元 雙人共享：每月288元，每年2,888元 四人共享：每月488元，每年4,888元	另有動漫PASS月繳及年繳方案，以及計次型方案

Chapter 3　OTT閱聽消費權益

（續）表3-2　串流影音平台收視費用調查一覽表

影音平台名稱	收費	備註
Apple TV+	免費7天後，250元／月	前往 tv.apple.com/tw 來在網頁瀏覽器中訂閱和觀看 Apple TV+ 或 MLS Season Pass
HBO GO	透過iTunes或Google Play購買訂閱 1個月方案：NT$150 3個月方案：NT$290	HBO GO平台上大多數是由HBO獨家原創的電影、電視劇、紀錄片、脫口秀、動畫、動作片、浪漫喜劇、恐怖片、劇情片、驚悚、科幻、東西方影片
LiTV	隨選影片餐（追劇）： 150元／月；429元／季；1,190元／年 電視頻道餐（看電視）： 250元／月；599元／季；1,990元／年 豪華組合餐（看電視＋追劇）： 299元／月；849元／季；2,390元／年	隨選影片餐：7萬小時6大館隨選影片（電影+戲劇+動漫+綜藝+兒童+蒙福人生）皆可收看 電視頻道餐：400臺電視頻道 豪華組合餐：400臺電視頻道＋7萬小時6大館隨選影片
MyVideo	豪華月租方案：250元／30天 4片自由選方案：250元／30天 單次租借$39～79元／片（租借後可以在7天內隨時開始觀看，開始播放後48小時內任意觀賞）	直播頻道（不包含月租頻道）可免費觀看
CATCHPLA+	「一般訂閱」，每月250元 「超值訂閱」每月350元	「一般訂閱」及「超值訂閱」皆有首3個月和首年優惠價「350元；訂「超值訂閱」為共享訂閱方案，可供3個帳號共享

資料來源：消基會媒體委員會，調查整理時間：2024年9月13日。

　　雖不至於掛羊頭賣狗肉，境外串流影音平台對於臺灣消費者權益的承諾為何？相關消費者權益保護機制、消費者定型化契約、到底平台賣哪些新舊夾陳的舊瓶舊酒、舊瓶新酒？亟待數位發展部、國家通訊傳播委員會、行政院消費者保護委員會、文化部正視。

參考文獻

文化內容策進院（2023）。「2023年臺灣文化內容消費趨勢調查報告」。臺北市：文化內容策進院。

江承翰（2023/10/5）。〈SK與Netflix網路使用費訴訟大和解　將推多項合作方案〉，《電子時報》。引自https://www.digitimes.com.tw/tech/dt/n/shwnws.asp?id=0000674433_40B5XD4Q2SJI0Q4QA2QG2

林宏翰（2024/4/19），〈Netflix打擊共享密碼奏效3個月增930萬訂戶〉，《中央通訊社》。引自https://www.cna.com.tw/news/amov/20240419017aspx

消費者保護處（2016）。〈何謂通訊交易？〉。臺北市：行政院消費者保護委員會。引自https://cpc.ey.gov.tw/Page/4432D6D5FA6677B9/0c92ae4a-e95c-48dc-a717-fe346fa7dd21

黃葳威（2024）。《閱聽人與媒體文化》。新北市：威仕曼。

黃葳威（2024/12/17）。「AI世代臺灣青少兒美感素養與數位韌性報告」。臺北市：中華白絲帶關懷協會。引自https://www.cyberangel.org.tw/file/evt2024/2024_tw_youth_survey.pdf

數位時代採訪中心（2024/2/21）。〈Netflix開抓臺灣寄生帳號…非同住人可用這2方法續看〉，《商業周刊》。引自https://www.businessweekly.com.tw/style/blog/3012414

張君堯（2024/7/3），〈變相漲價？Netflix取消無廣告基本方案　「這2國」用戶最先收通知〉，《TVBS新聞網》。https://news.tvbs.com.tw/world/2537863

資策會產業情報研究所（2024/5/15），「臺灣影音觀看行為調查」。臺北市：資訊工業策進會。

《國際通傳產業動態觀測》（2021/10/13），〈韓國網際網路服務提供者SK Broadband提告Netflix，要求其支付網路使用費〉，《國際通傳產業動態觀測》。引自https://intlfocus.ncc.gov.tw/xcdoc/cont?xsmsid=0J21056588511

Chapter 3　OTT閱聽消費權益

　　1070723&sid=0L330516690532846837&sq=

臺灣臺中地方法院112年度簡上字第255號民事判決。

BEREC. (2016). Report on OTT services (BoR (16) 35). Riga, Latvia: Body of European Regulators for Electronic Communications. Retrieved from https://berec.europa.eu/eng/document_register/subject_matter/berec/reports/5751-berec-report-on-ott-services

Bilbil, E. T. (2018). "Methodology for the regulation of over-the-top (OTT) services: The need of a multi-dimensional perspective", *International Journal of Economics and Financial Issues*, 8(1), 101-110.

Chmielewski, D., Broadway, D. & Richwine, L. (2023, November 15). Hollywood strikes sap economy as industry readies for revamp. Reuters. Retrieved from https://www.reuters.com/business/media-telecom/hollywood-strikes-sap-economy-industry-readies-revamp-2023-11-15/

International Telecommunication Union(2017). *Economic Impact of OTTs Technical Report*, the ITU-T Technical Paper "Economic impact of OTTs" approved at the ITU-T Study Group 3 meeting held in Geneva, 5-13 April 2017.

McQuail, D. (2000). *Mass Communication Theory* (4th ed.). London SAGE.

Peitz, M. & Valletti, T., (2015). Reassessing competition concerns in electronic communications markets. *Telecommunications Policy*, 39(10): 896-912.

Chapter 4

社群假訊息傳播模式

- 研究背景與問題
- 文獻探討
- 研究設計
- 案例分析
- 結論與討論

第一節　研究背景與問題

聯合國大會1948年12月10日第217A（Ⅲ）號決議通過公布《世界人權宣言》，揭示「人人有權享受主張和發表意見的自由；此項權利包括持有主張而不受干涉的自由，和通過任何媒介和不論國界尋求、接受和傳遞消息和思想的自由」（§19）。強調意見言論表達、透過媒體傳遞溝通的自由價值。

我國《憲法》明定：人民有言論、講學、著作及出版之自由（§11），宣告看重言論與出版自由，代表我們是一自由民主開放的華人社會，成為國內相關法案的重要基石。

瑞典哥德堡大學近期公布V-Dem（Varieties of Democracy）2021年報告（楊綿傑，2022/3/20），臺灣在全球各國接受境外假訊息的頻率最高，已連續九年居首位，假訊息的防治引發討論。有公眾人物表示養網軍是為成立「資安團隊」（林詠青，2023/6/14），打資訊戰。

根據人力銀行調查，「社群小編」是時下年輕人心中的夢幻職業之一（Lee, 2021）。人力銀行常出現的人才招募訊息：「1.社群平台經營。2.貼文主題發想、社群貼文撰寫、圖文設計與社群成效分析。3.掌握網路議題與時事敏感度，能夠搭配時事話題發想貼文主題……」如果還說明居家工作，月薪三萬元起跳，發文每則以五十元計價。這樣好康的工作你要做嗎？

社群小編扮演對話溝通的角色，然而，公視董監事會面對公廣集團小編楊景名涉三年A錢十八萬弊案，出動五位董監事出馬調查（《民報》，2024/8/16），稽核室展開專案查核，全力配合檢調單位調查。

社群小編既要設計貼文，近來被賦予打擊假新聞／訊息的任務。假

Chapter 4　社群假訊息傳播模式

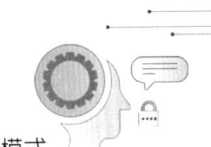

新聞（fake news）是人為虛構的虛假訊息（phony information），除一般媒體報導，也包括視覺迷因梗圖等揶揄形式（Wardle & Derakhshan, 2017）。《紐約時報》社群平台編輯利茲‧赫倫（Liz Heron）認為：面對假新聞／訊息出現，社群編輯應揭穿（Myers, 2011/9/2）。社群小編原本有別於致力大內宣或大外宣的網軍（溫芳瑜，2021/10/25），社群小編執行業務如何避禍達標，引發關切。

一旦打資訊戰的網軍失控，外宣與內宣界線不清，往往徒勞傷民。農委會為「加強農業訊息因應」，2019年編列1,450萬預算僱用網路小編，被質疑為網軍（蔡浩祥，2019/3/15）。臺灣媒體觀察基金會執行長滕西華表示（衛星公會，2023）：政府也有可能是假消息的來源，不然新聞（媒體）為什麼叫第四權？農業粉專「Lin bay好油」版主林裕紘近日涉及捏造被網軍攻擊的假訊息事件（陳杉榮，2023/10/5）。小編扮演網軍，誰來反制？

早在2018年臺北駐大阪經濟文化辦事處處長蘇啟誠自殺事件後，當時行政院政務委員唐鳳公開表示，澄清速度不夠快確實可能發生憾事。社群平台的不實資訊引發關注。

有關假新聞／訊息研究大致從新聞或法律角度，分為訊息治理、媒體生態、科技運用等論述。其中訊息治理面有支持假新聞／訊息管制的主張（黃銘輝，2019；胡元輝，2018；顏玉龍，2020），或管制衍生的言論自由與新聞自由爭議探討（楊劭楷，2021；鍾禎，2018）；媒體生態面談及媒體聚合（林照真，2020）或社群媒體的樣態與挑戰（王淑美等，2022；羅世宏，2018）；科技運用面從網路大數據視角觀察政黨選舉假訊息的操作模式（鄭宇君，2021）等。結合傳播與法律面的個案分析相較缺乏。

從社群經營的口碑行銷到假新聞／訊息，透過社群平台散播，已是不爭事實，其傳播模式如何？是否衝擊言論自由的價值？

本章以文獻分析法，檢視言論自由與新聞自由取向，假新聞／訊息的敘事以及傳播模式，並以楊蕙如網軍事件為例，分析臺灣法院的相關判決與爭點，探討以下問題：

1. 楊蕙如網軍事件的傳播模式為何？
2. 楊蕙如網軍事件判決書涉及假新聞／訊息的爭點為何？

第二節　文獻探討

一、言論自由與新聞自由取向

　　美國憲法修正案《權利法案》（*The Bill of Rights*）於1791年批准，第一條修正案說明美國國會不得制定有關下列事項的法律：確立一種宗教或禁止信教自由、剝奪言論自由或出版自由，或剝奪人民和平集會及向政府要求伸冤的權利（abridging the freedom of speech, or of the press; or the right of the people peaceably to assemble）。其中闡釋思想自由、言論自由及出版（新聞）自由、集會自由的重要。

　　歐洲以《德意志聯邦共和國基本法》（*Grundgesetz für die Bundesrepublik Deutschland, G G; Basic Law for the Federal Republic of Germany*）為例，基本法第一章「基本權利」（Die Grundrechte）明文：人人有以語言、文字及圖畫自由及傳布其意見之權利，並有自一般公開之來源接受資訊而不受阻礙之權利；出版自由及廣播與電影之報導自由應保障之；事前檢查制度不得設置。以上彰顯個人言論自由、表述自由、傳布自由，以及媒體報導自由，為應保障之基本權利。

　　我國《憲法》開宗明義：中華民國國民大會受全體國民之付託，依

Chapter 4　社群假訊息傳播模式

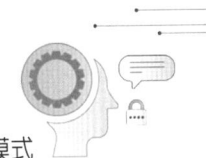

據孫中山先生創立中華民國之遺教，為鞏固國權，保障民權，奠定社會安寧，增進人民福利，制定本憲法，頒行全國，永矢咸遵。

整合《世界人權宣言》及美國、德國及我國相關言論自由法規，涉及維護個人思想、言論、表達、傳遞、新聞報導自由層面的條文有以下特色：

第一、思想表達、訊息流通、傳遞自由。美國《權利法案》第一條修正案：國會不得制定有關下列事項的法律：確立一種宗教或禁止信教自由；剝奪言論自由或出版自由；或剝奪人民和平集會及向政府要求伸冤的權利。

《德意志聯邦共和國基本法》第一章「基本權利」（Die Grundrechte）明文：人人有以語言、文字及圖畫自由及傳布其意見之權利，並有自一般公開之來源接受資訊而不受阻礙之權利；出版自由及廣播與電影之報導自由應保障之；事前檢查制度不得設置（§5 I）。書信秘密、郵件與電訊之秘密不可侵犯（§11）。

我國《憲法》相關條文計有：人民有言論、講學、著作及出版之自由（§11）；人民有秘密通訊之自由（§12）；人民有信仰宗教之自由（§13）。

上述條文不僅維護思想、信仰選擇、意見公開表述等自由，也尊重人民私領域溝通意見的自主價值。

第二、動員組織行動自由。言論自由除了個別表述外，也享有聚會、自主社團等團體動員的行動自由。

美國《權利法案》第一條修正案：國會不得制定有關下列事項的法律……或剝奪人民和平集會及向政府要求伸冤的權利。

米克爾約翰認為（Purvis, https://www.mtsu.edu/firstamendment/article/1302/alexander-meiklejohn），第一修正案的主要目的是確保公民（voters）可以自由地進行不受約束的辯論和討論，以便就他們的自治做

出明智的選擇。儘管被批評忽略非政治話題的言論自由，其理念迄今仍受重視。

《德意志聯邦共和國基本法》揭櫫所有德國人均有和平及不攜帶武器集會之權利，無須事前報告或許可（§8 II）。所有德國人均有結社之權利（§9 I）。

我國《憲法》明定人民有集會及結社之自由（§14）。

第三、身分認同自主：參考《德意志聯邦共和國基本法》第一章「基本權利」第三條：一、法律之前人人平等。二、男女平等。國家應促進男女平等之實際貫徹，並致力消除現存之歧視。三、任何人不得因性別、出身、種族、語言、籍貫、血統、信仰、宗教或政治觀而受歧視或享特權。任何人不得因其身心障礙而受歧視。

我國《憲法》相關條文有：中華民國各民族一律平等（§5）；中華民國人民，無分男女、宗教、種族、階級、黨派，在法律上一律平等（§7）。

以上皆表達人民來自各族群、性別、信仰、階級、黨派等主體性，不因身分認同有別而形成差別待遇。

第四、生命財產：美國《權利法案》第四條修正案規定：人人具有保障人身、住所、文件及財物的安全，不受無理之搜索和拘捕的權利；此項權利，不得侵犯；除非有可成立的理由，加上宣誓或誓願保證，並具體指明必須搜索的地點、必須拘捕的人，或必須扣押的物品，否則一概不得頒發搜捕狀。

第五條修正案：非經大陪審團提起公訴，不得被強迫在任何刑事案件中自證其罪，不得不經過適當法律程序而被剝奪生命、自由或財產；人民私有產業，如無合理賠償，不得被徵為公用。

審視《德意志聯邦共和國基本法》條文：保護並促進勞動與經濟條件之結社權利，應保障任何人及任何職業均得享有。凡限制或妨礙此項

Chapter 4　社群假訊息傳播模式

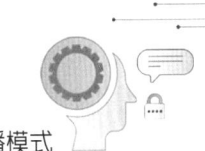

權利為目的之約定均屬無效；為此而採取之措施均屬違法（§8 III）。

我國《憲法》明文：人民之生存權、工作權及財產權，應予保障（§15）。

三國憲法均宣示：國家有責任保護人民的生命、財產、工作就業等權益。意味著國家有維護人民健康、資產、職業等義務。

第五、言論自由分寸：自由誠可貴，卻非無限上綱，一旦與公共利益、社會秩序、妨礙他人自由或安全等衝突，便可依法規範。

《德意志聯邦共和國基本法》規範：前項權利之界限在一般法律之規定、保護青少年之法律規定及個人名譽之權利（§5 II）。結社之目的或其活動與刑法牴觸或違反憲法秩序或國際諒解之思想者，應禁止之（§9 II）。

我國《憲法》相關條文有：凡人民之其他自由及權利，不妨害社會秩序公共利益者，均受憲法之保障（§22）；以上各條列舉之自由權利，除為防止妨礙他人自由、避免緊急危難、維持社會秩序，或增進公共利益所必要者外，不得以法律限制之（§23）；凡公務員違法侵害人民之自由或權利者，除依法律受懲戒外，應負刑事及民事責任。被害人民就其所受損害，並得依法律向國家請求賠償（§24）。

追溯言論自由立論基礎包括以下三觀點（林子儀，1988）：

第一、追求真理說（truth-seeking theory）／言論自由市場說（theory of marketplace of ideas）。參考《聖經・約翰福音》8:32：真理使人自由（The truth shall set you free）。以基督新教立國的美國，係指言論自由的價值在於有助於人們追求真理。因為開放各種言論之自由抒發，我們將可從真理與謬誤的辯證中發現真理。

美國聯邦最高法院大法官小奧利弗・溫德爾・霍姆斯（Oliver Wendell Holmes）在《1917年間諜法》（Abrams vs.United States）一案的不同意見書中所說：「追求至善（ultimate good）的較佳之道，就是

觀念思想的自由交流檢驗一項主張是否能被真理接受的最佳方法就是將其置於言論的市場中與其他主張競爭，看其是否能被接受。」大法官以「市場機能」說明追求真理說。

第二、健全民主程序說（democratic process theory）。健全民主說，由已故布朗大學教授亞歷山大‧米克爾約翰（Alexander Meiklejohn）提出，其理論前提在於「人民自治」（self-government）的民主政治。

米克爾約翰對第一修正案的理解是（Purvis, https://www.mtsu.edu/first-amendment/article/1302/alexander-meiklejohn）：對自治的承諾，為言論自由的基本原則。他強調：「第一修正案的革命性意圖」（the revolutionary intent of the First Amendment）是「否認所有下屬機構」（deny to all subordinate agencies），例如國會或總統，任何「限制人民選舉權自由的權力」（authority to abridge the freedom of the electoral power of the people）。

第三、表現自我說（self-expression theory）／實現自我說（self-fulfillment or self-realization theory）。表現自我說源自於實證主義學者康德（Immanuel Kant），康德對心靈的看法取決於他的唯心主義（transcendental idealism）。康德認為心靈的某些特徵及知識具有先天的起源，必須在經歷之前就存在於心靈中，經由先驗真理（priori truths）得以具備這些思想和知識，且誠屬必要性和普遍性（necessary and universal）（Brook, 1993）；我們必須透過先驗的方法瞭解這些真理無法從經驗中習得。

美國聯邦最高法院大法官威廉‧道格拉斯（William Orville Douglas）被視為倡導表現自我說的先驅者。關於權利隱私和言論自由，道格拉斯強調不受打擾的權利是：「讓政府遠離人民」（keep the government off the backs of the people）（Glancy, 1981: 1048）。這位大法

官主張：言論自由的價值就是保障個人自主的自我表現，有助於人格的養成、自我實現，保障個人之自主及自尊。即《憲法》所以保障的言論自由，如同其他基本權利，是為保障個人自主存在的尊嚴及發展自我成就自我的機會。

　　國內法學者林子儀推崇由此一觀點審視言論自由；另也引起相關爭辯是否只要是個人自主的自我表現，皆應享有言論自由？學者闡釋（Kapoor, 2019），權利的概念可以是道德的構成要素，但整個道德現象不能僅僅以權利為基礎，權利和義務需保持平衡。

　　比較上述三學說，相較於表現自我說，法學者林子儀（1988）視追求真理說、健全民主程序說為功利主義取向，追求真理一度被放在意見市場機能的辯證，健全民主程序說的言論自由則涉及與民主制度運作有關的言論自由。

　　其實，健全民主程序說的言論自由對象，聚焦民主政治具投票權的公民，有其特定集體身分。有別於追求真理說的言論自由，重在個人所認知或推崇的真理所在。表現自我說也著重個人層面，主張個人自主表達的正當價值。

　　再者，追求真理說、表達自我說皆觸及個體層面，兩者皆有其目的性。差別在於前者辯證的目的在發掘真理，後者則偏重個體思維的彰顯。很難歸咎追求真理是功利導向，彰顯個人主義便不涉及目的導向。尤其在資訊社會個人直播時代，直播主個人主張的彰顯，與點閱率息息相關，未必可自外於功利主義。

　　司法院釋字第509號解釋文：言論自由為人民之基本權利，《憲法》（§11）明文保障，國家應給予最大限度之維護，俾其實現自我、溝通意見、追求真理及監督各種政治或社會活動之功能得以發揮。惟為兼顧對個人名譽、隱私及公共利益之保護，法律尚非不得對言論自由依其傳播方式為合理之限制。

《刑法》明定：「意圖散布於眾，而指摘或傳述足以毀損他人名譽之事者，為誹謗罪，處一年以下有期徒刑、拘役或五百元以下罰金；散布文字、圖畫犯前項之罪者，處二年以下有期徒刑、拘役或一千元以下罰金」之誹謗罪（§310 I、II），即係保護個人法益而設，為防止妨礙他人之自由權利所必要，符合《憲法》「以上各條列舉之自由權利，除為防止妨礙他人自由、避免緊急危難、維持社會秩序，或增進公共利益所必要者外，不得以法律限制之」（§23）規定。

《刑法》§310 III前段「對於所誹謗之事，能證明其為真實者，不罰」，係針對言論內容與事實相符者之保障，並藉以限定刑罰權之範圍，非謂指摘或傳述誹謗事項之行為人，必須自行證明其言論內容確屬真實，始能免於刑責。

言論自由和新聞自由常相提並論，檢視「美國憲法第一修正案」對於兩者的條文（Birk, 2018）：「國會不得制定關於建立宗教或禁止其自由行使的法律；或剝奪言論自由或新聞自由；或人民和平集會的權利，以及向政府請願以彌補不滿的權利。」

言論自由以內容為思考基礎，包括個人或集體意見交流表達。新聞自由則是透過各式媒介流通。如從報章雜誌、圖書畫刊、電視、廣播、電影、網路等通路，向不特定對象或團體散布。

有別於新聞自由，言論自由有特定限制。美國政府可對以下進行規範（Birk, 2018）：

1. 製作或分發淫穢材料，例如兒童色情（making or distributing obscene material, such as child pornography）。
2. 剽竊受版權保護的材料（plagiarizing copyrighted material defamation, i.e., libel and slander）。
3. 誹謗（即誹謗和詆毀）（defamation, i.e., libel and slander）。
4. 製造真正的威脅（making true threats）。

Chapter 4　社群假訊息傳播模式

5.煽動違法行為（inciting illegal actions）。
6.教唆他人犯罪（soliciting others to commit crimes）。

言論和新聞兩者皆屬於言論自由範疇，且受到許多國家憲法保障。言論可以出自個人導向或集體導向，如個人的發言或代表特定團體的主張；新聞具備守望、告知、交流、監督、宣導等功能。新聞媒體的報導或評論要較一般大眾的言論，接受較多的公眾評論。

歐盟1996年所提「網路上非法與有害內容」（illegal and harmful content on the internet），其中非法內容明顯為違反相關法律的內容，而有害內容的界定係以對身心健康造成負面影響為考量（黃葳威，2012；http://www.cordis.lu/en/home.html）。

同年10月並發表「視聽與資訊服務中有關未成年與人性尊嚴保護綠皮書」（Green Paper on the Protect of Minors and Human Dignity in Audiovisual and Information Service），呼籲歐盟各國成員重視未成年人與人性尊嚴的維護，如兒童色情（child pornography）、過度暴力（extremely gratuitous violence）、和煽惑族群仇恨、歧視與暴力（incitement to racial hatred discrimination and violence）等。1999年多年度行動計畫，除確認兒童色情與種族仇恨觀念的散布外，還加上人口運輸（trafficking in human being），和懼外觀念之散布（dissemination of xenophobic ideas）。

資訊社會發展過程，每個人都成了資訊的提供者及接受者的角色，其資訊行為也直接或間接影響到個人與群體的權益，因此亟待資訊倫理與道德的建立，即在法律規定之前，對每個人使用資訊的行為，及早建立倫理的觀念，實踐與落實資訊倫理規範之建立（王貴珠，2006）。

二、假新聞／假訊息

所謂假新聞（fake news）係人為虛構的虛假訊息（phony information），除一般媒體報導，也包括視覺迷因梗圖等揶揄形式(Wardle & Derakhshan, 2017)。如外電報導川普被捕、普亭入獄等迷因梗圖散播（中央社，2023/3/24）；總統蔡英文南下勘災，指示陪同的裝甲兵荷槍實彈的圖片等不實謠言（許雅筑，2018/10/6）。

整理文獻與聯合國教科文組織出版的《新聞學、假新聞與假訊息新聞教育與訓練手冊》（*Journalism, Fake News and Disinformation Handbook for Journalism Education and Training*）的分類有：

1. 虛假訊息（disinformation）：通常用來指故意（往往精心策劃）試圖提供不誠實的訊息達到迷惑或操縱的目的，通常結合傳播策略和一些技巧，如駭客攻擊或對人員造成損害（Wardle & Derakhshan, 2017）；假訊息是故意分享假訊息以造成傷害（Berger, 2018）。

2. 錯誤訊息（misinformation）：錯誤訊息係指創建或創建的誤導性訊息未經操縱或惡意意圖傳播（Wardle & Derakhshan, 2017）；錯誤訊息是指虛假訊息，但傳播者認為訊息是真實的，被惡意行為者主動誤導（Berger, 2018）。錯誤訊息是指分享假訊息，但無意造成傷害。

3. 惡意訊息（mal-information）：訊息是基於現實的，但運用代理人機制散播，對個人、組織或國家造成傷害。例如為顧及公共利益的前提下，無故公布個資隱私，造成當事人的傷害。又如報導遭到性侵的受害者個資，引發當事人與親友的人身安全疑慮，或生活自主性與隱私權被侵擾等。分辨訊息的真偽固然重要，即使

Chapter 4　社群假訊息傳播模式

為真實資訊，仍不能與新聞倫理相牴觸（Wardle & Derakhshan, 2017）。惡意資訊是指分享真實資訊以造成傷害，通常不顧當事人個人權益，將其隱私資訊傳遞到公共領域（Berger, 2018）。

檢視虛假訊息、錯誤訊息或惡意訊息的新聞敘事形式計有（Wardle & Derakhshan, 2017）：

1. 諷刺或仿作（satire and parody）：諷刺和仿作可被視為一種藝術或創意表現。然而，網路使用者如果僅瀏覽特定反諷的社群平台，同溫層交流頻繁，其世界觀容易被感染、影響或被誤導。
2. 錯誤連接（false connection）：係指文不對題或圖文不符的情況，當社群平台訊息為引發網友關注，運用聳動誇張的標題、視覺效果，事實上與內文不符。常見媒體透過引發好奇的方式吸引點閱率，點選瀏覽則與標題無關，類似誤導性的視覺效果和標題也屬欺騙行徑。
3. 誤導性內容（misleading content）：指內容呈現片面的資料來源，僅呈現特定立場的意見，或偏頗使用特定參考數據以支持特定觀點的內容。這些內容除創建者本人立場外，也可能來自贊助廠商的影響。
4. 錯誤的脈絡（false context）：已經不符合當下發展的現況，卻傳遞過往的舊資訊且未註明真實時間或地點。過去有電視主播將上海四行倉庫抗日的資料照片，用來穿插報導臺灣的二二八事件（易慧慈、周富美，2007/5/10）；過去民進黨籍臺北市長參選人陳時中前往萬華，品嘗滷肉飯，被發現誤用美食部落客圖片，類似張冠李戴的手法，便引發「假新聞」的爭議（民視即時中心，2022/9/13）。
5. 冒充內容（imposter content）：冒充內容包括冒用媒體或記者的

名義，未經相關機構或當事人授權。如俄羅斯假冒西方媒體名義，被法國揭發為假新聞（張茗喧，2023/6/14）。國內也傳出有假記者持特定電視台的假麥克風牌採訪生技公司董座，法院受理訴訟中（黃宥寧、陳韻如，2022/9/14），均為新近的國內外法律糾紛。

6. 操縱的內容（manipulated content）：操縱內容是指真實內容被操縱以進行欺騙。類似被操控的訊息，如國內平面媒體報導梵蒂岡天主教宗接見法藍瓷總裁的新聞照片，將友報發行人照片加工去除，引發外界質疑造假（傳播學生鬥陣電子報，2008），平面媒體與法藍瓷互相推諉變造責任，類似表達非己之責的糾紛，自2008年延燒至2016年。不論責任歸屬，平面媒體在刊登前，已經知道照片為造假，刊登發行為事實，已構成散布假訊息。

7. 捏造內容（fabricated content）：這部分係針對以文字格式為主的內容，如完全捏造的「釣魚網站」。這意味著造假除了假冒記者名義、或媒體名義，也可能提供刊載假訊息的釣魚網站。釣魚網站的頁面設計，一時之間，網友難以分辨其真偽。常見的是進行網路詐騙的釣魚網站。

文獻揭示假新聞／訊息的六項操作方式（Tandoc, Lim & Ling, 2018）：

1. 新聞諷刺（news satire）：在所審查的文章中，最常見的假新聞操作是諷刺，指模擬新聞節目，通常使用幽默或誇張來表達向觀眾展示新聞動態。臺南某校高中生以暱稱「Ting WEI Max（滅世狂渣）」，於「X話梗圖專區」等社群平台，公開張貼有關「勤指中心緊急通知：開學日延至3/1」訊息，經檢舉為假訊息，法院判決其違反《社會秩序維護法》第六十三條第一項第五款。

Chapter 4　社群假訊息傳播模式

2. 新聞仿作（news parody）：戲謔仿作是第二種形式，先前的研究稱之為假新聞。它與諷刺有許多共同點，因為兩者都依賴幽默作為繪畫手段一位觀眾。它還使用模仿主流新聞媒體的演示格式。戲仿與諷刺的不同之處在於它們使用非事實資訊來注入幽默。不是透過幽默、模仿直接評論時事透過完全虛構來利用問題的荒謬性並突出它們新聞報導。最常見的例子之一是模仿網站洋蔥有時確實被誤認為是一個真正的新聞網站。藝術政治模仿利用了新聞事件模糊的可信度。臺北大學資管所教授汪志堅（2019/6/30）檢視關於前高雄市長禁用巴拉刈、高雄市登革熱案例增加。嘲諷文章的內容明顯為假，希望讓人會心一笑，但對於新聞來龍去脈不瞭解的人，可能會信以為真。因此，搞笑嘲諷Kuso文章的處理，必須謹慎，避免讓人誤以為真。

3. 新聞製造（news fabrication）：假新聞的第三個運作方式是「捏造」。指沒有事實根據但以文體形式發表的新聞文章以創造合法性。與戲謔仿作不同的是，沒有隱含的理解作者和讀者之間認為該項目是錯誤的。事實上，意圖往往是恰恰相反。該產品的生產者常常有誤導的意圖。製作的物品可以發布在網站、部落格或社群媒體平台上。疫情期間，網友分享流傳「行政院決議，每人補助疫情援助金，新臺幣10,000元」等訊息（疾病管制署，2021/5/21），中央流行疫情指揮中心便嚴正澄清，為不實訊息，提醒民眾勿信或再轉傳散播。

4. 照片處理（photo manipulation）：假新聞也被用來指對真實圖像或影片的操縱來製造虛假敘述。常見以文字內容捏造的假訊息，其實，靜態照片或流動影像的視覺新聞，也可能透過後至添加或變造的手法傳遞。荷蘭知名調查報導媒體《啤令貓》（Bellingcat）創辦人艾略特・希金斯（Eliot Higgins），使用

Midjourney製作川普被捕的照片，警示AI假圖片的煽動力（劉艾波，2023/5/18），臺灣也有網友拿過去臺南及高雄淹水的照片，假傳臺南再度水災（新聞及國際關係處新聞傳播科，2019/7/21）。或前面提及媒體將競爭媒體發行人的圖像移除，呈現假的新聞場景等。

5. 廣告公關（advertising and public relations）：這部分以商業合作的訊息居多，有贊助者或公關公司提供的訊息，透過新聞形式呈現，其實是廣告，如以工商新聞歸類的訊息。臺灣面臨少子化的壓力，大專院校招生受到衝擊，也有學校藉由校慶或相關活動，以特定意外事件為梗，提供媒體報導其危機處理的部分，同時替學校品牌進行曝光，以達吸引招生目的。以新聞型態曝光的廣告，往往出於一般閱聽人對於新聞資訊的可信度考量。

6. 宣傳（propaganda）：宣傳指政治實體為影響公眾看法而編造的新聞故事（Tandoc, Lim & Ling, 2018)。除透過報紙或電子媒體披露，社群平台的貼文等訊息，一些基於利益的代言或有目的的傳遞，其中可能基於虛構，也可能基於片面事實而偏頗挪用。後者見諸有關俄羅斯與烏克蘭戰爭的報導，文獻研究以俄羅斯國家電視台第一頻道為例，說明所謂的「策略敘事」（strategic narrative）（Khaldarova & Pantti 2016, 893），明顯目的是使特定公眾人物、組織或政府受益，影響公眾視聽。這類國家出資的媒體扮演國際傳播的宣傳，各國比比皆是，關鍵在於是否客觀與多面並陳。

無國界的社交媒體成為資訊戰的主要場域，社交媒體的假帳號有四種：人工帳號社交機器人（bots）、人機混和帳號、假冒盜用他人帳號（Bradshaw & Howard, 2019）。

Chapter 4　社群假訊息傳播模式

表4-1　比較虛假訊息、錯誤訊息與惡意訊息

	虛假訊息	錯誤訊息	惡意訊息
訊息意圖	惡意	未必惡意	惡意
產製傳遞	刻意	不經意	刻意
訊息類型	無中生有	未經查證的錯誤	觸犯新聞倫理
消息來源	以組織產製為主	未必來自組織	代理人機制
散播管道	社群平台為主	社群平台為主	社群平台為主
敘事形式	諷刺或模仿、誤導、冒名頂替、捏造、錯誤連接、錯誤脈絡、操縱內容	同左	同左
操作方式	諷刺、模仿、捏造、操縱、廣告公關、宣傳	同左	同左

三、訊息傳播模式

　　資訊傳播始祖克勞德・艾爾伍德・夏農（Claude Elwood Shannon）提出通訊傳播模式，被視為最早也是最有影響力的傳播模型之一。這位數學家於1948年《貝爾系統技術學報》（*Bell Labs Technical Journal*）發表論文〈通信傳播的數學理論〉，陳述通訊傳播的五個組成要素：消息來源、製碼者、管道、接收者和目的地。消息來源產生訊息，製碼者將訊息轉換為信號，經由管道發送，接收器將信號轉換回原始訊息並傳遞至目的地。以當時應用於電話通訊來看，撥打電話的人就是消息來源，電話形同產生信號的發射器，通過電線管道發送，透過電話接收端，傳達至給接聽電話的人／目的地。

　　夏農通訊傳播以當時貝爾實驗室針對電話進行研究，當時偏重訊息如何傳遞至目的地，或傳遞管道信號是否受到噪音干擾，沒有將接收者或訊號到達目的地後的回饋納入分析。

　　相關呈現以人與訊息、回饋的傳播模式論述包括：施蘭姆大眾傳播、魏斯理及麥克李恩人際傳播、霍夫曼與諾瓦克行銷傳播等六種，以

```
消息來源 → 製碼者 → 管道 → 接收者 → 目的地
         訊息      信號         信號      訊息
                              接受
                    ↑ ↑ ↑
                   噪音來源
```

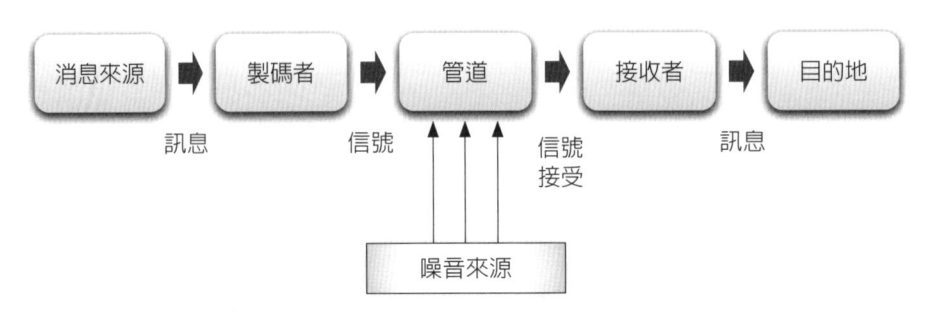

圖4-1　夏農通訊傳播模式

資料來源：Shannon（1948）。

下將分述之：

第一、施蘭姆大眾傳播角度：從傳播學者的取向來看，回饋最早由傳播學者施蘭姆（Schramm, 1954）提出。施蘭姆認為，傳播的過程是一種循環，某些型態的傳播循環程度較大，某些則相反；大眾傳播的循環程度就比較小，一般對媒體組織的回饋只是一種推測，例如接收者不再收看某電視節目，或不再購買某商品、不再訂購某刊物。這反映大眾傳播媒體與閱聽人之間的關係，前者傳遞的管道與數量、頻率，均較閱聽人傳遞的管道、數量或頻率多，後者亦以被動居多。

施蘭姆的大眾傳播模式中心是媒體組織。媒體組織聚集了製碼者、解碼者及譯碼者。媒體組織將產製的訊息傳遞給閱聽大眾；閱聽大眾中

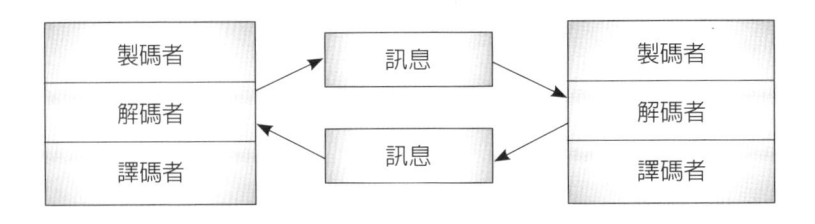

```
┌─────┐      訊息      ┌─────┐
│製碼者│  ↗────────↘   │製碼者│
├─────┤                ├─────┤
│解碼者│                │解碼者│
├─────┤  ↖────────↙   ├─────┤
│譯碼者│      訊息      │譯碼者│
└─────┘                └─────┘
```

圖4-2　施蘭姆大眾傳播模式

資料來源：Schramm（1954）。

Chapter 4　社群假訊息傳播模式

有許多接收者,各自譯碼、闡釋、解碼;這些接收者每人都與一參考團體相連,他們可能受到訊息的影響,闡釋訊息的方式也可能受到參考團體左右。媒體組織不斷根據訊息來源的輸入,或閱聽大眾的回饋,再譯碼製作訊息,再傳播給閱聽大眾。因此,必須視媒體與閱聽人之間的互動而定,其中閱聽人對媒體組織的回饋方式,可能隨個人理解程度的不同而有所差異,且個人理解程度除受自己譯碼、解碼影響,亦可能被其他人際網絡左右。

舉例來說,電視公司新聞部可根據外國通訊社提供的新聞影片與稿件,經由編譯人員由我國的觀點翻譯或摘譯,送至編輯臺過濾選擇播出的條數、內容,影片部分亦由剪輯人員配合文稿再進行修剪,再將整理過的文稿與影片播出,傳遞給收視觀眾。觀眾也可就收看的新聞節目內容品質向電視公司新聞部反映其觀念、建議。同樣地,觀眾對新聞內容的解讀或要求,與其個人背景、人際網絡互動均有某些程度的相關,譬如,若其來往成員均關心經濟新聞,則其對經濟新聞內容的意見反應可能較非經濟新聞的內容來得多。

施蘭姆的大眾傳播模式提供一個循環互動的概念,並閱體人的回饋視為媒體組織資訊來源的一部分,不過在此階段,施蘭姆對回饋僅限於一種推測,推測閱聽人的拒買、拒看節目為一種回饋的表達。這一階段閱聽人的回饋方式是被動的拒絕。傳播學者也未就閱聽人回饋進行實證性研究。

第二和第三、魏斯理、麥克李恩人際傳播角度:魏斯理與麥克李恩(Westley & MacLean, 1957)曾兩度修正紐康(Newcomb, 1953)的人際傳播模式,而提出兩個大眾傳播之間的差距,在於閱聽大眾面臨的訊息來源選擇較多(包括溝通的對象),以及大眾傳播中閱聽眾回饋出現的可能性是極低且遲緩。

第一個修正模式包括消息來源、環境中被選擇的訊息,及接收消息

的閱聽大眾。這三者間消息來源由環境中眾多對象選擇訊息,再傳遞給閱聽大眾。閱聽大眾也可能直接接收來自環境的訊息。此一修正模式並認為閱聽大眾可能對消息來源有所反應而形成回饋,魏、麥二人主張這一修正模式可代表人際傳播普遍現象,其中訊息可能來自環境或消息來源。

很明顯地,魏、麥兩人的第一修正模式將消息來源的部分視為被動地選擇環境中既有的訊息,卻未能對環境眾多的訊息有所回饋。其次,閱聽大眾的回饋似乎只限於消息來源,而未能直接對環境中的現象有所回應。這一模式所呈現的傳播方式,似乎顯得閱聽大眾僅能經由消息來源傳遞回饋訊息,是一個依賴消息來源表達閱聽眾意見的模式。然而,消息來源可能接受來自閱聽眾的回饋,卻無法向環境中眾多對象有所回饋。

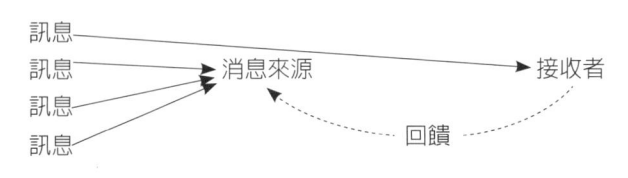

圖4-3 魏斯理與麥克李恩人際傳播模式之一

資料來源:Westley & MacLean(1957)。

魏、麥二人所提的第二修正模式則包括:消息來源、閱聽大眾、通道及環境中眾多訊息。與前一模式相較,這一模式多了守門人或通道這個角色,守門人或通道並且扮演了守門的角色(Westley & MacLean, 1957)。第二修正模式主張消息來源由環境中眾多訊息擇取訊息,經由守門人或通道的過濾、製碼過程,傳遞給閱聽大眾。閱聽大眾可將其意見回饋給守門人或通道,或回饋給消息來源。守門人或通道亦可將製碼過程的經驗回饋給消息來源。

Chapter 4　社群假訊息傳播模式

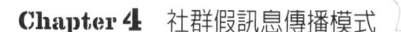

　　魏、麥二人將消息來源視為個人或組織，是一個倡議者，也可能是政治人物、廣告公司等有目的的傳播者；守門人或通道則如同媒體組織中的個人，他們依據對於閱聽眾的興趣和需求的認知，扮演製碼的角色。通道也是閱聽大眾需求的代言人。閱聽大眾對消息來源的回饋，相當於閱聽眾的收視、購買或投票行為。閱聽眾給予守門人或通道（媒體組織）的回饋可能是經由直接的接觸，或藉由閱聽眾意見調查或收視率調查得知。

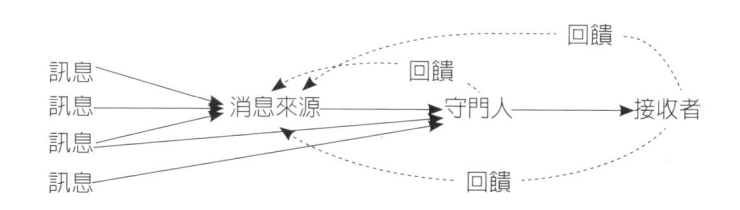

圖4-4　魏斯理與麥克李恩人際傳播模式之二

資料來源：Westley & MacLean（1957）。

　　比較前述兩個修正模式，除了第二個修正模式多了守門人或通道的角色外，第二修正模式較強調媒體的專業角色。譬如第一修正模式中的閱聽大眾可以直接由消息來源，或環境中眾多對象獲得訊息，但在第二修正模式中的閱聽大眾，則須經由扮演守門人或通道的媒體組織獲得訊息。這忽略了閱聽大眾由消息來源，或環境中獲得眾多訊息。

　　直接獲得訊息的可能性。譬如電視每年年終製播的「這一年的回顧」專題或十大新聞，電視所選擇的主題、要聞，未必是當地居民生活經驗的認同，對於身處同一環境的民眾而言，他們是可以直接由訊息、或消息來源組織獲得消息的。

　　其次，兩個模式均忽略了消息來源（可能是個人或組織）對環境事件或對象的回饋，甚或閱聽眾對環境事件或對象的回饋，消息來源對環

境事件或對象的回饋,諸如經濟部長對物價波動的因應對策,或行政院長對威爾康餐廳火災的制裁措施。閱聽眾對環境事件或對象的回饋,則如同拒絕選舉投票,或搶購打折商品。至於守門人或通道對環境事件或對象的回饋,如同媒體針對新聞事件或對象,主動發起捐書、募款等聲援活動,或藉由評論文章、節目影響新聞人物的看法等。這些均顯示兩修正模式忽略了自發性的回饋,也不盡符合現代化、多元化社會的傳播方式。

　　第四、霍夫曼與諾瓦克行銷傳播角度:行銷管理學者從傳播模式分析社群媒體平台的電腦中介傳播。社群媒體涉及用戶與媒體、用戶與訊息、用戶之間的交錯溝通。唐娜‧霍夫曼(Donna L. Hoffman)與湯姆‧諾瓦克(Thomas P. Novak)原本沿用古典線性模式,呈現公司企業經由一對多的訊息傳播過程,透過媒體傳遞內容給消費者。這一過程仰賴媒體(如廣播、印刷媒體和廣告牌),或相互整合的靜態(即文本、圖像和圖形)和／或動態(即音訊、流動影像和動畫)內容(Hoffman & Novak, 1996)。消費者和企業主缺乏溝通互動。溝通被視為公司企業傳遞訊息的過程,內容通過媒介傳遞給最終消費用戶,以單向的傳遞為主;行銷經理將社群媒體用戶主要視為訊息的被動接收者(Perreault, Cannon & McCarthy, 2010, p.333)。單向的行銷模式忽略消費用戶端的

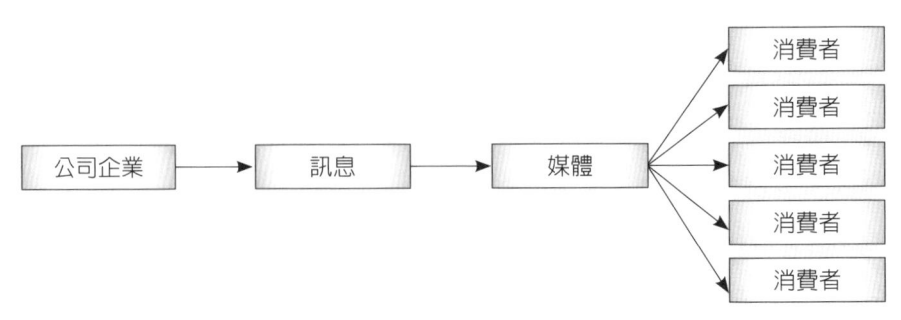

圖4-5　霍夫曼與諾瓦克電腦中介行銷傳播模式

資料來源:Hoffman & Novak(1996)。

Chapter 4　社群假訊息傳播模式

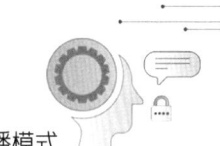

回饋意見,也不符合社群媒體的發展樣態。

第五、霍夫曼與諾瓦克人際中介行銷傳播角度:兩位學者再從人際中介傳播提出面對面人際交往從發送者到接收者的通信的傳播模式。圖中的實線和虛線各代表兩個不同的用戶。有關互動性研究指出,互動的定義是「在提供一系列傳播有更動時,任何第三次(或以後)傳播(或訊息)都會重新與之前或更早的的交流有關」(Rafaeli, 1988, p. 111)。**圖4-6**顯示此處用於兩個消費用戶間的一對一溝通,可延伸代表多人的人際溝通(即電話會議、面對面的小組會議或線上交流),也反映網路時代的口碑行銷。

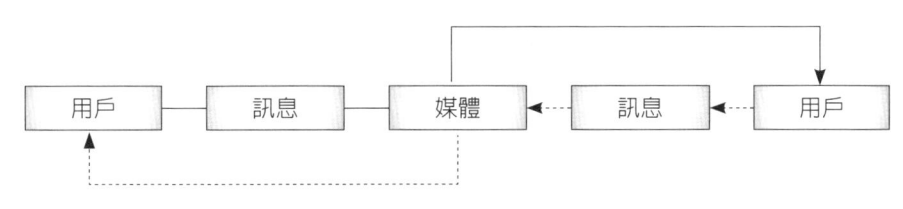

```
用戶 ── 訊息 ── 媒體 ⇠ 訊息 ⇠ 用戶
 ↑                  ┊
 └──────────────────┘
```

圖4-6　霍夫曼與諾瓦克人際中介行銷傳播模式

資料來源:Hoffman & Novak(1996)。

第六、霍夫曼與諾瓦克網路中介行銷傳播角度:面對數位媒體日新月異的變革,霍夫曼與諾瓦克進一步提出多對多點超媒體網路中介情境的行銷傳播模式。與人際中介行銷傳播模式的差異在於,訊息是匯流的多媒體訊息,媒體則為電腦網絡。互動性可與媒介(即機器交互性)或經由媒介(即人的交互性)形成。人們可以相互溝通,或經由媒體科技交流訊息。

比較上述六種涉及回饋的傳播模式,其差異在於:

1. 用戶主體性:過往以訊息或媒體為主的傳播模式,進入社群時代逐漸以人、社群媒體用戶為主體。

123

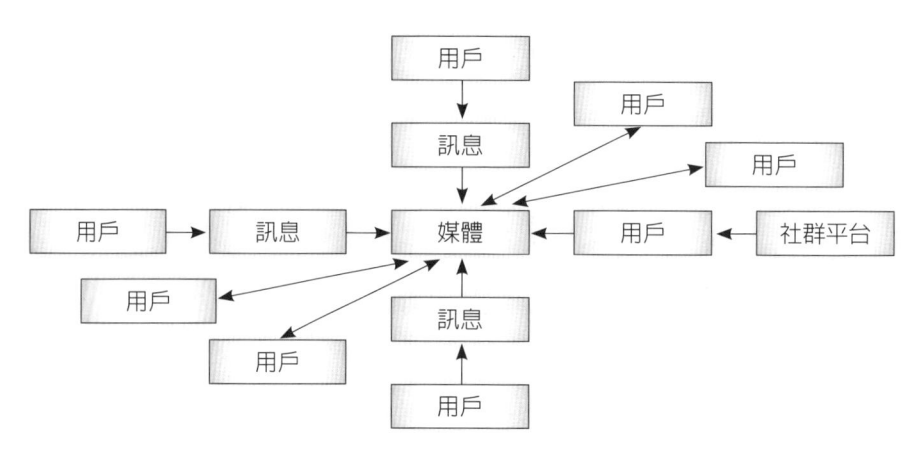

圖4-7 霍夫曼與諾瓦克網路中介情境的行銷傳播模式

資料來源：Hoffman & Novak（1996）。

2. 用戶主動性：過往回饋以回應訊息為主，社群時代的社群用戶可以主動發布訊息，成為傳播訊息者或消息來源。
3. 用戶互動性：過往媒體科技與人的互動性有限，目前可以直接與媒體或其他用戶互動，雖然前者的互動性有可能來自機器人。
4. 用戶影響力：過往與公司企業為主的有限的消息來源，目前消息來源可能來自四面八方的個別用戶，社群用戶的凝聚力與影響力，有時甚至高於來自企業團隊的力量；不論企業或個人的訊息也可能石沉大海。
5. 訊息查核：面對大數據科技的推波助瀾，來自團體或個人的多元型態與多樣化訊息，其中訊息真偽的分辨查核，重要性提高。
6. 資訊近用：社群用戶個人的資訊素養品質，影響其資訊近用權與訊息的分辨，產生知溝或數位落差。

假新聞／訊息實證研究以新聞或法律觀點為主，延伸為訊息治理、媒體生態、科技運用等論述。論述以假新聞／訊息治理與言論自由、新

聞自由價值的對話，或政治經濟學分析社群媒體的營運機制，帶出由第三方監管治理與問責的主張（黃銘輝，2019；胡元輝，2018；顏玉龍，2020），法律論文針對訊息管制衍生的言論自由與新聞自由爭議（楊劭楷，2021），以及國際間的法學思潮發展（鍾禎， 2018）；新聞領域論述或從媒體生態面分析跨媒體內容的聚合（林照眞，2020）或社群媒體的假新聞／訊息的演變樣態（王淑美等，2022）、社群假訊息對民主制度的衝擊與需要管制的理由等（羅世宏，2018）；或從網路大數據的資料數據，檢核政黨選舉社群平台假新聞／訊息的操作（鄭宇君，2021）。整合新聞與廣告領域的傳播與法律的個案分析文獻尚待積累。

第三節　研究設計

本研究以文獻分析法為主，針對有關楊蕙如網軍事件的法院判決進行分析。

首先以關西機場、楊蕙如關鍵字搜尋法院判決書，可以搜尋到三類判決（**表4-2**）：其一為檢察官對於楊蕙如組網軍妨害公務提起公訴（臺灣高等法院111年上易字第33號刑事判決、臺灣臺北地方法院109年易字第138號刑事判決），其二是駐日代表謝長廷提告談話節目來賓前外交部長歐鴻鍊的損害賠償（臺灣高等法院111年上易字第33號刑事判決、臺灣臺北地方法院109年易字第138號刑事判決），其三是電視新聞頻道涉及事實查核、報導楊蕙如組網軍的花費（臺北高等行政法院高等庭110年度簡上字第137號判決）。其中謝長廷的提告以個人名譽受損為主、電視新聞頻道報導網軍事件的事實查核，本文將聚焦楊蕙如被檢察官提起公訴的法院判決。

表4-2 楊蕙如網軍事件法院相關判決

1	臺北高等行政法院高等庭110年度簡上字第137號判決	112.02.23	衛星廣播電視法
2	臺灣高等法院111年度上易字第33號刑事判決	111.02.24	妨害公務
3	臺灣臺北地方法院109年度易字第138號刑事判決	110.11.12	妨害公務
4	臺灣高等法院109年度上易字第1169號民事判決	110.09.28	損害賠償
5	臺灣新北地方法院108年度訴字第3516號民事判決	109.08.11	侵權行為損害賠償

分析主面向包括楊蕙如反制關西機場事件涉及妨害公務的訊息傳播模式，以及楊蕙如網軍事件判決書涉及假新聞／訊息的爭點。所謂假新聞／訊息的評估方式，參考對於媒介真實的訊息建構，除媒介本身外，還來自訊息產製的主觀真實（objective reality）、客觀／社會真實（subjective / social reality）（Abrudan, 2008），本文將檢視判決書紀錄中被告楊蕙如等，涉及客觀／社會真實的假訊息建構。

第四節　案例分析

臺灣高等法院111年上易字第33號刑事判決、臺灣臺北地方法院109年易字第138號刑事判決，楊蕙如答覆其所統籌的網軍計畫，網軍計有：楊蕙如本人以「琪琪」代號、蔡福明（代號「福」），及另五位網軍代工「mei」、「志恩」、「Jes」、「ChanHao LU」、「隆」之成年人，組Line群組「高雄組」，楊蕙如任業主，提供組織工讀金。

一、傳播模式

業主楊蕙如在Line群組「高雄組」內指示對特定文章支持、批評或增加留言以提高文章能見度，加入群組的網軍成員，依據業主指令，進行發文或留言，爾後將留言截圖傳給蔡福明，以資證明。由蔡福明轉知

Chapter 4 社群假訊息傳播模式

業主楊蕙如，楊蕙如再透過蔡福明發放其他每人、每月約計最高新臺幣1萬元的組織工讀金。

檢視網軍主帥楊蕙如的訊息傳遞路徑，如圖4-8所示，透過PTT論壇發訊息至Line群組「高雄組」，楊蕙如扮演消息來源的產製者，消息來源的社群平台為PTT論壇，其所發表的訊息，以反制網傳關西機場事件假新聞／訊息為主。

相關反制訊息統發至LINE「高雄組」群組，發包提供給成員網軍代工「mei」、「志恩」、「Jes」、「ChanHao LU」、「隆」，執行分送至各社群或論壇平台。訊息傳遞的目的地，觸及相關平台的使用者，以達散播、澄清目的。

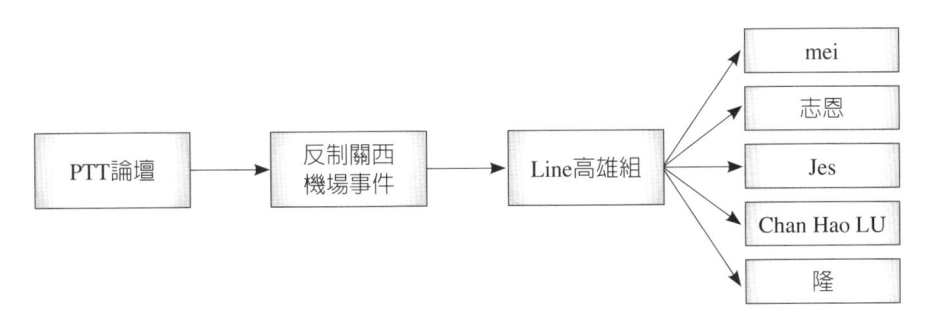

圖4-8　楊蕙如網軍反制關西機場假新聞發文網路中介傳播模式

相關議題關注成員討論，設定議題主軸，經由社群平台與網軍代工散播，形成輿論氣氛，引發媒體從業人員關注，大眾傳播媒體報導；網軍代工將貼文訊息截圖，回傳蔡福明，核發代工費用。

以上為楊蕙如網軍事件，經由議題設定、代工人員，透過網路口碑行銷，形成傳播媒體紛紛報導的模式。原本是為了反制假新聞／訊息的社群口碑行銷，為何轉變為假新聞／訊息的產製團隊，進而觸法？

參考判決書紀錄，107年9月6日當天，蔡福明、楊蕙如及不詳姓名

AI世代傳播素養

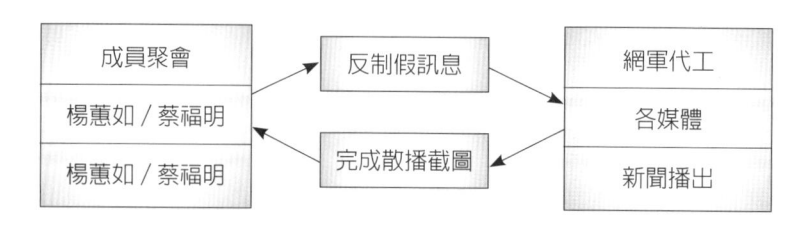

```
┌─────────────────┐      ┌──────────┐      ┌──────────┐
│    成員聚會      │ ───→ │ 反制假訊息│ ───→ │ 網軍代工  │
│  楊蕙如/蔡福明   │      ├──────────┤      ├──────────┤
│  楊蕙如/蔡福明   │ ←─── │完成散播截圖│      │  各媒體   │
└─────────────────┘      └──────────┘      ├──────────┤
                                             │  新聞播出 │
                                             └──────────┘
```

圖4-9　楊蕙如網軍反制關西機場假新聞大眾傳播模式

　　成年人數位，在臺灣地區某處聚會討論關西機場事件及欲發表文章內容後，共同基於對外交部駐大阪經濟文化辦事處公務員依法執行之相關職務公然侮辱之犯意聯絡，由楊蕙如提供其所申辦之網路，供蔡福明連線上網登入PTT論壇，由蔡福明以其等共用的PTT論壇帳號「idcc（笑死）」，發表主題「〔爆卦〕大阪空港疏散事件相關資訊」。發表訊息內容為：「……大阪駐日代表處的態度的確很惡劣……爛就是爛、爛到不行、爛到該死的地步……以上資訊歡迎轉發……」文章。

　　楊蕙如則於蔡福明發表文章一分鐘後，隨即透過「高雄組」LINE群組，指示群組成員將文章「幫高調」，再由該群組成員透過社群媒體影響、帶領輿論風向，提高文章能見度。

　　這一階段的消息來源有蔡福明、楊蕙如兩人，透過共用PTT論壇帳號「idcc（笑死）」產製。

　　信號為爆掛，透過LINE「高雄組」群組傳遞，信號接收強調幫高調，網軍成員再將諸如垃圾老油條的訊息發送給網友。

　　依據臺灣臺北地方法院109年易字第138號刑事判決紀錄，楊蕙如網軍坦認與不特定成員聚會時，當時資訊太雜亂，臺灣媒體大幅報導，北大學生游旻哲等人在PTT寫的文章都提到大阪這件事……。包括臺北大學學生游旻哲及當時大眾關注的1450網軍等，都成為傳遞中的噪音。

　　相關網軍成員完成蔡福明、楊蕙如發配的任務後，需要回傳發送至各網路平台的留言截圖給蔡福明，以便核算酬勞。

Chapter 4　社群假訊息傳播模式

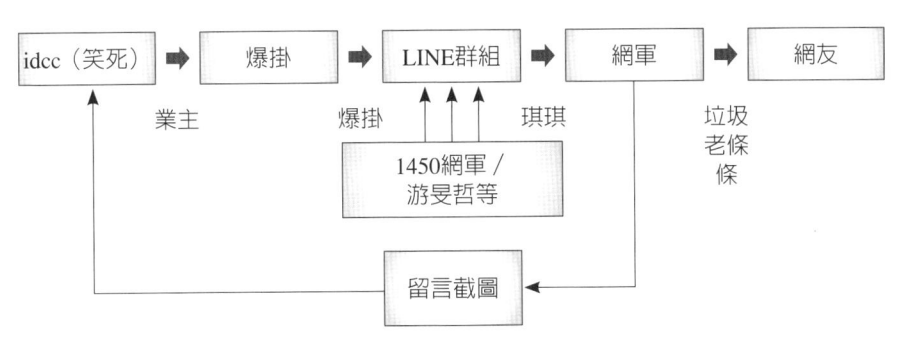

圖4-10　楊蕙如網軍爆掛發文人際中介傳播模式

從社群行銷傳播模式觀察，引發爭議的幫高調的爆掛訊息為例，來自PTT論壇由楊蕙如等策動的訊息，放置於LINE「高雄組」群組，包括固定的成員網軍代工「mei」、「志恩」、「Jes」、「ChanHao LU」、「隆」，再各自擴散於各社群平台，得見輿論風向的傳遞模式。

有別於社群行銷的互動傳播模式，以楊蕙如為首的相關訊息，不論

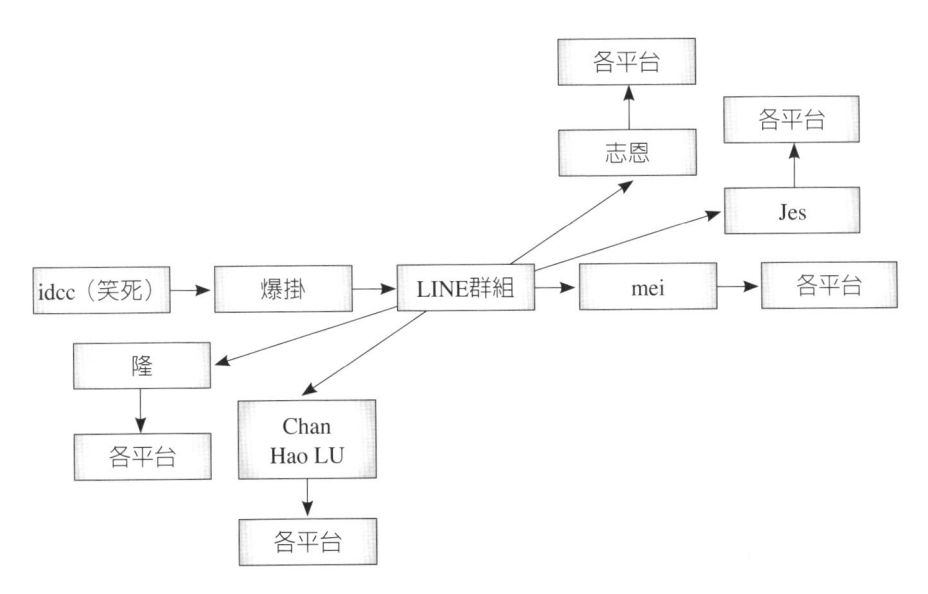

圖4-11　楊蕙如網軍爆掛發文社群傳播模式

129

從電腦中介傳播，或網路中介傳播來看，每一傳遞環節皆以單向傳播為主，也就是儘管運用可以多向溝通交流的網路社群，網軍的訊息為典型的霸權式說服傳播。

二、爭點

新聞有別於評論，評論可以夾帶個人觀點與情緒，新聞則需要根據客觀真實，平衡報導。檢視判決書記載，楊蕙如等發文訊息內容為：「……大阪駐日代表處的態度的確很惡劣……爛就是爛、爛到不行、爛到該死的地步……大阪處這些人就是十幾、幾十年下來，跟當初那些國民黨派去不會說日文的駐日代表一樣，是一群垃圾的老油條，講難聽一點叫作黨國餘孽……打死換光光，日本的臺僑界會很高興的……以上資訊歡迎轉發……」文章。

楊蕙如等貼文訊息可以分為主觀真實（如同評論）與客觀真實（有所依據的資訊），兩者互相穿插。

楊蕙如等貼文訊息如「……大阪駐日代表處的態度的確很惡劣……爛就是爛、爛到不行、爛到該死的地步……」這一段敘述意味著曾經前往駐日代表處與代表處人員交涉過的經歷，反映被服務的過程相當不滿意，尤其代表處人員的態度極度不佳等。

以上辦事處人員態度惡劣的陳述，辦事處人員的態度，係表示對於求助民眾的反映，似乎說明發文者有前往駐日辦事處接洽事宜，但人員的回應不如預期；很惡劣，為主觀真實，是比較主觀的表達。

主觀真實的貼文表達還強調，被服務的極度不滿意，讓前往代表處的當事人很生氣，氣到覺得代表處人員專業不佳到應該去死（仿效日本切腹自殺？）的地步。

客觀現象也夾帶情緒如「大阪處這些人就是十幾、幾十年下來，

Chapter 4　社群假訊息傳播模式

跟當初那些國民黨派去不會說日文的駐日代表一樣，是一群垃圾的老油條，講難聽一點叫作黨國餘孽……」訊息，貼文提出前往大阪駐日代表處相處後的印象：

1. 對駐大阪辦事處代表人員的專業質疑，諸如日語不通，這也涉及當事人是與特定一位辦事處成員？或數位成員交涉的印象？
2. 「打死換光光」等字詞，對駐大阪辦事處人力缺乏汰舊換新的質疑，長期駐點卻缺乏調動履新。
3. 發文提及長期駐點卻沒有長進，參考教育部辭典，垃圾是各種廢棄物的統稱，比喻沒用或會產生不良影響的人、事、物；老油條被視為經驗老到、處事滑頭的人。換言之，發文者覺得駐大阪代表處有無用的廢物，或有經驗但不踏實的工作人員。
4. 貼文也解釋前面所謂的廢棄物、老油條等，是被特定政黨指派駐大阪辦事處的人。餘孽一詞依據教育部辭典定義：殘留的壞分子或惡勢力。發文者不僅質疑專業或輪替制度不彰，也指控這些成員形成殘留的惡勢力，產生不好的影響。
5. 貼文提出的老油條等字眼，反映駐大阪辦事處代表的執行力出問題，是否傳遞當時駐日本代表（東京）無法有所作為？或推動業務管理不彰？或統籌無力？
6. 旅日臺僑與駐日代表處的溝通出現障礙，我駐日代表處辦事不彰，臺僑相當不滿。
7. 由於是「黨國餘孽」，可能要追究相關人員的進用時間，有哪些任職十幾年？或幾十年？究竟是何政黨執政的時期？或特定政黨所造成？
8. 2018年下半年接近年底九合一大選，相關「黨國餘孽」貼文，是否除用於大外宣、大內宣外，也結合政黨選舉，達到一魚多吃的目的？

以上貼文想表達，相關訊息代表當事人的經歷有：前往駐大阪辦事處交涉的經驗，也對服務人員的專業能力、外交部公務機關的輪替制度、特定政黨的惡勢力相當不滿，駐大阪代表處服務臺僑不力，代表處與臺僑的關係有障礙。

其中專業能力、論替制度、形容代表處人員有老油條、人員進用疑慮等為客觀現象，是否意味著代表處人力在日語能力、外交部外派處理待改善、人力平均年齡過長？特定政黨之前，是代表僅在此特定政黨執政時期才有人員出缺或招募？非此特定政黨的執政期間，沒有外事人力出缺或應聘？

油條、垃圾有主觀的判斷，是否意味發文者有親身經歷，或從熟識的駐日代表處人員中獲悉相關運作問題？

惡勢力反映駐大阪辦事處辦公室有派系問題，或其中一些派系人員成為阻礙公務的惡勢力？是否隱含駐大阪辦事處，或日本代表的管理不彰？

這部分可以查閱大阪辦事處的服務績效或僑民滿意度調查，以及辦事處人員的進用時間點與資格，甚至工作人員的績效考核等。

參考判決紀錄，網軍業主楊蕙如、蔡福明在法院坦承組網軍情事，相關貼文訊息係蔡福明、楊蕙如及數位不詳姓名的成年人於107年9月6日，在臺灣某處聚會時討論關西機場事件及欲發表文章內容後定案。目的是提高社群平台貼文的能見度，引發關注與轉發。

審視網軍首領楊蕙如、蔡福明的證詞，所反映的反制對岸假新聞的作為，如以此爆掛貼文為例，反而代表我國駐日辦事處危機重重，的確沒有服務旅日的臺僑，我國外交部與駐日本辦事處代表也缺乏規劃執行力。

如此來看，楊蕙如網軍事件肩負大外宣、大內宣的口碑行銷目的，主軸是反制關西機場事件的假新聞，澄清是非地點是否有此事件發生、

駐日辦事處是否力有未逮。然而，口碑行銷的議題設定卻失焦為大阪辦事處人員的資格、工作士氣、辦公室文化、與僑民的關係互動，甚至上綱到政黨間的糾紛等。

原本要反制對岸的攻擊，反倒起內鬨，自爆臺灣外交部、駐大阪辦事處人員或駐日本辦事處代表的無能為力、辦事處派系存在惡勢力的鬥爭等。爆掛貼文自曝其短、適得其反，演變為傳遞駐大阪、日本辦事處代表的人謀不臧？俗稱的所謂神隊友或豬隊友？觀此爆掛貼文訊息，可見一班。

歷經僅五年的楊蕙如網軍爆掛事件，最高法院判決，上述貼文從網路迅速擴散，「足以貶損駐大阪辦事處公務員依法執行之職務」，依據《刑法》第140條第1項，蔡福明、楊蕙如共同犯侮辱公務員執行之職務罪，各處有期徒刑伍月，如易科罰金，以新臺幣壹仟元折算壹日。

除妨礙公務罪由檢察官提起公訴，相關案件因沒有受害代表提出告訴，楊蕙如等涉及的誹謗、公然侮辱，或假訊息散播等侵權行徑，未列入相關判決。

表4-3　楊蕙如網軍事件假新聞／訊息傳遞策略

	虛假訊息
訊息意圖	惡意
產製傳遞	刻意
訊息類型	無中生有
消息來源	以組織、代理人產製為主
散播管道	社群平台為主、大眾傳播
敘事形式	諷刺或模仿、誤導、冒名頂替、捏造、錯誤連接、錯誤脈絡、操縱內容
操作方式	諷刺、模仿、捏造、操縱、宣傳

媒體報導，特定人士惡意造謠帶風向，導致我駐日本大阪辦事處處長蘇啓誠不堪壓力輕生；儘管警方已經調查出造謠者，但南投地院竟以造謠行為不符《社會秩序維護法》要件，裁定造謠的臺北大學學生游旻哲免罰（黃子暘，2018）。這些反映各地方法院對於假新聞／訊息的判斷原則，有所差異，缺乏參考評估依據。

事後駐日辦事處代表謝長廷爾後在臉書發文澄清（黃子暘，2018）：「東京代表處召開日本六處協調會議，這個會議原本要在九月中旬召開，但因為大阪辦事處蘇啓誠前處長輕生而延期。前幾造謠自己曾打電話到大阪辦事處遭受冷漠嘲笑的網友Guruguru，業經法院認證是北大學生游旻哲，游向法院承認沒有打這通電話，真相大白，一切都是造假。」

回顧楊蕙如網軍事件相關判決文，其屬於的假新聞／訊息種類為虛假訊息，其訊息意圖為惡意，訊息產製傳遞為刻意傳遞，訊息類型係無中生有，且兼用組織與代理人機制產製為主，傳遞管道由社群平台試圖引發大眾傳播媒體報導。

尤其涉及討伐大阪辦事處的負面貼文，其敘事形式兼採取諷刺或模仿、誤導、冒名頂替、捏造、錯誤連接、錯誤脈絡、操縱內容，操作方式兼用諷刺、模仿、捏造、操縱、宣傳等。以所謂十幾年或幾十年用詞為例，臺灣於2000年政黨輪替，迄今兩大政黨均有十多年的執政經驗，當缺乏根據地指責大阪辦事處的人員，如果屬真，需要確認人員進用的時間點，以免無的放矢。

有鑑於楊蕙如網軍事件的假新聞／訊息貼文，除未在討論範圍內的涉及個人名譽的《民法》侵權行為，或《刑法》§310誹謗罪、§309公然侮辱罪、觸犯《社會秩序維護法》§63散布謠言，或媒體報導可能涉及觸犯《衛星廣播電視法》§53未經查證等，此事件引發外交部抗議，檢警提告楊蕙如等網軍，經過二審判定以《刑法》§140侮辱公務員罪、妨害公務罪起訴。

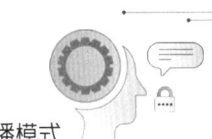

表4-4 楊蕙如網軍事件假新聞／訊息涉及觸法

	涉及有根據的客觀真實	涉及個人的主觀真實	涉及觸犯倫理或法規
大阪辦事處服務	有前往大阪辦事處		造謠／《社維法》
態度的確很惡劣	服務態度	很惡劣	誹謗罪／公然侮辱罪
爛到不行；爛到死	態度不專業	爛到死	誹謗罪／公然侮辱罪
十幾年、幾十年	何時任用至2018年間	無中生有	造謠／《社維法》
如同黨國餘孽	國民黨、民進黨		造謠／《社維法》
餘孽	惡勢力胡作非為		造謠／侮辱公務員罪
語言專業	不會說日語		造謠／侮辱公務員罪
人力資源管理	垃圾（廢棄無用）		造謠／侮辱公務員罪
老（油條）	年長者、有經驗		造謠／侮辱公務員罪
油條	未盡職責，干擾辦公室		造謠／侮辱公務員罪
打死換光光	人員輪替	全部換血	造謠／侮辱公務員罪
管理協調不彰	代表處橫向協調有問題		造謠／侮辱公務員罪

第五節　結論與討論

　　自媒體與人工智慧匯流的時代，假新聞／訊息成為全球資訊戰的一環，主要戰場在社群平台，訊息以用戶多對多傳遞散播為主。當社群口碑行銷成為年輕世代就業的選項之一，執行口碑行銷的社群小編被賦予反制社群媒體假新聞／訊息的職責，其言論自由的分寸如何拿捏，方可安身立命？

　　本章以反制關西機場假新聞／訊息的楊蕙如網軍事件法院判決為例，分析臺灣高等法院111年上易字第33號刑事判決文、臺灣臺北地方法院109年易字第138號刑事判決文，獲致以下結論：

AI世代傳播素養

一、楊蕙如網軍事件的傳播模式為何？

分析法院判決文紀錄，楊蕙如反制關西機場假新聞的網軍事件，其訊息產製由關心成員討論設定議題，將議題貼文於社群平台，由群組成員各在散播於不同社群媒體，除澄清大眾視聽，並引發大眾傳播媒體新聞報導其議題。

一般傳播模式有包含消息來源、管道、訊息、接收端與閱聽回饋，社群行銷傳播尤其重視網友的回饋與交流，檢視楊蕙如反制關西機場假新聞的網軍事件，其傳遞方式卻未必重視閱聽人回饋，比較在意的是議題設定的訊息散播後，網軍代工回傳的截圖佐證。很明顯地，楊蕙如網軍事件的傳播模式，有別於社群平台著重互動性的傳播模式，而採取霸群式訊息提供為主。儘管使用社群平台傳遞，其傳播模式卻比較貼近過往大眾傳播一對多的模式，未彰顯社群平台多對多的傳播模式。

議題設定的訊息策略，楊蕙如觸法的網軍事件，其設計與散播的假新聞／訊息屬於虛假訊息，訊息傳遞意圖為惡意，且刻意產製假訊息傳播，訊息類型屬於無中生有，消息來源以個人組織與代理人產製為主，運用管理以社群平台為主，引發大眾傳播媒體新聞報導。

楊蕙如假新聞／訊息的敘事形式，使用網路代號，兼用諷刺或模仿、誤導、冒名頂替、捏造、錯誤連接、錯誤脈絡、操縱內容等策略，其操作方式兼採諷刺、模仿、捏造、操縱、宣傳等，以達到形成意見氣候的目的。

楊蕙如反制關西機場假新聞的網軍事件，初衷貼近言論自由的立基（林子儀，1988）如追求真理，反制關西機場假新聞，以及表現自我，彰顯臺灣的主體價值。健全民主程序的精神則不足，係以單向宣達為主，未進行溝通交流。

Chapter 4　社群假訊息傳播模式

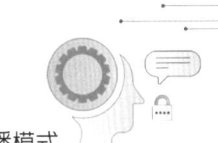

二、楊蕙如網軍事件判決書涉及假新聞／訊息的爭點為何？

楊蕙如反制關西機場假新聞的初衷，可以被理解，但爾後卻走調觸法。解讀法院判決文，楊蕙如組團隊進行口碑行銷，似乎屬於公關與宣傳的操作。

彙整先進民主國家憲法制度對於維護言論自由的核心價值含括：(1)思想表達、訊息流通、傳遞自由；(2)動員組織行動自由；(3)身分認同自主；(4)生命財產；(5)言論自由分寸。網路社群面臨自媒體與人工智慧的雙重效應，社群成員有其言論自由、也享有動員組織行動自由或身分認同自主，楊蕙如網軍事件在維護個體生命財產、言論自由分寸，嚴重產生脫序行徑而觸法。其所引發的代表處組長輕生，掀起社會關注與批評檢討。

事實查核的重點以客觀真實是否有依據為主，個人主觀評論其次。先不檢視楊蕙如發文的主觀真實化意見，在客觀真實依據面，楊蕙如與其團隊以匿名代號或假帳號等方式，散播反制關西機場的假新聞／訊息。其貼文的客觀真實如曾接受大阪辦事處服務、辦事處服務態度、人員專業條件、駐日辦公室人員輪調、辦事處僑民服務成效、辦事處人員資格、各辦事處橫向業務協調等，皆無所本。原本要針對關西機場假新／事件進行反制，導正國際視聽的大外宣，或國人觀感的大內宣，卻演變為網路互打、駐外辦事處人心惶惶等負面效應。

儘管法院以《刑法》§140侮辱公務員罪、妨害公務罪起訴楊蕙如等網軍，此事件也涉及相關當事人個人名譽的《民法》侵權行為，或《刑法》§310誹謗罪、§309公然侮辱罪，觸犯《社會秩序維護法》§63散布謠言，或媒體報導可能涉及觸犯《衛星廣播電視法》§53未經查證等。

表4-5　從言論自由審視楊蕙如網軍事件

言論自由 核心價值	思想表達、訊息 流通、傳遞自由	動員組織 行動自由	身分認同自主	生命財產	言論自由分寸
楊蕙如網軍	符合	符合	符合	違反	違反
言論自由立論	追求真理說	健全民主程序說	表現自我說		
楊蕙如網軍	起初符合—之後違反	起初符合—之後違反	符合		

其次，即便從網路行銷觀點檢視，參考《公平交易法》明定：事業不得在商品或廣告上，或以其他使公眾得知之方法，對於與商品相關而足以影響交易決定之事項，為虛偽不實或引人錯誤之表示或表徵（§21 II），楊蕙如網軍事件即便為了反制關西機場假新聞事件而為之口碑行銷，其惡意散播不實訊息引起駐外使館人員恐慌，亦明顯觸法。

面對社群平台自媒體與大數據、生成式人工智慧的發展，社群編輯的角色扮演與品質把關，愈形重要，本研究聚焦判決文的紀錄文獻分析，後續研究除輔以大數據分析社群口碑的建立模式，也可持續關注不同個案的深度分析，以及其中涉及的假新聞／訊息的觸法疑慮。言論自由是民主社會前進的基石，如何避免國家機器過度擴張損及個人權益，維護網路使用者的權利，慎用言論自由與新聞自由，仍待持續觀察與守護。

Chapter 4　社群假訊息傳播模式

參考文獻

王淑美等（2022）。《破擊假新聞——解析數位時代的媒體與資訊操控》（修訂二版）。臺北市：三民書局。

王貴珠（2006）。〈資訊素養融入課程教學之探討〉，《警學叢刊》，37(2)：221-236。

中央社外電（2023/3/24）。〈川普被捕、普亭繫獄？AI生成圖像恐助長假新聞氾濫〉，《經濟日報》。引自https://money.udn.com/money/story/10511/7054777。查詢時間：2023年9月11日。

中華民國衛星廣播電視事業商業同業公會（2023/7/12）。「第66次新聞自律暨諮詢委員會聯席會議記錄」。引自http://www.stba.org.tw/news.aspx?id=20230713100514&dd=20230930-140338。查詢時間：2023年9月11日。

民視即時中心（2022/9/13）。〈快新聞／陳時中小編誤植滷肉飯照片　黃珊珊：連這點小事都做不好〉，《民視新聞網》。引自https://www.ftvnews.com.tw/news/detail/2022913W0144。查詢時間：2023年9月20日。

民報（2024/8/16）。〈編涉A錢3年 公視5位董監事出馬調查 並全力配合檢調單位〉，《民報》。引自https://www.peoplenews.tw/articles/a3376b2967。查詢時間：2025年3月20日。

汪志堅（2019/06/30）。〈巴拉刈與犀牛皮：當嘲諷文變成假新聞〉，《關鍵評論網》。引自https://www.thenewslens.com/article/121426。查詢時間：2023年9月11日。

林子儀（1988）。〈言論自由之理論基礎〉，《臺大法學論叢》，第18卷第1期，頁227-275。

林照真（2020）。〈假新聞類型與媒體聚合——以2018 年臺灣選舉為例〉，《新聞學研究》，第142期，頁111-153。DOI: 10.30386/MCR.202001_(142).0003。

林詠青（2023/6/14）。〈柯文哲民調首破3成 喊養網軍改口稱「資安團隊」〉，《中央廣播電台》，查詢時間：2023/9/20，https://www.rti.org.

tw/news/view/id/2170701

胡元輝（2018/12/01）。〈商營社群媒體的自律與問責——政治經濟學取徑的批判〉,《傳播文化與政治》, 第8期, 頁37-76。

疾病管制署（2021/5/21）。〈（疾管署）網傳「每人補助疫情援助金1萬元」為假訊息 指揮中心：轉傳假訊息將依法開罰〉, 衛生福利部。引自 https://www.mohw.gov.tw/cp-17-60875-1.html

易慧慈、周富美（2007/5/10）。〈228報導誤植畫面 三立道歉〉,《自由時報》。引自https://news.ltn.com.tw/news/politics/paper/129590。查詢時間：2023年9月20日。

許雅筑（2018/10/6）。〈假新聞抓到了！稱蔡英文勘災要裝甲兵「荷槍實彈」造謠男子遭逮送辦〉,《風傳媒》。引自https://www.storm.mg/article/529234。查詢時間：2023年9月20日。

黃子陽（2018/12/20）。〈關西機場事件造謠竟無罪 謝長廷：應還第一線人員公道〉,《新頭殼newtalk》。引自https://tw.news.yahoo.com/%E9%97%9C%E8%A5%BF%E6%A9%9F-9F%E5%A0%B4%E4%BA%8B%E4%BB%B6%E9%80%A0%E8%AC%A0%E7%AB%9F%E7%84%A1%E7%BD%AA%E8%AC%9D%E9%95%B7%E5%BB%B7%E6%87%89%E9%82%84%E7%AC%AC%E7%B7%9A%E4%BA%BA%E5%93%A1%E5%85%AC%E9%81%93-051922194.html。查詢時間：2023年7月20日。

黃宥寧、陳韻如（2022/9/14）。〈假記者持假麥牌採訪陳宗基！電視台怒告 士林地檢署發聲明回應〉,《ETtoday新聞雲》。引自https://www.ettoday.net/news/20230904/2575237.htm。查詢時間：2023年7月28日。

黃葳威（2012）。《數位時代資訊素養》, 新北市：威仕曼。

黃銘輝（2019）。〈假新聞、社群媒體與網路時代的言論自由〉,《月旦法學雜誌》,〉第292期, 頁5-29。

陳杉榮（2023/10/5）。〈新聞線上 打擊假訊息不可手軟〉,《自由時報》, 自由評論網。引自https://talk.ltn.com.tw/article/paper/1608310。查詢時間：2023年10月5日。

張茗喧（2023/6/14）。〈法國揭俄發動混合戰 假冒西方媒體發布假新聞〉,

《中央通訊社》。引自https://tw.news.yahoo.com/%E6%B3%95%E5%9C%8B%E6%8F%AD%E4%BF%84-E7%99%BC%E5%8B%95%E6%B7%B7%E5%90%88%E6%88%90%E5%81%87%E5%86%92%E8%A5%BF%E6%96%B9%E5%AA%92%E9%AB%94%E7%99%BC%E5%B8%83%E5%81%87%E6%96%B0%E8%81%9E-052343550.html。查詢時間：2023年9月1日。

溫芳瑜（2021/10/25）。〈點教育：網軍、小編、酸民和媒體素養〉，《風傳媒》，http://strom.mg/article/3969441

新聞及國際關係處新聞傳播科（2019/7/21）。〈臺南沒淹水 小心假新聞〉，臺南市政府。引自https://www.tainan.gov.tw/news_content.aspx?n=13370&s=4111420。查詢時間：2023年8月20日。

楊劭楷（2021）。《社群媒體假訊息管制之言論自由分析》。臺北市：國立臺灣大學法律所碩士論文。

楊綿傑（2022/3/20）。〈連九年全球第一 境外假訊息攻擊 臺灣最頻繁〉，《自由時報》。引自https://news.ltn.com.tw/news/politics/paper/1506842。查詢時間：2023年9月16日。

傳播學生鬥陣電子報（2008）。〈從造假照片風波瞭解真實媒體環境〉，《傳播學生鬥陣電子報》編輯室報告，第351期。引自https://enews.url.com.tw/enews/45194。查詢時間：2023年9月16日。

蔡浩祥（2019/3/15）。〈農委會花1450萬養網軍？ 蘇貞昌：是小編！用來反擊假消息〉，《ETtoday新聞雲》。引自https://www.ettoday.net/news/20190315/1399756.htm。查詢時間：2023年9月16日。

鄭宇君（2021）。〈社交媒體假訊息的操作模式初探———以兩個臺灣政治傳播個案為例〉，《中華傳播學刊》，第39期，頁3-41。

劉艾波（2023/5/18）。〈AI假圖片將帶來「真相崩壞」危機？ 查核組織傳授破解心法〉，《卓越新聞電子報》，第351期。引自https://www.feja.org.tw/70419。查詢時間：2023年9月16日。

鍾禎（2018）。〈論國家對於假消息之管制模式及其規範分析──國際宣言與比較法的觀點〉，《憲政時代》，第43卷第3期，頁425-476。

顏玉龍（2020）。《從假新聞之法律責任探討社群媒體自律之研究》，臺北市：國立政治大學法學院碩士在職專班論文。

羅世宏（2018）。〈關於「假新聞」的批判思考——老問題、新挑戰與可能的多重解方〉，《資訊社會研究》，第35期，頁51-86。

羅秉成（２０１８/１２/１３）。「防制假訊息危害專案報告」，臺北市：行政院外交國防法務處院會議案。引自https://www.ey.gov.tw/Page/448DE008087A1971/c38a3843-aaf7-45dd-aa4a-91f913c91559。查詢時間：2023年9月16日。

Lee, K.（２０２１/９/１１）。〈想當社群小編？淺談小編的特質與必備能力〉，《Ｗｏｒｋ Ｃｏｃｏ沃爾客可可》。引自https://workcoco.com/2021/11/09/%E6%83%B3%E7-95%B6%E7%A4%BE%E7%BE%A4%E5%B0%8F%E7%B7%A8%EF%BC%9F%E6%B7%BA%E8%AB%87%E5%B0%8F%E7%B7%A8%E7%9A%84%E7%89%B9%E8%B3%AA%E8%88%87%E5%BF%85%E5%82%99%E8%83%BD%E5%8A%9B/。查詢時間：2023年8月20日。

Abrudan, E. (2008). "Mass-media and the social construction of reality", *Journal of Media Research*, *2*:14-18.

Berger, G. (2018). "Forward". *Handbook for Journalism Education and Training*, pp.7-13. UNESCO, Retrieved September 20, 2023 from https://en.unesco.org/sites/default/files/journalism_fake_news_disinformation_print_fri-endly_0.pdf

Birk, E. L. (2018, August 30). The difference between speech and press: Where they do to don't overlap. Retrieved from http://www.marksgray.com/difference-speech-press-dont-overlap/

Bradshaw, S. & Howard, P. N. (2019, October). The global disinformation order: 2019 global inventory of organised social media manipulation. Oxford Internet Institute Report. Retrieved September 20, 2023 from https://comprop.oii.ox.ac.uk/research/cybertroops2019/

Brook, A. (1993). "Kant's a priori methods for recognizing necessary truths". in Return of the A Priori. Philip Hanson & Bruce Hunter (eds.). *Canadian Journal of*

Philosophy (Supplement Volume 18), 215–252.

Glancy, D. J. (1981). "Getting Government off the Backs of People: The Right of Privacy and Freedom of Expression in the Opinions of Justice William O. Douglas". *Santa Clara Law Review*, Vol.21: 1047-1067.

Hoffman, D. L. & Novak, T. P. (1996). Marketing in hypermedia computer-mediated environments: conceptual foundations. *Journal of Marketing*, *60*(3), 50. https://doi.org/10.2307/1251841

Ireton, C. & Posetti, J. (2018). "Journalism, Fake News and Disinformation" *Handbook for Journalism Education and Training*, UNESCO, https://en.unesco.org/sites/default/files/journalism_fake_news_dis-information_print_friendly_0.pdf

Kapoor, R. (2019). "What is Wrong with a Rights-based Approach to Morality?" *Journal of National Law University Delhi*, *6*(1), 11-1.

Karlova, N. A. & Fisher, K. E. (2013). A social diffusion model of misinformation and disinformation for understanding human information behaviour. *Information research*, *8*(1), 1-17.

Khaldarova, I. & Pantti, M. (2016). "Fake News: the narrative battle over the Ukrainian conflict." *Journalism Practice*, *10*(7): 891-901.

Klepek, M. & Starzyczna, H. (2018). Marketing communication model for social networks, *Journal of Business Economics and Management*, *19*(3): 500-520. Retrieved July 20, 2023 from https://doi.org/10.3846/jbem.2018.6582

Kovach, B. & Rosenstiel, T. (2014). *The Elements of Journalism: What Newspeople Should Know and the Public Should Expect*, CA: Three Rivers Press.

Myers, S. (2011/9/2). "Social media editor role expands to include fighting misinformation during breaking news", The Poynter Institute for Media Studies, Retrieved July 15, 2023 from https://www.poynter.org/reporting-editing/2011/social-media-editor-role-expands-to-include-fighting-misinformation-during-breaking-news/

Newcomb, T. M. (1953). "An approach to the study of communicative acts".

Psychological Review, 60(6), 393–404.

Perreault, W. D., Cannon, J. P. & McCarthy, E. J. (2010). *Essentials of Marketing: A Marketing Strategy Planning Approach*. New York: McGraw-Hill.

Rafaeli, S. (1988), "Interactivity: From New Media to Communication", in *Advancing Communication Science: Merging Mass and Interpersonal Processes*, R. P. Hawkins, J. M. Wiemann & S. Pingree. eds. Newbury Park, CA: Sage Publications, 110-34.

Schramm, W. (1954). "How Communication Works". *The Process and Effects of Mass Communication*, University of Illinois Press, pp.3-26.

Shannon, C. E. & Weaver, W. (1964). *The Mathematical Theory of Communication*. p.7, Retrieved 9/4/2023, https://pure.mpg.de/rest/items/item_2383164/component/file_2383163/content

Shannon, C. E. (July 1948). "A Mathematical Theory of Communication". *Bell System Technical Journal*. 27 (3): 381. doi:10.1002/j.1538-7305.1948.tb01338.x.

Tandoc, E., Lim, Z. W. & Ling, R. (2018). "Defining 'Fake News': A typology of scholarly definitions" in *Digital Journalism* (Taylor and Francis) Volume 6, 2018 - Issue 2: 'Trust, Credibility, Fake News'.

Wardle, C. & Derakhshan, H. (2017). *Information Disorder: Toward an Interdisciplinary Framework for Research and Policymaking*, Council of Europe. Retrieved July 10, 2023 from file:///E:/0221HTS545050B9A30099%25/Root/My%20Work/%E7%A0%94%E7%A9%B6/%E5%AA%-92%E9%AB%94%E4%B8%AD%E5%BF%83/%E5%81%87%E6%96%B0%E8%81%9E/INFORMATIONDISORDER.pdf

Westley, B. H. & MacLean, M. S. (1957). "A Conceptual Model for Communications Research", *Audio-Vidual COmmuication Review, 3*:3-12.

迷因篇

- **AI世代迷因梗圖**
- 英美著作權合理使用
- 我國著作權合理使用
- AI世代迷因面面觀

Chapter 5

AI世代迷因梗圖

- 迷因梗圖意涵
- 社群與迷因梗圖
- 網路迷因梗圖研究

迷因梗圖透過視覺圖像及簡潔文字符號的召喚，網友可以迅速接收訊息，分享轉貼或接續重製、變異、擴散；所傳遞的內容訊息，隨著不同解讀的社群成員，形成各自的接力行動。迷因梗圖在社群平台之間傳遞、演化、分享，如同多元文化繽紛的樣貌，本章將先後梳理迷因梗圖意涵、社群與迷因梗圖、以及有關網路迷因梗圖研究之分析。

第一節　迷因梗圖意涵

《詞意辭典》（*WordSense Dictionary*, 2023）解釋迷因（meme），源自於古希臘文μίμημα，代表模仿、複製，係文化訊息的單位，如實踐或想法，以與基因傳布類似的方式通過口頭或重複行動，從一個思想傳遞到另一個思想。或意指在網路複製並稍作改編後流傳的東西，包括謎語、圖片、影音短片等。

《牛津英語辭典》（*Oxford English Dictionary*, 2023）界定迷因（meme），衍伸出字源mímēma，意即「被模仿的東西」，與基因模式有關。文化或行為體系的元素，經由模仿或非基因遺傳方式由某人傳遞給他人（an element of a culture or system of behaviour passed from one individual to another by imitation or other non-genetic means）。以上關注源起的角度，迷因與遺傳有別，源自模仿、傳遞的過程，傳送至另一個體的文化或行為系統的元素。

《大英百科全書》（*Britannica*, 2023）視迷因為一種文化概念（cultural concept），經由模仿傳遞文化資訊的單位（unit of cultural information spread by imitation）。迷因不僅是透過模仿擴散的文化層面的概念，也承載文化資訊。

參考《劍橋辭典》（*Cambridge Dictionary*, 2023）的定義，迷因即

Chapter 5　AI世代迷因梗圖

基因，等同於物理遺傳的文化單位（the cultural equivalent of the unit of physical heredity, the gene），這些文化的特徵或行為類型經由歷代相傳、不受基因影響（a cultural feature or a type of behaviour that is passed from one generation to another, without the influence of genes）。以上除釐清迷因承載的文化特徵或行為類型，也強調迷因可能代代相傳的時間觀。

觀察上述辭典對於迷因的界定特徵大致為：

1. 經由模仿而來。
2. 如基因般的文化特徵或行為類型。
3. 迷因在人與人之間可互相傳遞。
4. 迷因可跨越世代，代代相傳。
5. 迷因類似基因模式，但不受基因影響。

丹麥哥本哈根大學傳播與語言學學院發表論述（Castaño, 2013），整理法國、英國、美國、丹麥等來自認知心理、語言學、傳播等背景的五位研究者對於迷因的定義，本文將分為認知科學、語言學、傳播、演化生物觀取向審視。

一、語言學取向

法國社會心理學者丹・斯珀（Dan Sperber）主張迷因即再現（representations），是文化複製（cultural replicators）的同義詞，是人類思維中的符號和連結。他將再現歸類為以下三類（Sperber, 1996）：

1. 心理再現（mental representations）：係出自主體內部的，如信念。
2. 公開再現（public representations）：為主體之外的外部再現，如

繪畫。

3. 文化再現（cultural representations）：源自前兩種再現類型，被理解為公眾和社會群體內心理再現的部分集合。

斯珀對於迷因的觀點，如同鏡面一般，可反應或呼應另一主體，意味著迷因沒有主體性，有隨波逐流、因應而生的依附存在；不論內在、外在或結合的呼應或附和，迷因的再現係被動，而非主動。

心理學家蘇珊・布萊克莫爾（Susan Blackmore）從社會學習角度詮釋迷因，強調模仿係迷因複製的關鍵（Blackmore, 1999），將這一概念從生物學領域轉移到社會學習領域。在其《迷因機器》（*The Meme Machine*）著作，陳述迷因如同普遍使用的複製器，有別於基因；且說明複製器具有三個關鍵特徵：高保真複製、高層級的繁殖力和長壽。其次，她在迷因複製鏈中添加了參與者的角色，即交互者，迷因如同「與環境交互的實體」（the entity that interacts with the environment）（Blackmore, 1999），認為迷因的時代比基因還早，但不如並基因那樣可有效複製；迷因的傳遞非自發性，需要有情境才進行複製。

布萊克莫爾也認為，迷因具可複製性，但缺乏主體性與自發性，需要有交互者的參與，這部分可引發互動的特色；其次，布萊克莫爾認為，迷因的複製性可長期保真，且大量複製，他從時間與穩定的特質解析迷因。

布萊克莫爾從橫向的參與者角度觀察迷因的複製；也從時間縱軸看待迷因的複製的持久保真度。迷因處於被動的地位，可否複製存在在於其與所存在空間的相互性。

二、認知科學取向

接續於蘇珊・布萊克莫爾的見解，美國認知科學者丹尼爾・丹奈特

Chapter 5　AI世代迷因梗圖

（Daniel Dennet）提出迷因的目的論及其傳播方向的問題。他從達爾文演化論思維，將迷因定義為任何形式的文化演化（cultural evolution）（Dennet, 1995）。

丹奈特提出迷因的三特徵（Dennet, 1995）：

1. 變異（variation）：他用變異（variation）來定義複製保真度，強調迷因的關鍵在於變異，而不是其穩定性。
2. 遺傳（heredity）：文化對遺傳進化施加的壓力對於理解迷因等行為創新起著至關重要的作用。
3. 差異適應度（differential fitness）：將迷因視為具有意向性的寄生蟲。

丹奈特主張迷因的保真度在於變異，而非穩定，可跨越時間世代傳遞在於改變與創新。迷因的再現與複製具有意向性，隨宿主的方向而定，仍處於依附的角色。

丹奈特以為，每個人都有迷因過濾器，將自己充當迷因，塑造環境以及複製的機會。他舉例說明（Dennet, 1995）：如果一個人忽視來自A的一切，相反地接受來自B的一切；這個人給了所有來自B的迷因在他的大腦中複製的機會，而沒有複製來自A的迷因，同時傳遞給其他人；如說A不是可靠的來源，因此其他人不會關注A而更喜歡B。

這代表經由選擇性的過濾、理解與觀點，人們可以經由迷因傳遞個人的見解。丹奈特不僅從人的選擇過濾或偏見等判斷是否接續傳遞迷因，也觸及消息來源的可靠與否。儘管迷因如寄生蟲般依附於宿主的複製而傳遞、存在，但關鍵在於宿主的主動篩選與選擇。相對來看，消息來源的可靠性、可信度，也成為宿主判斷取捨的依據。迷因之間存在一種爭競的樣態。

三、傳播學取向

丹麥語言學者莫恩斯・奧勒森（Mogens Olesen）從傳播觀點看迷因概念的發展，將迷因定義為：「不拘形式地從一種想法複製到另一種想法的文化現象」（any form of cultural phenomenon that can be copied from one mind to another）（Olesen, 2009）。

他認為迷因的行為就像病毒一樣，迷因爭奪著從一個大腦心智傳遞至其他的大腦心智；並主張迷因與基因相比，迷因在宿主和傳播過程缺乏自主性：「迷因不像基因那樣是真正的生命形式。不過，它更像是一種病毒，因此我們是寄生蟲的宿主。迷因依賴於他的宿主來複製自己」（A meme is not a true form of life like a gene. Though, it is more like a virus and in that way we are hosts to parasites. A meme relies on his host to reproduce itself）（Olesen, 2009）。

整合丹奈特提出人具有迷因過濾器的主體性、布萊克莫爾提出的參與者的互動思維，奧勒森關注不均形式的迷因擴散傳布的文化現象，特別是，迷因還經過爭奪的過程，才透過身為宿主的人們感染、散播、傳播。

迷因，經由爭奪依附於宿主而複製傳遞，缺乏自主性但存在於競爭的空間；宿主選擇性地注意、過濾、篩選具可靠性的迷因，執行如病毒般的傳播擴散。宿主篩選迷因的可靠性的判斷為何？這部分仍視個案而定。

四、演化生物學取向

英國演化生物學家理查德・道金斯（Richard Dawkins）1976年在著

Chapter 5　AI世代迷因梗圖

作《自私的基因》（*The Selfish Gene*）提出過何謂迷因。爾後，道金斯在《盲人鐘錶匠》（*The Blind Watchmaker*）修改其過往論述對迷因的定義指出（Dawkins, 1986），迷因係訊息模式（information pattern），與DNA的構造相似，而非僅是傳播的單位（unit），迷因的概念實際上比一個單元更複雜。而且，迷因如同複製的代理人（agent），迷因與DNA相反，迷因沒有自主權。

道金斯認為迷因和基因之間的關係只是「真正的達爾文進化論和所謂的文化進化之間」的類比（Dawkins, 1986）；他強調迷因的變異性。他指出基因和迷因之間的關係是一種技術關係，認為迷因的行為像電腦病毒：以非常高的速度平行傳播，從一輛車到另一輛車，從一個媒介到另一個媒介（Dawkins, 1993）。

平行文化（parallel culture）（Sohman, 2004）為多元文化相互同化的詞彙，意謂當僅有一種文化為必要時，兩種文化的做事方式被接受的過程，例如在婚禮儀式中同時兼顧不同宗教禮儀習俗，或在重要慶典中兼舉辦成年禮等。迷因夾雜著表面的訊息，以及隱含的梗，一面透過平行傳遞，同時又透過不同重製、二創而持續存在。

現有迷因論述，常與英國生物學家理查德‧道金斯（Richard Dawkins）提出的生物基因演化特色相類比（趙淑妙譯，2020）：

1. 複製：迷因可複製自己，分享的迷因來自朋友的社群貼文，或是從某個論壇複製貼上。
2. 變異：迷因會變異，往往看過某個迷因被重製加上熱門元素，因此更受歡迎。
3. 篩選：迷因跟生物一樣，在資源有限的環境面對生存淘汰。生物爭取空間、食物和交配機會，迷因則爭取人類的心靈注意力。

此外，爬梳迷因概念的論述，迷因還有以下特徵：

1. 非自主性：迷因被視為訊息模式、文化單位，或代理人，或再現文化的現象，屬於被動的角色。
2. 依附宿主：迷因仰賴宿主的指向性過濾而傳遞，屬於共生型態，如果沒有宿主，迷因的複製、變異也不存在。

以上從生物演化基礎觀點，將迷因所依附的宿主被歸類為另一生物，如人類；那麼，如果宿主不再是生物，而是網際網路、社群媒體、社群成員，會形成那些變異或複製、依附等現象？下一節將繼續探討。

第二節　社群與迷因梗圖

前一節從生物演化基礎，將迷因所依附的宿主歸類為另一生物，如人類，那麼，如果宿主不再是生物，而是網際網路、社群媒體、社群成員，會形成那些變異或複製、依附等現象？本節將繼續探討。

相較於廣播、電視等電子媒體，網路問世時間不長，所席捲的影響卻相當深遠，網路或許是當代推動進步最重要的工具之一，包括媒體參與近用權實踐、維護言論自由、提供豐富多元的資訊及知識等。網際網路興起普及，人們得以經歷地球村的交流，享受上網的便捷與休閒娛樂，從網路追劇、聆賞音樂、瀏覽時事、組織同好社群、直播創作、視訊交流、蒐集資訊或連線遊戲。

隨著上網人口數量成長、用戶年輕化的趨勢，上網早已成為網路世代的日常生活。就廣義來看，「上網」非僅限於電腦連網，手機上網、平板或電視，也能上網；人工智慧大數據的精算運用、5G至6G通訊科技的日新月異，消費使用門檻逐漸降低，推陳出現展現多樣的風貌。

Chapter 5　AI世代迷因梗圖

一、網路社群

數位網路是二十世紀末重要的科技發展，衝擊人類文明，促使在地資訊加速進行全球性的流動，人們每天可不斷地接收從世界各地傳送出來的資訊。數位網路開啓了一個溝通、貿易以及娛樂的新視野，同時形成資訊社會經濟起伏的要角，對各階層的影響無遠弗屆。

電腦網路傳播（network communication），或稱爲電腦中介傳播（computer-mediated communication），是指運用電腦做爲訊息傳送接收的設備，經由網際網路將數位化的資料和訊息，在網路用戶間自由地傳輸與交換，提供用戶彼此產生實質的互動，衍生出單向、雙向、甚至多向的溝通。

一般而言，數位網路科技具有以下幾項基本特性（黃葳威，2008）：

1. 閱聽主體性：網路閱聽人可以主動選擇所需或過濾不必要的訊息。
2. 立即性：使用網路取得資訊的時間較短、效率較高。
3. 匿名性：網路用戶使用代號呈現，上網瀏覽或交流。
4. 多媒體形式：網路資訊科技可整合文字、聲音、圖像或影像，以多元、豐富的方式傳遞內容資訊。
5. 互動性：包括人與電腦、手機或通訊載具之間、使用者彼此間的對談、訊息往來及檔案傳送等。網路使用者可隨時隨地在其上進行互動。
6. 跨文化特性：網路訊息的互通流動並不受到地理區域疆界的限制。
7. 分衆化：特定議題訊息可以在各類分衆社群成員間互相流通。
8. 異步性：網路溝通可以同時間交流，也提供網友在較適宜的時間

裏收發訊息，交流之間不需同時間上網。

9. 媒體近用：網路媒體的可近用性（accessibility）較過往單向的傳播媒體高。透過網路的連結，網路用戶可以自行接收訊息，也可以發布訊息。

10. 超文本資訊：網路提供超文本（hypertext）內容，超文本的鏈結範圍不只是網站文字，也可以擴及貼圖、圖像及影音，這使得溝通的選擇更有彈性。

11. 監控性低：網路言論的表達途徑，或守門控制過程，較過往單向傳播媒體有寬容度。

12. 回饋性：網路用戶瀏覽蒐尋推拉的數位足跡，蒐集累積使用者的歷程，方便個人檢視或重新瀏覽。

13. 逃避性：網路提供現代人遁逃現實生活的另一空間，一旦上網出現偏食現象，僅使用特定網路服務，替代對真實世界各項生活原有的行為模式的排擠，可能形成網路沉迷現象。

數位網路的崛起，衝擊並改變了資訊社會的生活應對：有別於面對面的人際互動方式，網路具備的無疆界、異步性等特質，使得網路使用者間的資訊傳遞更為廣泛與便捷；電腦中介傳播的匿名性和監控性低的特性，提供人們較自主與開放的管道，網友可以用暱稱代號勇於發抒己見、交換心情與陳述經歷。數位網路扮演一個中間橋梁的角色，聯繫不同地域的人際溝通，並形成有別於過往面對面的社群組成、互動模式。

網路的穿針引線，凝聚出各式型態的社區（community），社區成員未必相見相識，卻共同築構它的「社會真實」（social construction of reality），網路使用者能盡情地與其他成員接觸，建立新的社群關係（Howard & Jones, 2004）。舉凡生活中的待人接物，如交易、交友、娛樂、學習與獲取生活資訊等，皆透過各類「虛擬社區」完成（Rheingold, 1993）。

透過網路中介，使用者可能與他人發展出新的互動模式，不論是在封閉式的社群平台，或是透過連線與他們的朋友聯繫，網路使用者將電腦視為一個社區，或視電腦為開展社會關係的基礎（Meyer & Rowan, 1977）。網路成為新生活經驗探索的踏腳石。

只要有較長時間的通訊往來，如資訊互換分享，網路社群成員就有可能建立良好的互動關係，彼此間的情感、歸屬感、信任感等都會增加（Chidambaram, 1996）。

換句話說，數位網路好似人的延伸與代理，人們既可上網參與交流，訊息往來間也引發心理發生微妙的回應或影響，這種影響未必是立竿見影或我們所想像的急劇變動，往往夾帶於潛移默化。

二、網路迷因梗圖

參考《大英百科全書》（*Britannica*, 2023）的定義，網路迷因自二十一世紀初開始流行，為迷因概念帶來新的興趣。網路迷因經由模仿在人群間傳播，經常是藉由電子郵件、社交媒體和各種類型的網站，以圖片、視頻或其他包含文化信息的媒體形式流傳，這些文化信息不是隨機變異，而是被個人故意改變。

網路迷因相關論述初期大致從媒體教育、傳播文化、文本語言角度出發。媒體教育研究者將網路迷因視為貼近年輕學子生活的溝通方式，以為接觸網路迷因有助於和年輕學生的溝通與教學設計；傳播文化研究者探討網路迷因的擴散與其中影響因素，網路迷因如何迅速流傳，網友分享傳遞或複製傳布的樣態；語言學者關注網路迷因的文本組成，形成潮流的文本特徵與脈絡等。

(一)媒體教育角度

　　致力於媒體識讀教育的澳洲教育學者米歇爾‧諾貝爾（Michele Knobel）與科林‧蘭克謝爾（Colin Lankshear）將網路迷因當作一種新的讀寫能力的研究，強調需要仔細關注其社會性，檢視產生這種現象的社會實踐、思想、親和力和新的社會參與形式，避免簡化迷因研究為對文本層面的解讀和書寫批判。

　　兩位學者提出網路迷因的四個特徵（Knobel & Lankshear, 2005）：

1. 幽默：一些幽默元素，從古怪和另類、令人開懷大笑的黑色幽默、離奇有趣、模仿，或尖酸刻薄的諷刺。
2. 豐富的互文性：例如對不同流行文化事件、圖標或現象的諷刺交叉引用。
3. 錯置：異常並置，通常是圖像的異常並置，作為其「破題／鉤子」（hook）的一部分，以最大限度地提高思想在思想之間傳遞的敏感性、不協調的圖像、故意挑釁性，或簡單古怪。
4. 離群變異：有別於上述三種特徵的方式，成功的網路迷因的特徵並非一成不變，往往出乎意料之外。

　　兩位學者認為，分析網路迷因現象，可以用來探索為什麼某些想法比其他想法更容易複製、更豐富、更長壽，以及其後果是什麼或可能是什麼。這些有助於教育工作者為學生提供重要的策略，以識別刺激他們思想的迷因，並評估這些迷因對學生的（道德）決策、社會行為、與他人的關係的影響。可以提供學生易於理解的教學實踐，從而為人們的思維方式、對待他人的行為方式，帶來積極的社會變化。

Chapter 5　AI世代迷因梗圖

(二)傳播文化角度

　　澳洲昆士蘭大學數位媒體研究中心學者珍・伯吉斯（Jean Burgess）2008年透過影音社群平台YouTube觀察網友參與文化的機制，將網路迷因視為病毒式傳播或口碑傳播的形式（Burgess, 2008），觀察網路迷因如病毒式的出現與複製，已經超出原先創建者的決定或控制。她從參與文化的觀點分析網路迷因的病毒式傳播的影音，往往來自大量觀看的網友的參與傳遞；相對地，依賴內部笑話傳遞的病毒式的影音，很快會達到一個臨界點，保真期限有限。

　　美國東岸的媒體研究員派崔克・大衛森（Patrick Davison）在其論述〈網路迷因的語言〉（The language of internet memes），主張網路迷因是一種文化，通常是一個笑話，經由網路傳遞產生影響力。然而，網路笑話的形式保真度卻存在一個弔詭：經由數位格式的笑話完全可被複製、轉貼、改作。

　　以色列傳播學者莉摩・希芙曼（Limor Shifman）從影音社群平台YouTube檢視網路迷因，這些迷因從原先創建者上傳影音社群平台的創意作品，再經由廣泛用戶參與創作，形成的流行現象。她以網路自媒體網友上傳的影音為例，雖然有別於企業廣告的專業規格而被歸類為壞作品，這些「壞」文本在當代參與文化中被表述為「好」迷因（Shifman, 2012）。

　　希芙曼分析迷因影音共有的六項特徵：關注普通素人、呈現有缺憾的男子氣概、帶有幽默感、簡易明瞭、重複和超乎想像的內容。她解釋六項特徵都呈現文本上不完整或有缺陷，卻是獨特的作品——也許是對光鮮亮麗的企業內容的蔑視。

　　由於網路迷因來自網友的積極參與，不完整性會吸引網友進行進一步的對話，從而有助於迷因的散播。表面上未完成、未經修飾、看起來

很業餘，有時甚至很奇怪的影音，邀請瀏覽者填補空白、解決謎題或嘲笑原創者。

影音社群平台的「幽默」屬性可能會喚起積極情緒，從而增強傳播性，希芙曼研究影音社群平台內容發現，其他屬性可能更容易與模仿內容的傾向相關，未必與分享內容的傾向相關（Shifman, 2014）；迷因傳播的研究需要對文本交流的獨特模式保持敏感；關於傳播的決定不僅取決於流派，還取決於行動：人們傾向於分享的內容不同於他們決定通過模仿參與的內容。

她主張迷因概念化為文本，仰賴具有特定視覺布局、參與者和情節三要素（Shifman, 2014）：(1)一組具有共同內容、形式和／或立場特徵的數位文本。(2)社群成員在相互瞭解的情況下創建。(3)通過互聯網傳播、模仿和／或轉化等變化。迷因及其衍生品可以被視為歷史文化生產模式滿足Web 2.0看重互動功能的網路發展。

(三)文本脈絡角度

波昂大學的語言學者克里斯程・鮑克哈吉（Christian Bauckhage）分析一百五十個網路迷因傳遞動態，發現疫情期間網路迷因成為訊息的溝通交流樣態。研究發現（Bauckhage, 2011），網路迷因是迅速流行的現象；社群成員透過修改或欺騙等手法，添加到原始創建內容，從而將其變成超越社會和文化界限的現象。研究推論大多數流行的網路迷因係經由同溫層社群和網路社交平台傳遞，而不是通過整個網際網路擴散。

鮑克哈吉檢視網路迷因的傳遞途徑、內容型態與影響包括：

1. 傳遞途徑：網路迷因通常結合評論、模仿或時事，由電子郵件、即時消息、論壇、博客或社交網站迅速傳遞。
2. 內容型態：網路迷因是社群內部笑話或時髦的地下知識

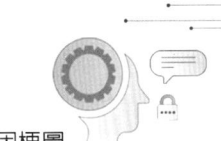

（underground knowledge），包括另類新聞、網站、流行語、圖像或影音剪輯等型態。

3.影響：公共關係和廣告專業人士將網路迷因視為一種與時尚社區建立融洽關係的方式；運用病毒式行銷手法，故意設計的迷因產品或服務的宣傳。政治競選愈來愈多地嘗試創建網路迷因形成意見。

鮑克哈吉質疑一些公關行銷內容，原本應該創造一個形象潮流，但往往流於有目的的瑣事而不是信息。他描述網路迷因受制於影響，不斷變化的內容在網路上迅速流行，甚至惡名昭彰。

德國語言學研究者伊琳・齊納（Eline Zenner）與德克・傑拉斯（Dirk Geeraerts）關注網路迷因的重製過程，主張網路迷因涵蓋各種線上文本被複製和模仿、改變和修改、傳播和傳播由線上的參與者（Zenner & Geeraerts, 2018）；所謂網路迷因包括網路參與者各種線上內容混合和重新混合、複製和模仿、傳播和擴散的對象，除了類似混音文化（remix culture）方式的模仿、複製等，相關篩選的原則受控於網路內容的網路評論系統反應，例如Facebook上的「按讚」拇指或贊成和反對等。

波蘭羅茲大學的語言學者瑪爾塔・迪內爾（Marta Dynel）認為，網路迷因是娛樂／幽默網站和流行用語中的常用術語和社交聯繫的工具，已成為一種獨立、以創造力為基礎的物種，在網路現實中無所不在（Dynel, 2016）；「網路迷因」泛指任何出現在網路上並透過模仿、重新混合和快速傳播而產生無數衍生品的人為作品（電影、惡搞、謠言、圖片、歌曲等）。

這位波蘭語言學者將網路迷因視為互動者參與新媒體的標誌；任何網路用戶都可以成為匿名作者，為網路內容做出創造性貢獻。無數的參與者參與到以技術為媒介的交流中。網路迷因涵蓋各種格式，例如視頻、GIF文件、照片和圖畫，無論是否附有文本。

針對迷因病毒式的傳布，西班牙語言學者弗朗西斯・莫德（Francisco Benigno Yus Ramod）指出（Yus, 2021），網路迷因往往超出原本創建上傳者的初衷，進行傳遞時也未必都經過變異。他以一篇旅店的網評為例，原本創建者只是表述自己的心得，常經由社群成員病毒式傳播，且往往不加改變地傳遞。莫德說明網路迷因的幽默效果，需要具備一定的背景知識素養，才能理解其中的趣味，就像同一社群家族成員可以感知理解其中的涵義。

根據2024年「AI世代臺灣青少兒數位韌性與美感素養調查報告」（黃葳威，2024），短影音社群平台成為在學學生主要的上網入口。社群平台分流化的發展，同一社群平台成員物以類聚，彼此交流激盪出有興趣關注的訊息，類似同溫層效應，可以集結同一社群凝聚力，也可能出現忽略外部資訊或其他觀點的現象。影音社群平台經由人工智慧大數據的推波助瀾，顯而易見地，網路社群的同溫層現象在疫情期間更加凸顯，其中社群分享的資訊，尤其影響社群所屬成員與外部社群成員之間的不確定感或信賴程度。

作家威廉・格魯格（William Gruger）描述迷因梗圖為：一種詼諧或有趣味性的訊息類型（如帶字幕的圖片或視頻），在網上廣泛傳播，尤其是經由社交媒體分享傳遞，例如樂團鼓勵粉絲製作迷因來宣傳他們的迷你專輯（extended play, EP）在美國發行。

2012年9月，寵物貓平台（Anastasia Thrift）脾氣暴躁貓的迷因梗圖，皺著眉頭在網路出現，此後，脾氣暴躁貓的形象，不滿意的表情、頭也不回的模樣，愈來愈受歡迎，與名氣愈來愈少成正比。

爾後，迷因梗圖，常被運用於在特定文化中分享個人與他人之間傳遞的觀點、行為、風格表現或用途。迷因（知識、八卦、笑話等的離散單位）是為了培養基因對生命的意義。正如生物演化是由基因庫中最適基因的生存驅動的一樣，文化演進可能是由最成功的迷因驅動

（Cambridge Dictionary, 2023）。

整體觀察歸納，網路迷因有以下特色：

1. 可被複製：迷因梗圖如同生物基因般，控制著自己的繁殖，從而為自己的目的服務。
2. 可被再創：一些公部門或私部門釋出授權圖片或照片，方便網友進行二創或再創。
3. 夾議夾敘：道金斯將迷因視為與生物基因的文化平行（cultural parallel），網路時代迷因梗圖也許取材於相似話題或場景圖像等，隨再創者的加料出現類似基因突變的樣態。
4. 各自表述：迷因夾帶訊息，隨機演化變異，訊息取材視角可隨再創者發抒。
5. 可被傳遞：迷因梗圖經由社群平台，以變形蟲方式擴散傳遞。
6. 結合時效：迷因梗圖往往結合具時效話題，強化傳遞或行銷。
7. 各自解讀：迷因近來常運用於行銷、反諷或揶揄特定主張，閱聽觀看者往往選擇性的注意、理解或記憶。
8. 市場決定：迷因梗圖在網路平台擴散，經歷自然淘汰選擇的能力。

以上涉及迷因梗圖的內容（可被複製、再創、夾議夾敘、各自表述、結合時效）、傳輸（可被傳遞）、接收（各自解讀）、影響（市場決定）層面。

迷因的呈現型態有文字訊息、圖片或影音短視頻等。本文將聚焦迷因梗圖的圖片與文字訊息類型。

第三節　網路迷因梗圖研究

　　網路迷因梗圖的研究大致分為文本符號、社會文化、訊息接收、假新聞／訊息等角度。其中文本符號取向的論述有以語音學分析迷因的語音變異、語言學與符號學（Osterroth, 2018；高婉瑜，2014；黃孟瑾，2017）、政治型網路迷因（葉子毓，2019）、電腦繪圖視覺創作（林晧翔，2021），或採取社會文化視角（Börzsei, 2013；傅文成、陶聖屏，2018），探討網路迷因吸引閱聽人注意的構成要素（王俐穎，2021）；行銷接收角度關注迷因行銷（Sharma, 2020；朱映潔，2021；塗金堡，2021；沈夏、賴嬿阡、吳承遠，2021；邱安琪，2021；林冠吟，2022），重組二創著作合理使用或轉化性使用（李怡臻，2015；蔡嘉裕，2021）；假新聞／訊息往往出現名人話題、政策、政見攻防或跨國資訊戰，有研究社群媒體心流對迷因動機分享與假訊息分享相關程度等（趙泓霖，2023）。

一、文本符號視角

　　語文研究者從迷因（meme）觀點，分析宅女小紅作品的語音特點，結合「臺灣國語」及「其他的語音變異」，後者如一些禁忌意識（用「暗」模仿「幹」），網路作家未必大量「創造新迷因」，而是「整合舊有迷因」，重新排列組合，製造新鮮感（高婉瑜，2014）。論述呼應《自私的迷因》（*The Selfish Meme*）書中論點，作家凱特・迪斯汀（Kate Distin）宣稱：迷因／迷因篩選很大程度上取決於人的意識，主張面對網路語言的新興表達，寫作能力低落的責任在於人們自己的判

Chapter 5　AI世代迷因梗圖

斷與抉擇,而非全然歸咎於無法辯駁的迷因。

研究者將類似麥當勞、便利超商等商標視為迷因／迷因現象,從文學角度看特定單一網路作家文學書寫的用字遣詞,其實,類似商標的符號來自商業設計行銷,這些宣傳行銷手法,有別於一般關注不同社群成員的自發形式的迷因交流。

德國語言學者安德魯‧奧斯特羅斯(Andreas Osterroth)利用符號學、語義學和語用學角度探討網路迷因認為,和網路其他文本比較,迷因的出現和演變獨特。奧斯特羅斯指出(Osterroth, 2018),迷因不能由單一作者創造,而是透過集體符號學出現。由於網路成員網路迷因之所以獨特存在,來自於社群成員以多種方式分享、改變與變異。

奧斯特羅斯發現迷因可以客製化,具有高度互文性(Osterroth, 2018),迷因可相互傳遞或演變,在於其實用性需要有相當的社群文化背景、例如社群對話的文本語料庫,才可窺間迷因的趣味。一些政治性迷因往往呈現顛覆性的標誌。網路迷因也可以運用於教育情境。

安德魯‧切斯特曼(Andrew Peter Clement Chesterman)在著作《翻譯迷因——翻譯理論思想的傳播》(*Memes of Translation: The Spread of Ideas in Translation Theory*)提出,任何概念的翻譯都是迷因,不同的翻譯迷因可互動結合形成迷因複合體(memeplex或memome)。從翻譯迷因論的角度檢視網路迷因特質發現(黃孟瑾,2017),仍具備複製忠誠性、生殖力、持久性、原創性,即符合社群媒體潛規則;經翻譯後美國、日本以圖文為主的網路迷因梗圖帶來的影響有:衍生地域性用法、衍生為超級迷因或規範,且提高能見度。引進不同文化特色的翻譯,也促成在地特色的網路迷因的發展。觀察近年網路常使用的「小確幸」一詞,源自日文,代表不起眼但可以把握的幸福,便為一例。

俄國語言學者巴赫金檢視民間狂歡節的三種形式包括(Fiske, 2011):(1)儀式化的奇觀;(2)喜劇式的語言作品:倒裝、戲仿、滑稽模

仿、差辱、媟瀆、喜劇式的加冕或罷黜；(3)各種類型的粗言俚語：粗鄙的用詞、髒話、發誓、詛咒或是民間的褒貶詩句等。以上形式與網路迷因的特性，貼近民間狂歡節的樣板公式，也是一種儀式化的象徵。

　　研究針對網路迷因內容進行分析發現（葉子毓，2019），以惡搞論述方式的網路迷因，夾雜著儀式化奇觀、喜劇式的語言作品，或各類型的粗言俚語，具有巴赫金（Mikhail Mikhailovich Bakhtin）提出的狂歡節式（carnival）的慶賀意味，主張類似胡鬧無章的喧嘩式創作，形同大眾文化，展現一種底層而上層的反抗手段。

　　網路迷因傳遞惡搞文化的現象之一，除了幽默趣味外，其實隱藏某些價值或對社會體系的不滿，惡搞的網路迷因在網路發達的現今不斷被散播，其中也有創作元素違反道德或是政治不正確的觀點包含在內，使作品引發各式爭議。如地獄梗的特色在於，迷因內容挑戰現有道德價值（葉子毓，2019），或將笑點建立在他人的痛苦，這些主題諸如種族、性別、歷史事件、自殺、意外等，顛覆既有道德判斷系統。

　　值得留意的是，民間狂歡節的核心主軸需要一致的取向，如歡慶豐收、節慶、紀念人物神明等。網路迷因也許形式多樣化，如果觀察同一網路社群的迷因，也許有這樣相近的取向，雖然也有意外；事實上，網路迷因的概念多樣化，社群平台上觀點各異的網路迷因，未必可以一概用民間狂歡節的角度解析。

　　網路迷因的視覺構圖，也成為研究的取向。研究者運用電腦繪圖創作表現網路迷因的視覺化現象，分析作品表現風格，與網路迷因對於自我與社會的連結。儘管運用科技工具創作疾病、科技、政治系列的十二幅作品（林皓翔，2021），檢討創作政治人物可能涉及肖像權的法律問題，需謹慎呈現。

Chapter 5　AI世代迷因梗圖

二、社會文化視角

社會心理學者丹・斯珀（Dan Sperber）結合生物學、流行病學的病毒觀點看迷因，認為迷因保真度較高，且相較於口頭傳播方法，訊息上具更可靠的複製性，同時提出兩種傳遞方式（Castaño, 2013）：

1. 垂直傳遞：指經由繁殖細胞的方式傳播，透過世代相傳的概念複製並改變，傳播範圍較小且為特定人群。
2. 水平傳遞：跨越特定人群，類似口耳相傳等方式，在同世代的人與人之間進行傳遞，而不是不同世代的傳遞。

迷因透過不同途徑，跨越世代垂直傳遞或在特定社群進行水平方式傳布，形成特定社群的文化氛圍，成員互相感染或影響。

荷蘭學者琳達・博爾茲塞（Linda K. Börzsei）調查網路迷因的本體論和歷史脈絡，主張網路迷因係我們對世界、媒體和生活的看法的變化提供獨特的見解，儘管剪切和粘貼技術並非新技巧，但「這種錯位的圖像」（dislocated imagery），透過網路病毒式傳播，成為新世代的文化表現方式（Börzsei, 2013）；身處網路成員的我們，必須「有能力吸收資料」，理解其格式化的後線性語法，如同業餘記者參與其製作。

博爾茲塞將網路迷因等同於當代的網路成員溝通交流符號，也指出二十世紀末年輕世代的迷因製作者，未必具有美學藝術專業背景，而是以業餘角色參與迷因產製。不過，從網路社群的瀏覽、貢獻、潛伏、購買者等特性來看，社群成員可能瀏覽迷因、分享傳遞，但未必皆進行重製、參與再創的接力型式。

網路大數據的出現，對迷因的傳播模式為何？研究者以大數據文本分析法，透過R語言及簡易貝氏機器（naïve bayes classifier）學習工具，

探討2013年洪仲丘事件相關迷因發現（傅文成、陶聖屏，2018），其中真假參半謠言的複製、變化、篩選，均明顯高於全假謠言，在社群媒體散播謠言的傳播影響明顯高於網路傳統媒體。整體來看，就時間延續性、傳統媒體與社群媒體層面來看，半真假謠言都顯著多於全假謠言。

呼應博爾茲塞所言，一般社群成員的迷因製作者多為業餘背景，反觀大數據分析網路謠言的迷因傳播模式，駐足社群平台長期穩定提供迷因交流者，顯然不等同於一般社群成員，而係特定社群管理者或所謂網路小編。

印度研究團隊探討網路迷因對閱聽人的社會事件建構發現（ＡＰＫ, Jose & Michael, 2020），酸民（troll）和迷因已成為受訪網友生活的重要部分，超過一半受訪者將酸民留言和迷因視為新資訊的來源，從而影響社群形成觀點。受訪者認為通過酸民留言和迷因對事件進行諷刺和黑色幽默的呈現，有助於突出社會現實的批判性和另類觀點。另一方面，大多數人並不相信酸民留言或迷因，因而僅有半數受訪者會再查證相關內容的可信度才再分享。

研究發現，類似留言或迷因增添庫達泰謀殺案（Kudathai Murder Case）的知名度，但其惡搞模式也大規模地偏頗再現嚴重暴力犯罪事件，對描繪現實產生不利影響，如減輕犯罪的嚴重性，或惡意攻擊的手法將複雜的問題簡化，從而向觀眾傳遞具有偏見的信息。研究團隊也質疑酸民留言與迷因過度強化偏執己見和碎片化的訊息。

三、行銷接收視角

臺灣花蓮的《財哥專業檳榔攤》系列迷因梗圖也成為研究案例，分析結果發現，財哥檳榔攤的檳語圖配色呈現鄉土落俗，加上中年人像與粗糙低品質的解析度，讓閱聽眾產生年代與懷舊感的雙重意義。訪談受

Chapter 5　AI世代迷因梗圖

訪者意見得知（王俐穎，2021），綠紅配色圖模結構本身已表意檳榔，可直接聯想到檳榔，且人設質樸本土，由於檳榔是臺灣文化之一，被網友稱為的財哥體，使文字文本呈現語氣舒緩、讓語言藝術作品更添曲折深遠智慧、輔助角色個性呈現含蓄。《財哥專業檳榔攤》系列迷因傳遞豐富的本土在地色彩。

其次，財哥體是少見的撰寫方式也展現識別度之外，因為幾乎沒有模仿門檻、閱聽眾要模仿複製幾乎沒有技術或時間花費的困難，便於閱聽眾產生迷因行為模仿去二創文字內容展現表達自己、進一步增加自己的能見度，讓其他人有機會關注自己並創造與他人互動契機，而《財哥專業檳榔攤》迷因也透過他人二創模仿能見度更高傳遞更廣。

影響社群成員分享各式網路迷因的原因有哪些？研究人員分析網友對於幽默題材，或地域梗的分享傳遞，經由實驗調查法發現（朱映潔，2021），社群成員以為「幽默性」網路迷因圖文好笑與有趣，也引起分享意願。當社群成員分享幽默性的圖文時會感到愉悅、並能獲取圖文中的資訊，讓自己與朋友或是其他網友產生互動與連結。同時，這種分享的行為也能使自身獲得親友較好的評價或觀感。

另一方面，「地獄梗」網路迷因圖文讓社群成員感到創作者將笑點建立於嘲諷他人的痛苦，降低網友分享意願。網友認為分享此種特質的圖文不會感到快樂、有所收穫，也無法連結自身與他人的關係（朱映潔，2021）。尤其，分享地獄梗易引起親友對自身的負面觀感與評價。

除了幽默感，進一步探索使用行動手機接收迷因廣告的效果，網路實驗調查顯示（沈夏、賴嬿阡、吳承遠，2021），當手機使用者對於手機的涉入度（對於手機價位與品牌的認識程度）愈低時，傾向以周邊路徑（傾向注意與產品功能無關的細節）來思考廣告訊息。至於研究假設：手機使用者閱讀感性訴求的迷因廣告時，傾向遵循周邊路徑，實驗結果則未能成立。

以上實驗指出，中央路徑（傾向注意產品性能、價值、規格等）可以影響廣告態度和品牌態度，周邊路徑僅能改變廣告態度；迷因廣告對於廣告態度的影響幅度比文字廣告大，迷因廣告的確能使使用者印象深刻，進而影響廣告態度。

　　另有針對兩百五十七位不同職業背景的實驗調查顯示（塗金堡，2021），不同年代或類型的迷因廣告，對於社群互動的影響不顯著；迷因圖片類型對於品牌權益有部分影響。研究發現，將品牌或是產品套入迷因梗圖的方式類似於一般媒體廣告，但是訴求的點並不在於產品本身的功能性，而是透過圖片、影片、動畫、標籤或是動態圖片等方式讓人產生共鳴，增加感官刺激與內心認同，以迷因為主、品牌為輔，藉由迷因帶來品牌聯想。

　　不論是復古的愛因斯坦吐舌照片的迷因，或結合影劇、卡通動漫的迷因梗圖，皆未必影響社群成員的按讚、分享或互動；關鍵在於迷因梗圖表達的內容，是否引發網友的共鳴、或會心一笑，就可能產生分享傳遞的行動。

　　其次，類似網路原住民的年輕世代對於網路迷因梗圖的新鮮方式比較有感（塗金堡，2021），反觀以電視、報章雜誌為訊息來源的網路新住民，比較習慣由大眾傳播媒體或一般媒體廣告獲知訊息。

　　海巡署使用迷因梗圖的政策行銷，迷因梗圖包含自製與購買知名的迷因梗圖，除讓社群網友一目能解梗圖傳達的「笑」果與意思，其中購買自知名的迷因梗圖也提升海巡署的行銷效果，原因在於知名梗圖具易辨識性（邱安琪，2021）。一旦迷因梗圖的表達效果好，在社群網站上轉發的次數也就會提高，帶動海巡署粉絲專頁流量，引起民眾與媒體注意。

　　迷因的精華在於其幽默或反諷的元素（邱安琪，2021），海巡署所有的迷因貼文皆包含此效果，無論是針對時事進行嘲諷或是幽默的開玩

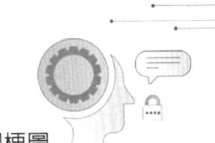

笑，類似風趣的貼文吸引民眾支持。

　　網路迷因運用於政策行銷成效研究發現，比較侵略型幽默風格與親和型幽默風格的迷因梗圖，運用親和型幽默風格的迷因梗圖於政策行銷，網友比較對迷因梗圖傳達的政策感興趣、對於政策態度較佳，也比較有分享轉達的傳播意願。針對十個實驗組約四百名受測者實驗發現（林冠吟，2022），高論點品質的迷因梗圖文字訊息，比論點品質不明確的迷因梗圖更具說服力，對瀏覽觀看的網友產生較高的政策興趣、較佳的政策態度、接收類似迷因梗圖的行為意願與傳播意願較高。

　　這項實驗研究顯示，近年臺灣公部門大量運用迷因梗圖於政策行銷，整體看來未必能顯著提高民眾對宣傳的政策有興趣，或對政策抱持較佳的態度，相關迷因梗圖的接收意願和傳布意願也不顯著。對政策不感興趣的網友，只有當自覺有意識正在讀取迷因梗圖，才可能稍微提高其對公部門政策的興趣。實驗結果發現，論點品質扮演政策行銷的關鍵角色（林冠吟，2022）；高論點品質卻不具幽默元素的梗圖，較具有幽默、低論點品質的迷因梗圖，在政策行銷中更能成功提高受網友對於政策的興趣、對於政策也保持較佳的態度，或有較高的接收意願和分享傳播意願。根據研究分析，迷因梗圖用於傳播時的正面效益，也可能對部分民眾產生幽默的負面影響，導致整體的廣告效果與非迷因貼文相當，迷因的效果不如預期。這反映公部門希望藉由迷因梗圖傳遞政策，但網友對於迷因梗圖傳遞政策未必有感；關心公共政策的網友，期待看到有論點的內容，而不是詼諧但缺乏實質論點的迷因梗圖。

四、迷因梗圖與假訊息

　　2019年行政院政務委員唐鳳應邀出席屏東大學校慶時表示，政府各部會有規劃設置「迷因工程」團隊，盡量在一小時內及時處理澄清公部

門政策相關的錯誤訊息，因應部會面臨假新聞、假訊息在網路上帶風向的現象。

所謂假新聞（fake news）係人為虛構的虛假訊息（phony information），除一般媒體報導，也包括視覺迷因梗圖等挪揄形式（Wardle & Derakhshan, 2017）。如外電報導川普被捕、普亭入獄等迷因梗圖散播（中央社外電，2023）；總統蔡英文到南臺灣勘察災情，指示陪同的裝甲部隊荷槍實彈的圖片等不實謠言（許雅筑，2018）。

整理文獻與聯合國教科文組織出版的《新聞學、假新聞與假訊息新聞教育與訓練手冊》（*Journalism, Fake News and Disinformation Handbook for Journalism Education and Training*）的分類有：

1. 虛假訊息（disinformation）：通常用來指故意（往往精心策劃）試圖提供不誠實的訊息達到迷惑或操縱的目的，通常結合傳播策略和一些技巧，如駭客攻擊或對人員造成損害（Wardle & Derakhshan, 2017）；假訊息是故意分享假訊息以造成傷害（Berger, 2018）。

2. 錯誤訊息（misinformation）：錯誤訊息係指創建或創建的誤導性訊息未經操縱或惡意意圖傳播（Wardle & Derakhshan, 2017）；錯誤訊息是指虛假訊息，但傳播者認為訊息是真實的，被惡意行為者主動誤導（Berger, 2018）。錯誤訊息是指分享假訊息，但無意造成傷害。

3. 惡意訊息（mal-information）：訊息是基於現實的，但運用代理人機制散播，對個人、組織或國家造成傷害。例如為顧及公共利益的前提下，無故公布個資隱私，造成當事人的傷害。又如報導遭到性侵的受害者個資，引發當事人與親友的人身安全疑慮，或生活自主性與隱私權被侵擾等。分辨訊息的真偽固然重要，即使為真實資訊，仍不能與新聞倫理相牴觸（Wardle & Derakhshan,

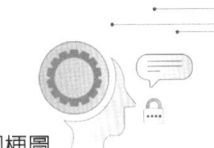

Chapter 5　AI世代迷因梗圖

2017）。惡意資訊是指分享真實資訊以造成傷害，通常不顧當事人個人權益，將其隱私資訊傳遞到公共領域（Berger, 2018）。

研究探討社群媒體涉入及信任、迷因動機分享與社群媒體心流影響，瞭解後果變項（假訊息傳遞）問題，經由問卷調查結果提出理論及實務建議（趙泓霖，2023）：(1)公部門應持續強化人民媒體識讀素養，避免閱聽人受社群媒體心流及迷因動機影響而分享傳遞假訊息。(2)公部門可參考先進國家在不損害人民言論自由前提下，立法治理社群媒體假訊息，因應社群媒體假訊息透由迷因方式傳播，混淆視聽引發民怨衝突。

本章先後整理迷因梗圖意涵、網路社群特色、網路迷因梗圖的影響，及迷因梗圖相關實證研究。在迷因意涵部分，整理法國、英國、美國、丹麥等來自認知心理、語言學、傳播等背景的五位研究者對於迷因的定義，分別從認知科學、語言學、傳播、演化生物觀取向審視。

當迷因宿主由人轉變為網際網路，迷因結合社群媒體、社群成員會產生那些演化，第二節接續陳述社群媒體特色、迷因可能形成那些變異或複製、依附等現象。

網路迷因梗圖的研究大致有文本符號、社會文化、訊息接收、假新聞/訊息等角度。其中文本符號取向的論述有以語音學分析迷因的語音變異、語言學與符號學、政治型網路迷因、電腦繪圖視覺創作，或採取社會文化視角、探討網路迷因吸引閱聽人關注的構成要素；行銷接收角度關注迷因行銷，重組二創著作合理使用或轉化性使用；假新聞/訊息往往出現名人話題、政策、政見攻防、或跨國資訊戰，有研究社群媒體心流對迷因動機分享與假訊息分享相關程度等。

迷因形成的文化景觀，產生多元的文化對話或發言權，增添網路社群的多樣繽紛樣態、或衍生的糾紛，其在尊重原創者的合理使用如何拿捏，後續章節將檢視合理使用概念的沿革與發展。

參考文獻

王俐穎（2021）。《探討網路迷因吸引閱聽眾之建構要素——以「財哥專業檳榔攤」為例》。新北市：輔仁大學大眾傳播研究所碩士論文。

中央社外電（2023/3/24）。〈川普被捕、普亭繫獄？AI生成圖像恐助長假新聞氾濫〉，中央通訊社。引自https://www.cna.com.tw/news/aopl/202303240321.aspx。查詢時間：2023年9月11日。

朱映潔（2021）。《你的梗圖，紅了嗎？分享網路迷因行為意圖之研究》。中壢市：中原大學資訊管理系碩士論文。

沈夏、賴嬿阡、吳承遠（2021）。〈買啦，哪次不買！迷因廣告，你買單嗎？——以ELM探討迷因行銷的廣告效果〉。臺北市：2021年中華傳播學會年會論文。

李怡臻（2015）。《重組著作與著作權合理使用之研究》。臺北市：國立臺灣大學法律學研究所學位論文。

汪志堅（2019/06/30）。〈巴拉刈與犀牛皮——當嘲諷文變成假新聞〉，《關鍵評論網》。引自https://www.thenewslens.com/article/121426。查詢時間：2023年9月11日。

邱安琪（2021）。《政府應用迷因進行政策行銷之研究》。新北市：輔仁大學大眾傳播所碩士論文。

林冠吟（2022）。《「迷因工程」在臺灣——政策行銷運用網路迷因對於受眾之影響》。高雄市：國立中山大學行銷傳播管理研究所碩士論文。

林皓翔（2021）。《網路迷因電腦繪圖創作研究》。屏東市：屏東大學視覺藝術學系碩士論文。

高婉瑜（2014）。〈網路語言的語音模因及其傳播——以宅女小紅的作品為例〉，《淡江中文學報》，第30期，頁277-315。

疾病管制署（2021/5/21）。〈（疾管署）網傳「每人補助疫情援助金1萬元」為假訊息 指揮中心：轉傳假訊息將依法開罰」〉，衛生福利部。引自https://www.mohw.gov.tw/cp-17-60875-1.html

Chapter 5　AI世代迷因梗圖

許雅筑（2018/10/6）。〈假新聞抓到了！稱蔡英文勘災要裝甲兵「荷槍實彈」造謠男子遭逮送辦〉，《風傳媒》。引自https://www.storm.mg/article/529234。查詢時間：2023年9月20日。

黃孟瑾（2017）。《論網路模因與翻譯——以網路流行語與網路圖片為例》。臺北市：國立臺灣師範大學翻譯研究所碩士論文。

黃葳威（2008）。《數位傳播與資訊文化》。新北市：威仕曼。

黃葳威（2024）。「AI世代台灣青少兒數位韌性與美惡素養調查報告」，臺北市：中華白絲帶關懷協會。引自http://www.cyberangle.org.tw/file/

葉子毓（2019）。《惡搞與抵抗——政治型網路迷因的內容初探研究》。臺北市：世新大學新聞研究所碩士論文。

塗金堡（2021）。《迷因行銷？探討其對品牌權益之影響》。臺北市：銘傳大學國際企業學系碩士在職專班論文。

傅文成，陶聖屏（2018）。〈以大數據觀點探索網路謠言的「網路模因」傳播模式〉，《中華傳播學刊》，第33期，頁99-135。

趙泓霖（2023）。《心流對迷因分享行為與假訊息之關聯性研究》。新北市：國立臺灣大學企業管理學系碩士在職專班論文。

趙淑妙譯（2020）。《自私的基因》。臺北市：天下文化。

新聞及國際關係處新聞傳播科（2019/7/21）。〈臺南沒淹水 小心假新聞〉，臺南市政府。引自https://www.tainan.gov.tw/news_content.aspx?n=13370ands=4111420。查詢時間：2023年8月20日。

蔡嘉裕（2021）。〈著作權「轉化性使用」之我國本土案例分析〉，《智慧財產權月刊》，第27卷第3期，頁47-77。

劉艾波（2023/5/13）。〈AI假圖片將帶來「真相崩壞」危機？ 查核組織傳授破解心法〉，《卓越新聞電子報》，第351期。引自https://www.feja.org.tw/70419。查詢時間：2023年9月16日。

Abdul Rasheed a P K , Jose, C. M. & Michael, A. (2020). "Social Media and Meme Culture: A study on the impact of Internet Memes in reference with 'Kudathai Murder Case'" in: file:///C:/Users/user/Downloads/SocialMediaandMemeCulturePDF.pdf

Amrutha, P. T. & Jyothi, J. (2019, May) "The role of digital media in creating a parallel culture: an enquiry based on the current cultural and socio-political scenario in Kerala, India", *Research Journal of Language, Literature and Humanities*, 6(2), 31-35.

Bauckhage, C. (2011). Insights into internet memes. Paper presented at the International AAAI Conference on Web and Social Media, 5, 42-49.

Berger, G. (2018). "Forward". *Handbook for Journalism Education and Training*, pp.7-13. UNESCO, Retrieved September 20, 2023 from https://en.unesco.org/sites/default/files/journalism_fake_news_dis-information_print_fri-endly_0.pdf

Blackmore, S. (1999). *The Meme Machine*. Oxford: Oxford University Press. p.3, 4, 47.

Börzsei, L. K. (2013). Makes a meme instead: A concise history of internet memes. *New Media Studies Magazine*, 7(March), 1-29.

Britannica (2022, June 3), "Meme", Britannica, in: https://www.britannica.com/topic/meme, Retrieved 24 May 2023.

Burgess, J. (2008). "'All your chocolate rain are belong to us'?: Viral video, YouTube and the dynamics of participatory culture". In Lovink, G and Niederer, S (Eds.) *Video Vortex Reader: Responses to YouTube. Institute of Network Cultures*, The Netherlands, Amsterdam, pp.101-109.

Cambridge Dictionary. "Meme", *Cambridge Dictionary*, in: https://dictionary.cambridge.org/dictionary/english/meme, Retrieved 24 May 2023

Castaño, D., C. M. (2013). Defining and characterizing the concept of Internet Meme. *Revista CES Psicología*, 6(2), 82-104.

Chidambaram, L. (1996). Relational Development in Computer-supported Groups, *MIS Quarterly*, 20, 143-163.

Dawkins, R. (1986). *The Blind Watchmaker*, W. W. Norton and Company. pp.157-158.

Dawkins, R. (Producer). (1993). Viruses of the Mind. Retrieved from https://www.

inf.fu-berlin.de/lehre/pmo/eng/Dawkins-MindViruses.pdf, p3, Retrieved 31 July 2023.

Dennet, D. (1995). *Darwins Dangerous Idea*. Great Britain: Allen Lane The Penguin Press. p.345.

Dynel, M. (2016). "I has seen Image Macros!" Advice Animals memes as visual-verbal jokes. *International Journal of Communication*, *10*:660–688.

Fiske, J. (2011). *Understanding Popular Culture*. 2nd edition, London: Routledge.

Howard, P. N. & Jones, S. (2004). *Society Online : The Internet in Context*. Thousand Oaks, CA: Sage.

Knobel, M. & Lankshear, C. (2005). Memes and affinities: Cultural replication and literacy education. Paper presented to annual NRC, Miami, November.

Meyer, J. W. & Rowan, B. (1977). Institutionalized organizations: formal structure as myth and ceremony, *American Journal of Sociology*, *83*:543-561.

Olesen, M. (2009). Survival of the mediated: Speech, the printing press and the internet as selection mechanisms in cultural evolution. Museum Tusculanum.

Osterroth, A.（2018）. "Semiotics of Internet Memes", DOI: 10.13140/RG.2.2.12320.89605, https://www.researchgate.net/publication/3192-36833Semiotics_of_Internet_Memes, Retrieved 25 May 2023.

Oxford English Dictionary . "meme", *Oxford English Dictionary*, in: https://www.oed.com/search/dictionary/?scope=Entriesandq=meme , Retrieved 31 July 2023July 2023.

Rheingold, H. (1993). *The Virtual Community: Homesteading on the Electronic Frontier*. Reading, Mass : Addison-Wesley.

Sharma, A. (2020). "Meme marketing: A serions business" in http://hicentrik.com/meme-marketing-guide-memevertitsing-2021/, retrieved 24 May 2023.

Shifman, L. (2014). *Memes in Digital Culture*. Cambridge, Massachusetts: The MIT Press.

Shifman. L, (2012). An anatomy of a YouTube meme. *New Media and Society*, *14*(2), 187-203.

Sohman, I. (2004). "Intercultural Communication or Parallel Cultures? The Swiss Example with Special Regard to the Rheto-Romance Situation". *Journal of Intercultural Communication, 4*(1), 1-14.

Sperber, D. (1996). *Explaining Culture: A Naturalistic Approach*. Oxford: Blackwell. p.24, 34.

Tandoc, E., Lim, Z. W. & Ling, R. (2018). "Defining 'Fake News': A typology of scholarly definitions" in *Digital Journalism* (Taylor and Francis) Volume 6, 2018 - Issue 2: 'Trust, Credibility, Fake News'.

Wardle, C. & Derakhshan, H. (2017). Information disorder: toward an interdisciplinary framework for research and policymaking, Council of Europe. Retrieved July 10, 2023 from file:///E:/0221HTS545050B9A30099%25/Root/My%20Work/%E7%A0-%94%E7%A9%B6/%E5%AA%92%E9%AB%94%E4%B8%AD%E5%BF%83/%E5%81%87%E6%96%B0%E8%81%9E/INFORMATIONDISORDER.pdf.

WordSense Dictionary, "meme", *WordSense dictionary*, in: meme: meaning, translation - WordSense, Retrieved 31 July 2023.

Yus, F. (2021). Incongruity-resolution humorous strategies in image macro memes. *Internet Pragmatics, 4*(1), 131-149.

Zenner, E. & Geeraerts, D. (2018). One does not simply process memes: Image macros as multimodal constructions. *Cultures and Traditions of Wordplay and Wordplay Research, 6*(167), 167-193.

Chapter 6

英美著作權合理使用

- 國際條約上的合理使用概念
- 英國著作權法中的合理使用
- 美國著作權法中的合理使用

合理使用從教育、圖書館公共服務、弱勢族群等非營利目的，應用於媒體報導授權或法定例外等部分。本章將先後審視國際公約、英國、及美國《著作權法》合理使用的著作範圍與相關案例。

第一節　國際條約上的合理使用概念

　　法蘭西學院院士維克・雨果（Victor Marie Hugo）的《鐘樓怪人》（*Notre-Dame de Paris*）、《悲慘世界》（*Les Misérables*）等作品聞名全球，從文字小說、歌劇、電影，甚至音樂劇等，傳唱至今。以他為首的國際文學作家協會（Association litteraire internationale）1883年持續倡議國際間保護文學暨藝術著作公約（Ricketson, 1987）。1883年於瑞士伯恩舉辦為期四天的年會，起草一項多邊公約草案。這項多邊公約草案名為「建立保護文學及藝術著作者權利公約聯盟」(Convention pour constituer une Union generale pour la protection des droits des auteurs sur leurs auvers litteraires et artistiques)，合計十條（Epping, 1996）。歷經逐年年會討論，1886年6月間簽訂《伯恩公約》（Convention de Berne pour la protection des œuvres littéraires et artistiques）。《伯恩公約》被公認為國際間最早的著作權公約，被視為國際保護著作權之大憲章（蕭雄淋，2021）。截至2024年4月下旬，世界智慧財產權組織（World Intellectual Property Organization）簽署會員國全球已達一百九十三個[1]。

---

[1] Member States of the WIPO Copyright Treaty (WCT) (2024). https://www.wipo.int/members/en/, Retrieved 20 April 2024.

Chapter 6　英美著作權合理使用

一、《伯恩公約》上的合理使用

審視1979年《伯恩公約》修訂版（Ricketson, 1987），對於保護文學和藝術作品條款已修訂為三十八條。1979年《伯恩公約》對於合理使用的規定，除承認所屬締約國的屬地主義、著作權人之人格權或著作財產權（給付合理報酬等）外，其中第十條涉及著作自由任意使用之特定範圍提出（Ricketson, 1987）：

1.引用。
2.為教學目的之講示說明。
3.明示出處及著作人。

著作權法的演進，呈現不斷地因應新科技的變革（朱永發，1990）。從維護的客體觀察，《伯恩公約》載明，一般可引用新聞報導、期刊等合法對公眾提供的新聞報導、期刊著作，引用時應符合合理慣例、註明出處，且引用之程度不得超過該目的的正當範圍。基於教學使用的刊物、傳播內容或聲音或影像作品，可依聯盟各會員國法律、相關特別協議或個案評估，利用文學著作或藝術著作，但利用應符合合理慣例。

其次，《伯恩公約》10-2條（著作自由使用之其他可能範圍）（經濟部智慧財產局，2023）：

1.特定文章及已傳播之著作。
2.有關時事所目睹或耳聞之著作：發表於新聞紙或期刊上有關經濟、政治或宗教上時事議題之論述，以及經傳播後之相同性質著作，如未註明不許重製、廣播或向公眾傳達者，是否准許得由新聞媒體重製，或得予傳播，或得以有線電向公眾傳達，依本聯盟

各會員國之法律定之。但一律應表明出處；違反此義務之法律效果，依保護主張當地國之法律定之。

除以上著作形式外，《伯恩公約》對於以攝影、錄影、傳播或以有線電訊向公眾傳達的時事報導，在資訊傳達目的之正當範圍，可依循聯盟各會員國之法律，重製事件過程中目睹或耳聞地文學著作或藝術著作，並公開傳輸。

爬梳1979年《伯恩公約》第10條相關條文已經涵蓋以下精神：

1. 內容出處：參考第10條第2項提及引用，同條第3項明示出處及著作人。第10-2條說明影視作品註明出處。
2. 目的：第10條第2項為教學目的之講示說明。以攝影、錄影、傳播或以有線電訊向公眾傳達之方法所為之時事報導；第10-2條第2項在影音時事報導以資訊傳達目的。
3. 引用方式：第10條明定講示說明或註明出處。
4. 比例原則：第10條第3項明定合法對公眾提供之著作，含以新聞媒體摘要形式之新聞紙文章及期刊，得引用之；但其引用應符合合理慣例，且引用之程度不得超過該目的之正當範圍。
5. 內容傳遞型式：包括第10條第3項正當範圍內，利用文學著作或藝術著作；第10-2條第2項第2款以攝影、錄影、傳播或以有線電向公眾傳達之方法所為之時事報導。
6. 重製型式：第10-2條第2項含以新聞媒體摘要形式之新聞紙文章及期刊；是否准許得由新聞媒體重製，或得予傳播，或得以有線電向公眾傳達，依本聯盟各會員國之法律定之

《伯恩公約》兼採取強制授權權（compulsory licenses）與回溯保護（retrospective protection）原則，維護跨國間的藝文創作作品的流通版權（朱永發，1990），如會員國對於在加入公約之前其他會員國內已受保

護的創作，必須給予保護，而不限於保護在其參與公約後國際間開始保護的著作。《伯恩公約》會員國成員可以在註明出處且取得原作者授權或付費授權下，以合理方式傳遞、或符合合理慣例重製傳送，既可促進跨國間的訊息與文化交流，也肯認創作者的智慧與創造力付出。

二、《世界著作權公約》中的合理使用

《世界著作權公約》（Universal Copyright Convention, 簡稱UCC）於1952年在聯合國教科文組織的支持下起草[2]，與《伯恩公約》被視為兩項保護版權的國際公約。

《世界著作權公約》將版權視同為人權，經由公約搭起各國法律和社會制度間的橋梁。公約試圖為普羅大眾設計法律規章，一方面提升對創作者權利的尊重，另一方便鼓勵文學、科學和藝術作品的國際流通，具有雙重推動力。

第二次世界大戰之前，美國與歐洲和亞洲國家的聯繫中斷；透過聯署國際公約，採取措施糾正自相矛盾的情況，恢復美國與歐亞各會員國的結盟（Kéréver, 2023）。從法律層面來看，這些會員國家自1886年以來已成為《伯恩公約》締約國，致力維護文學藝術作品的智慧財產權。

根據美國法律，著作人需要申請註冊著作登記，其智慧財產權才能受到保護。該立法與工業發展國所有權的立法有密切關係，工業發展國所有權僅承認發明人的權利，前提是著作或發明已登記註冊。前述規定阻礙美國加入《伯恩公約》，該公約規定了作品純粹因其創作而受到保

---

[2] Universal Copyright Convention, with Appendix Declaration relating to Articles XVII and Resolution concerning Article XI 1952, United Nations Educational, Scientific and Cultural Organization, https://en.unesco.org/about-us/legal-affairs/universal-copyright-convention-appendix-declaration-relating-article-xvii-and, Retrieved 28 Oct 2023.

護的原則。

因此，沒有任何法律機制可以維護出自美國、日本或西歐國家的著作物；另外，除非美國法律提出觀察要求，其他國家的著作物也未必可以在美國境內受到保護。

《世界著作權公約》創造一個能夠容納美國、蘇聯、工業發達國家和發展中國家的法律結構。它還影響其前身《伯恩公約》。美國於1955年9月16日加入《世界著作權公約》，使兩項公約更加緊密地結合推展。《世界著作權公約》於1971年進行修訂，此次修訂為1952年發起的雙重運動提供具體形式：促進創作者的合法權利和承認發展中國家的實際需求。

法律學者認為（章忠信，2001/3/20），相較於《伯恩公約》，聯合國教科文組織1952年另立標準較低之《世界著作權公約》，將開發中國家納入國際著作權體系；《世界著作權公約》採「國民待遇原則」與「最低標準原則」（朱永發，1990）。

1971年《世界著作權公約》序言開宗明義陳明（經濟部智慧財產局，2023）[3]：締約國為期確保各國文學、科學及藝術著作之著作權，並深信一項適合各國之著作權保障制度，於不妨礙施行中之國際既存法制原則下，得以普遍性公約方式表示之，藉以保證尊重個人權利，並鼓勵文學、科學及藝術之發展。確認此一普遍性公約體制，不僅有助於人類心智著作廣為傳播，也有助增進國際間共識。

《世界著作權公約》第3條明定：

1. 依其國內法，須以樣品送存、登記、標記、公證文件、繳納登記費、製作條款或發行等形式手續為取得該國著作權保障之要件

---

[3] 1971年《世界著作權公約》，經濟部智慧財產局，https://www.tipo.gov.tw/tw/cp-128-207129-da066-1.html，查詢時間：2023年5月28日。

Chapter 6　英美著作權合理使用

者,則凡:依本公約所有應受保障之著作,縱首次發行於外國之外國人著作,其於適當位置刊有ⓒ符號、著作權人姓名、初版年分者,即應認為已滿足該國法定手續而予保障。

2. 前項規定不得排除:締約國就其境內首次發行之著作或其本國人不論發行於何地之著作,得以國內法規定其著作權之形式手續或其他條件。

3. 第一項規定不得排除:締約國得以國內法規定著作權司法救濟程序。諸如:當事人須透過該國律師,向法院或行政機構送存涉案之著作樣本。但縱未滿足上述司法程序,其著作權仍屬有效,且司法程序對任何他締約國國民,不得有差別待遇。

4. 締約國對他締約國國民未發行之著作,應規定毋須履行形式手續即予法律保障。

5. 如締約國國內法著作權保障期間採雙期制、而其第一期期間比本公約第四條所定最短期間為長者,則其第二期以後之保障規定,不受本公約第一項之限制。

毫無疑問地,《世界著作權公約》成為《伯恩公約》的替代方案;已獲得美國和幾乎所有《伯恩公約》締約國的批准,成功地實現其作為不同法律體系之間溝通的目的,同時也促進國際間對智慧財產權的維護。

《世界著作權公約》對於合理使用的精神,分別展現於第5-2條(利用之免責)、第5-3條(強制授權翻譯)及第5-4條(重製權之例外)。

第5-2條第1項:依聯合國大會慣例之認定,締約國如係開發中國家者,於其加入通知文件送存教科文組織理事長後,得部分或全部適用本公約第5-3條及5-4等免責規定。

第5-3條說明,規定核准之任何強制授權翻譯,均應以教學、學術或研究為目的。

公約保護性規範以一般原則的形式表達，可以根據各國給予不同深淺的解釋。1952年日內瓦簽訂《世界著作權公約》（Universal Copyright Convention）有規定最低限期門檻，公約締約國得規定較長的存續期間，當各國法律規定有所牴觸時[4]，則採屬地主義，考慮原始國法律規定，不逾越其所規定的存續期間。該公約將版權的保護期限限制在作者死後二十五年內，並允許蘇聯加入協議（Schulman, 1952）。但與此相關的是，該公約為每個締約國公民的作品提供與其他締約國作者的作品相同的保護。《世界著作權公約》禁止對該國國民的作者、與可能援引該公約的外國作者之間的任何歧視，維護各締約國公民的智慧財產權。

以上代表《世界著作權公約》依據各國不同開發進展，兼顧著作權人權益、各國社會經濟發展、國際文化交流，維護國際間的著作權益。

執行公約實際面，從著作性質、使用目的、合理的市場影響等角度，或送締約國進行個案判定，進一步展現合理使用的具體依循原則。

三、1961年《羅馬公約》中的合理使用

1961《羅馬公約》（Rome Convention）也被譯作《著作鄰接權公約》（國際及法律事務室，2021）[5]。立約宗旨是為表演者提供表演保護，為錄音製品製作者提供錄音製品保護，為廣播組織提供廣播保護。1977年非洲智慧財產權組織十二個法語國家在中非首都制定《班吉協

---

[4] Universal Copyright Convention of 6 September 1952, with Appendix Declaration relating to Article XVII and Resolution concerning Article XI, WIPO, https://www.wipo.int/wipolex/en/treaties/details/208 Retrieved 31 Oct. 2023.

[5] 國際及法律事務室（2021/3/10）。「一九六一年著作鄰接權公約」，第420頁至第435頁，https://www.tipo.gov.tw/tw/cp-128-207130-51beb-1.html，經濟部智慧財產局，查詢時間：2023年5月30日。

Chapter 6　英美著作權合理使用

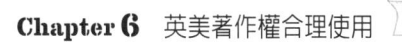

定》（Bangui Agreement）[6]，成立跨國著作權法。

　　所謂鄰接權（neighboring rights），如同「著作權的鄰居」（章忠信，2003），即保護表演人之權利、錄音物製作人之權利及廣播機構之權利，這些權利在歐洲被認為僅是利用別人的著作，不是著作權保護客體，應以低於著作權的方式保護。

　　《羅馬公約》保護的鄰接權包括[7]：

1. 表演者（演員、歌手、音樂家、舞蹈家和表演文學或藝術作品的人）受到保護，不受他們未經同意的某些行為的影響，例如廣播和向公眾傳播現場表演；現場表演的錄製； 如果原始錄製品是在未經表演者同意的情況下製作的，或者如果複製品的目的與獲得許可的目的不同，則複製該錄製品。
2. 錄音製品製作者有權授權或禁止直接或間接複製其錄音製品。在《羅馬公約》中，「錄音製品」是指表演聲音或其他聲音的任何專門聽覺錄製品。如果為商業目的發行的錄音製品引起二次使用（例如以任何形式向公眾廣播或傳播），則用戶必須向表演者、錄音製品製作者或兩者支付單一的公平報酬，但是，締約國可以自由不適用或限制其適用。
3. 廣播組織有權授權或禁止某些行為，即轉播其廣播、錄製品的複

---

[6] Bangui Agreement Relating to the Creation of an African Intellectual Property Organization, Constitute binding a Revision of the Agreement Relating to the Creation of an African and Malagasy Office of Industrial Property (Bangui (Central African Republic), March 2, 1977), The World Intellectual Proverty Organization. https://www.wipo.int/wipolex/en/treaties/details/227, Retrieved 31 Oct. 2023.

[7] Summary of the Rome Convention for the Protection of Performers, Producers of Phonograms and Broadcasting Organisations (1961), https://www.wipo.int/treaties/en/ip/rome/summary_rome.html, Retrieved 31 May 2023.

製；向公眾傳播他們的電視廣播，前提是這種傳播是在公眾可以進入的場地進行，但需要付入場費。

《羅馬公約》允許在國家法律中對上述權利的限制和例外，涉及私人使用、使用與報導時事有關的簡短摘錄、廣播組織通過其自己的設施和為自己的廣播進行的短暫錄製、僅用於教學或科學研究目的，以及國家法律規定文學藝術作品版權例外的任何其他情況。此外，一旦表演者同意將表演納入視覺或視聽錄製品，關於表演者權利的規定就不再適用。

公約由世界智慧財產權組織（World Intellectual Property Organization，簡稱WIPO）與國際勞工組織（International Labour Organization，簡稱ILO）和聯合國教育、科學及文化組織共同監管《羅馬公約》[8]；這三個組織構成根據公約設立的政府間委員會的秘書處，該委員會由十二個締約國的代表組成。《羅馬公約》向保護文學和藝術作品的《伯恩公約》或《世界版權公約》的締約國開放，批准書或加入書必須交存聯合國秘書長。各國可以對某些規定的適用作出保留。

《與貿易有關的智慧財產權協定》（The Agreement on Trade-related Aspects of Intellectual Property Rights，簡稱TRIPS）包含保護相關權益的條款。這些規定有別於《羅馬公約》和1971年《日內瓦保護錄音製品製作者免遭未經授權複製其錄音製品公約》（The Geneva Convention for the Protection of Producers of Phonograms Against Unauthorized Duplication of Their Phonograms）的規定。

《羅馬公約》合理使用的精神呈現於第十五條（保護之例外）：

---

[8] Summary of the Rome Convention for the Protection of Performers, Producers of Phonograms and Broadcasting Organisations (1961), supra note 7.

Chapter 6　英美著作權合理使用

1. 締約國得以國內法令，規定本公約保護之例外：
   (1) 個人之使用。
   (2) 時事報導之片斷的使用。
   (3) 傳播機構利用自己之設備，就自己之傳播所為簡短之錄音。
   (4) 專門為教育或科學研究目的之使用。
2. 前項情形，締約國得以國內法令規定表演家、發音片製作人及廣播機構之保護，與依其國內法令所規定文學及美術的著作物的著作權保護，作相同的限制。但有關強制授權之規定，不得牴觸本公約。

根據以上，《羅馬公約》帶動著作鄰接權益的維護，涉及表演人、錄製與轉播等著作製作、表現或傳輸等方式。

合理使用的價值，公約關注複製著作的使用性質如個人運用、使用目的與比例原則，如時事報導部分引用、傳播影響如媒體錄製傳播等，並兼顧法律在各締約國境內的屬地主義，以及著作授權各方的相關協議。歐盟1980年羅馬公約（1980 Rome Convention on the law applicable to contractual obligations, Rome Convention）第3條第1項：「契約由當事人選定之法律支配」，揭櫫契約準據法之當事人意思自主原則。歐盟羅馬規則I草案第3條第1項亦同。

四、《世界智慧財產權組織著作權條約》中的合理使用

《世界智慧財產權組織版權條約》（The WIPO Copyright Treaty，簡稱WCT）[9]源自《伯恩公約》的一項特別協議，處理數位環境中的創

---

[9] Summary of the WIPO Copyright Treaty (WCT) (1996). https://www.wipo.int/treaties/en/ip/wct/summary_wct.html, Retrieved 20 May 2023.

作與創作者的權利維護。締約方（即使不受《伯恩公約》約束）須遵守公約中《保護文學和藝術作品》（1886）1971年（巴黎）文本的實質性規定。

《世界智慧財產權組織版權條約》提到兩個受版權保護的客體：

1. 電腦程式，無論其表達方式或形式如何。
2. 任何形式的資料或數據資料庫的彙編；如果資料數據內容的選擇或安排非由智力成果，則不屬於本條約的範圍。

關於授予創作人的權利，除《伯恩公約》肯認的權利外，該條約還授予以下層面（Knights, 2000）：

1. 發行權：發行權是授權通過銷售或其他所有權轉讓方式向公眾提供作品的原版和再製版本的權利。
2. 出租權：授權向公眾商業出租三種作品的原版和複製的權利：
   (1) 電腦程式（除非電腦程式不是出租標的）。
   (2) 電影作品（但僅限於商業出租導致此類作品被廣泛複製，從而嚴重損害專有再製的授權範圍）。
   (3) 締約方國家所屬法律肯認的以錄音成品呈現的作品（1994年4月15日起對此類出租實行公平報酬制度的國家除外）。
3. 或無線方式向公眾進行傳播的權利，包括「在各自選擇的時間與地點，向他人展現其創作」。包括透過網路的隨選點播、互動溝通。

關於限制和例外，《世界智慧財產權組織版權條約》第十條納入所謂「三階段法」（Three-step Test）測試來確定限制和例外（Knights, 2000），正如《伯恩公約》第九條第二款，將其適用範圍擴大到所有權利。

《世界知識產權組織版權條約》隨附的商定聲明規定（Knights,

Chapter 6　英美著作權合理使用

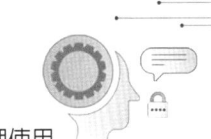

2000），根據《伯恩公約》在國家法律中確立的此類限制和例外可以擴展到數位環境。締約國可以制定適合數位環境的新例外和限制。如果滿足「三階段法」測試的條件，則允許延展現有限制和例外或制定新的限制和例外。至於期限，任一種作品的保護期須至少五十年。享受和行使條約規定的權利，無需辦理任何手續。

條約要求各締約方根據其法律制度採取必要措施以確保該條約的適用，包括個人權益維護或涉及跨國交涉，以防止規避作者在行使其權利時使用的技術措施（如加密），以及防止刪除或更改信息，例如某些識別作品或作者相關資料的權利（「資訊權利管理」）所必要的管理（例如，許可、收取和分配版稅）。

從跨國交涉角度，締約方必須確保各國所屬法律相對應的執法程序，以便對相關侵犯著作權的行為採取有效行動。此類行動必須包括防止侵權的快速補救措施，以及建構對進一步侵權的威懾的補救作為。

《世界知識產權組織版權條約》建立締約國會議，其主要任務是處理與該條約的維護和發展有關的事項。相關行政任務由《世界智慧財產權組織版權條約》秘書處統籌。該條約於1996年締結，2002年生效。該條約對其成員國和歐盟開放。條約組成的大會可決定接納其他政府間組織成為條約的締約方。批准書或加入書須由世界知識產權組織秘書長保存。

《世界智慧財產權組織版權條約》被視為可協調溝通各國經貿組織知識經濟政策的平台，文獻也直陳該條約多仰賴於國際智慧財產權領域的主要霸權國家主導與維繫建制有關著作權人權益（趙化成，2013）。

《世界智慧財產權組織版權條約》除肯認《伯恩公約》承認的權利外，也授予散布權、出租權、公開傳播權[10]等三種權利。

---

[10] WIPO Copyright Treaty (WCT), WIPO, http://www.wipo.int/treaties/en/ip/wct/, Retrieved 20 Sept. 2023.

《世界智慧財產權組織版權條約》因應科技發展，將智慧財產權的價值進而落實於資訊社會的電腦程式、影音作品。促使締約會員國成員加強資訊資產管理、維護資訊權益，強化資訊流通的加密技術，提供友善安全的資訊交流服務，並對侵權行徑採取必要遏止行動。

第二節　英國著作權法中的合理使用

以文學戲劇著稱的英國為例，《著作權、設計和專利法》（The Copyright, Designs and Patents Act 1988）[11]除第四章對著作人格權有所界定外，第十六條第一項規範著作權禁止之行為。

《著作權、設計和專利法》第四章人格權揭示，表演人之姓名表示權（參見七十七條），並禁止以損害名譽之方式刪改之權（參見八十條）

《著作權、設計和專利法》第十六條第一項，肯認著作之著作權人於英國境內，享有下列行為權利：

1. 著作重製。
2. 向公眾散布其著作重製物。
3. 出租或出借著作於公眾。
4. 公開表演、公開上映或公開播送。
5. 公開傳播著作（to communicate the work to the public）。
6. 將著作改作或就其衍生著作為上述各款之行為。

以上賦予著作權人有關重製、散布、公開傳遞、改作權。

---

[11] Copyright, Designs and Patents Act 1988, https://www.legislation.gov.uk/ukpga/1988/48/contents, Retrieved 24 May 2023.

Chapter 6　英美著作權合理使用

著作權的其他例外（exceptions to copyright）[12]，係允許在未經版權所有者許可的情況下，有限使用著作的版權例外情況的相關原則。

《著作權、設計和專利法》有一系列版權例外，英國法案對於合理使用與例外（fair dealing and other exceptions）的思維，涵蓋範圍有：

第一、性質：如研究和私人學習（參見二十二條），以非商業目的的研究為目的處理任何受版權保護的作品，不侵犯作品的任何版權。

另外，為教學或考試目的之利用（第三十二條），包括為教學或為準備教學過程中重製語文、戲劇、音樂或美術著作；為製作電影或電影原聲帶，而重製錄音著作、電影著作或廣播；為考試目的製作、公開傳輸試題給應試者或解答試題而為之任何行為，不構成著作權侵害。

為教學或為準備教學過程中重製公開發表之語文、戲劇、音樂或美術著作，不構成著作權侵害，但該重製須為教學或接受教學之人所為，且不能使用複印方法。

第二、來源：前述研究和私人學習（參見二十九條），前提是附有取得來源的充分授權。此例外包括分析受版權保護作品的權利——包括使用電腦進行分析、稱為內容探勘或文本探勘／數據資料探勘的過程。

2010年英國自由攝影師艾倫‧葛林斯布魯克（Alan Grisbrook）和報刊出版公司MGN的判決[13]，法官初審判出版公司不得在未經授權下，使用自由攝影師留存於出版公司數位資料庫的作品另行刊載；原告上訴後，法官判定被告出版公司非惡意使用攝影作品，不足以構成侵權，原告可以透過權利聲明得到充分保護，被告未達被罰款或被扣押的處罰。

---

[12] Guidance：exceptions to copyright, https://www.gov.uk/guidance/exceptions-to-copyright, Retrieved 25 May 2023.

[13] Grisbrook v MGN Ltd and others, Chancery Division, [2009] All ER (D) 254 (Oct);[2009] EWHC 2520 (Ch)16 October 2009, https://www.casemine.com/judgement/uk/5a8ff75060d03e7f57eab2b7, Retrieved 24 May 2023.

第三、呈現形式：批評、評論、引用和新聞報導以引用、批評或評論為目的公平處理作品，或新聞報導不侵犯作品的版權，前提是附有充分的承認，並提供作品（參見二十九條）。

英國《每日電訊報》（*The Telegraph*）姐妹報《周日電訊報》（*The Sunday Telegraph*）[14]摘錄英國首相與自由民主黨選委會主席哈姆登下諾頓的阿什當勳爵（The Lord Ashdown of Norton-sub-Hamdon）日記記載的會議內容，日記擁有者伸張其著作權，法院依據報紙刊載內容為涉及公共利益的事實，而非日記書寫當事人所產生的評論，判決為合理使用。

參考2001年《歐盟著作權指令》（The Copyright Directive）第五條關於權利之「例外及限制」規範，除第一項「暫時性重製」（temporary acts of reproduction）係強制性要求各會員國應排除於重製權之外，第二項其餘規範則係非強制性之宣示規定，並以條列式明定，其多係基於「非營利性之使用」（non-commercial uses），各會員國於落實該指令時，有極大自由空間。

由於係對於各會員國既有「例外及限制」之指令化，第五條並未新創其他例外及限制。第五條所定權利之例外及限制，如嘲諷、戲謔或仿作之重製權及公開傳輸權之例外或限制條款明定：各會員國對於為嘲諷、戲謔或仿作目的而對著作之使用，得將其列為重製權及公開傳輸權之例外或限制。

第四、比例原則：漫畫、戲仿或仿製品，出於漫畫、戲仿或仿製品的目的公平處理作品不構成版權侵權（參見三十條）。

比例原則涉及隱私權和個人資料檔案保護的案件，在數位時代尤其引發關注。 2012年3月，英國法院在影視製作公司（Golden Eye

---

[14] Ashdown v Telegraph Group Ltd. (2001). https://www.5rb.com/case/ashdown-v-telegraph-group-ltd/, Retrieved 24 May 2023.

Chapter 6　英美著作權合理使用

International Ltd.）與數位資訊公司（Telefonica UK Ltd.）訴訟案[15]，英國法院重視平衡版權所有者的權利和消費者保護個人數據資料的權利爭議，主張比例原則的重要性。被告在英國提供多項服務，其作為互聯網服務提供商（ISP）向客戶提供互聯網服務。原告認為，被告的客戶侵犯其許多作品的版權，透過對等（P2P）網路分享傳輸原告的版權作品。索賠人並未指控被告實施任何侵權行為，而是尋求披露與索賠人提供的IP地址相匹配的9,124名客戶的身分。因此，索賠人正在尋求高等法院的命令，稱為《第三方披露令》（Norwich Pharmacal Orders）。

《第三方披露令》是英國法院法院下達的一項補救令，迫使被告披露「試圖隱藏在匿名面具後面」的不法行為和不法行為者的資訊，通常用於幫助識別被告，以便對他們提起法律訴訟。里德勳爵（Lord Reid）在諾理奇製藥訴訟案指出，一個假冒他人身分從事不法行為的人「有責任通過向他提供充分資訊並披露不法行為者的身分來說明被冤枉的人」。

如果滿足以下五個條件便可以採行《第三方披露令》，包括[16]：

1. 對索賠人犯下有爭議的錯誤（an arguable wrong has been committed against the Claimant）。
2. 被告被捲入有爭議的錯誤（the Defendant is mixed up in the arguable wrong）。
3. 索賠人打算為錯誤的行為尋求補救（the Claimant is intending to seek redress for the wrong）。
4. 披露索賠人要求的信息對於尋求補救是必要的（the disclosure

---

[15] Golden Eye (International) Ltd v Telefonica UK Ltd [2012] EWCA Civ 1740 (21 December 2012) | Practical Law (thomsonreuters.com), Retrieved 24 May 2023.

[16] Golden Eye (International) Ltd v Telefonica UK Ltd [2012]. supra note 147.

of the information which the Claimant required is necessary for it to pursue that redress）。

5.法院確認應行使其自由裁量權以給予救濟（the Court is satisfied that it should exercise its discretion in favour of granting relief）。

英國模特兒經濟公司安德魯・安斯沃思（Andrew Ainsworth）生產導演喬治・盧卡斯（George Walton Lucas, Jr.）「星際大戰」系列延伸文創品的智慧財產權糾紛。英國最高法院於2011年判決[17]，由於原告從美國向英國提出訴訟，其中涉及地主國相關法令規範，著作權法係屬地主義。法院認為著作權並無國際司法管轄權，撤銷地方法院就美國著作權法可在英國執行的部分判決。

另法院判決文陳述「必須在該著作係為雕塑的情況下才有可能構成侵權」，英國法院主張該模型如果要被認定是為侵權物，其前提須基於作品具備如「雕塑」或「藝術工藝作品」等著作權。

第五、特定目的：教學插圖只要不是出於商業目的，出於教學目的公平處理作品就不侵犯版權（參三十二條）。

英國國務院2003年頒布行政命令，正式施行2002年《著作權法》第八條第二款（視障人士）賦予之權力（林利芝，2011），提供視障人士生活學習之合理使用依據，關心弱勢公民的資訊近用。

第六、價值：嘲諷、戲謔或仿作（Caricature, parody or pastiche）借助原著作，透過嘲諷、戲謔或仿作之方式，包括混搭（remix），再現新風貌，甚至係與原著所欲傳達之意涵完全相反者，仍屬創作之呈現，對於人文之省思，既有現狀之批判，均具重要價值，被視為創作技巧之重要教學方式。

---

[17] "The Supreme Court Press Summary". Supremecourt.gov.uk. 27 July 2011. Retrieved 20 May 2023.

Chapter 6　英美著作權合理使用

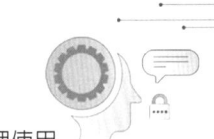

《2014年著作權及表演權利施行法》（The Copyright and Rights in Performances（Personal Copies for Private Use）Regulations 2014）[18]新增允許為嘲諷、戲謔或仿作之目的，只要是在「合理且比例恰當」（fair and proportionate）的情形下，均得有限制地使用他人著作。

綜合以上，英國著作權法案對於合理使用與例外的評估，涉及取得著作權人的著作授權、非營利性質的使用性質、維護個人資訊或數位檔案的呈現形式、比例原則、特定目的、著作價值傳達等。

對於具人文省思價值的仿作，在符合比例原則下，且使用方有付出延伸思維智慧心力，甚或與原著作相對的意涵，均採取稍微寬容的視角。法定例外指立法者出於一些公共利益權衡，以明文規定方式，免除符合規定之行為侵害著作權之責任。由於法定例外規定乃各國基於公共利益考量，各國規範之法定例外規定，各有差距。

第三節　美國著作權法中的合理使用

美國法院在考慮合理使用時會權衡四個要素。這四個要素依據《著作權法》（1976 U.S.C. § 17）第一○七條[19]規定：

1. 使用目的和性質（the purpose and character of the use）：包括涉及商業性質或非營利教育目的。
2. 受版權保護作品的性質（the nature of the copyrighted work）。

---

[18] The Copyright and Rights in Performances（Personal Copies for Private Use）Regulations 2014, https://www.legislation.gov.uk/ukdsi/2014/9780111112700, Retrieved 24 May 2023.

[19] https://uscode.house.gov/view.xhtml?req=granuleid:USC-prelim-title17-section107andnum=0andedition=prelim, Retrieved 24 May 2023.

3. 與整個受版權保護的作品相關的受版權保護作品的數量（the amount or substantiality of the portion used）。

4. 使用對受版權保護作品的潛在市場或價值的影響（the effect fo the use on the potential market for or value of the work）。

涉及著作權侵權的案例，由法院決定合理使用相關因素是否成立。即便如此，也沒有公式可以確定使用是否屬於合理使用。法院考慮每個因素，然後決定，總的來說，他們是否支援或反對合理使用。

以下是對四個合理使用因素的分析：

第一、使用目的和性質：第一個合理使用因素是指重製的使用目的。美國《著作權法》（U.S. Copyright Act）旨在鼓勵獎學金、研究、教育和評論，如果被告的使用是非商業性的、教育性的、科學性的或歷史性的，法院可能認定合理使用，未必構成侵權。

例如，複製藝術史教科書中的一幅畫的照片進行學術評論，屬合理使用。相較之下，商業用途的廣告運用相同的受版權保護的照片則不屬合理使用。

此外，並非所有的教育或科學使用皆被認定為合理使用；即使為非商業用途，教師複製整本小說給全班同學教學使用，不被視為合理使用。

美國法院在評估使用目的和性質時，是否具有轉化使用也是考慮範圍。也就是說，涉及侵權的使用是否為原作品增添新的表現、意涵或訊息。

美國最高法院新近有關轉化性使用議題，皆涉及合理使用。2021年的谷歌公司與甲骨文美國公司長達十年的訴訟案[20]（Google LLC v.

---

[20] Google LLC v. Oracle America, Inc., 593 U.S. 18-956 (2021). https://harvard-lawreview.org/print/vol-135/google-llc-v-oracle-america-inc/, Retrieved 25 May 2023.

Chapter 6　英美著作權合理使用

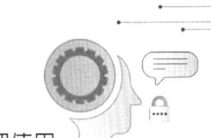

Oracle Am., Inc.），法院裁定Google從Oracle應用程序編程接口（API）複製Java代碼的行為具有創新性和合理使用性。谷歌與甲骨文之間，長達十年的使用Java版權侵權官司，終於打到美國最高法院，經裁定谷歌是合法合理使用而勝訴。

第二、受版權保護作品的性質：受版權保護的作品的性質很重要，因為它會影響社會願意在多大程度上允許其他侵權使用受版權保護的作品。

例如，藝術家安迪・沃霍爾（Andy Warhol）根據林恩・戈德史密斯（Lynn Goldsmith）1981年拍攝歌手王子（Prince）的受版權保護的照片，創作系列絲網印刷和鉛筆插圖（「王子系列」）。地方法院對基金會作出簡易判決，得出結論認為沃霍爾通過賦予原始照片新的「意義和信息」來「改造「」原始照片。2022年10月，二審法院認為（Liptak, 2022），由於Prince系列仍然「可識別地源自」（recognizably derived）原作，因此未進行改造，不屬於合理使用。沃霍爾對戈德史密斯的原始照片進行一些美學的調整，但仍然「明顯地源自」原作。

該案例考慮基於照片的絲網印刷和鉛筆畫，是否為原作增加了新的意義或信息，從而具有創新性。法院在2023年對此案作出裁決。

另一案例，原告攝影師努涅斯（Sixto Nunez）拍攝1997年波多黎各小姐喬伊斯・吉羅（Joyce Giraud）模特裸照與近乎全裸的照片作品。當地媒體報導拍攝過裸照和半裸照片是否適合當選選美冠軍。當地電視頻道播放後，被告的報紙《發言人》（*El Vocero*）[21]未經作者許可逕自刊登三張照片，及相關關爭議報導。最終地方法院裁定被告發布照片是合理使用。

---

[21] Nunez v. Caribbean Int'l News Corp.,235 F.3d 18 (1st Cir. 2000). Nunez v. Caribbean Int'l News Corp., 235 F.3d 18 (1st Cir. 2000) (copyright.gov), Retrieved 25 May 2023.

評估合理使用與否，法院未必傾向於指責侵犯藝術作品。例如肖像攝影，雖然與文化相關，但作品的核心關注藝術家的個人表達，在眞實作品中，作品的核心是其中包含的事實（Patel, 2013）。

第三、比例原則：合理使用另一衡量因素是比例原則。這部分有時被誤解為引用的質量，占呈現內容的比例；其實，比例原則係指所引用作品的部分，占所引用的原有著作所占的數量與價值。例如，電視新聞引用校園社群平台的內容，如果未經原上傳作者授權，即便在兩分鐘的報導時間，僅有十秒引用自校園社群平台，其衡量不是此十秒鐘在兩分鐘所占的比例；而需要審視此十秒在原先校園社群平台上傳內容的比例。

美國法院會考慮受版權保護的工作被使用，以及引用內容占原有作品的比例或價值。也就是說，未必僅從長度或面積範圍判斷，還會權衡受版權保護作品的實質部分的上下文脈絡。例如，在哈波柯林斯出版集團（Harper & Row, Publishers, Inc.）控訴國家出版集團（Nation Enterprises）一案[22]，法院考慮了摘錄的書評的合理使用辯護論據三百字來自尚未出版的關於美國前總統福特的自傳。就一本書籍著作而言，三百字僅占有小部分，通常是規範性原則文化交流將允許在有必要的情況下使用討論處理事實問題的表達性作品的內容。然而在本案中，法院認定所採取的三百字包含回憶錄的「核心」（heart）：摘錄涉及總統福特赦免尼克森總統的動機。

1977年，前總統福特與《時代雜誌》出版社簽約出版預計完成的回憶錄，協議獨家首次刊登出版的權利。兩年後，回憶錄接近完成，《時

---

[22] U.S. Supreme Court, Harper and Row, Publishers, INC. and the Reader's Digest Association, Inc., Petitioners vs. Nation Enterprises and the Nation Associates, Inc., https://www.law.cornell.edu/supremecourt/text/471/539, Retrieved 26 May 2023.

Chapter 6　英美著作權合理使用

代雜誌》同意支付25,000美元（預付12,500美元和出版時的餘額）以獲取摘錄福特總統描述赦免前總統尼克森的7,500字。在《時代雜誌》預定發刊前，一位未經授權的消息來源取得福特回憶錄未發表的「療傷時刻」」（A Time to Heal）手稿影本。《國家雜誌》的編輯直接根據這份手稿製作了一篇2,250字的報導，至少有三百到四百個單字引用自已經授權《時代雜誌》的手稿。《時代雜誌》取消刊登這份摘錄，並拒絕支付剩餘的12,500美元。同時在聯邦地方法院對《國家雜誌》提起訴訟，指控違反《著作權法》（Copyright Act）。美國地方法院認為，福特回憶錄在《國家雜誌》出版時已授權另一出版社，構成侵權行為，法院裁定賠償12,500美元。

上訴法院則推翻判決，認為《國家雜誌》將其認定為受版權保護的表達的三百至四百個字詞的發表作為《著作權法》第一〇六條規範的「合理使用」。第一〇七條規定，儘管第一〇六條的規定賦予版權所有人重製和再製權利，出於評論和新聞報導等目的合理使用，不構成侵權。第一〇七條進一步規定，在確定使用是否公平時，考慮因素包括[23]：(1)使用的目的和性質。(2)作品性質。(3)所使用的部分相對於整個版權作品的實質性；(4)對作品的潛在市場或價值的影響。

《時代雜誌》不服二審判決，立刻提起上訴至美國最高法院，三審判決《國家雜誌》敗訴，全案定讞。由此可見，合理使用除考量引用內容占原著作的比例數量外，也從定性分析衡量所引用內容在原作的實際價值。

第四、對潛在市場或作品價值的影響。侵權作品的對著作市場的影響，也是合理使用的衡量角度。剽竊著作導致正版著作無法正常流通，

---

[23] U.S. Copyright Office Fair Use Index, https://copyright.gov/fair-use/index.html, Retrieved 24 May 2023.

明顯構成侵權。

　　原告城堡岩石娛樂公司（Castle Rock Entertainment, Inc.）擁有電視情境喜劇《宋飛正傳》（*Seinfeld*）著作版權。被告作者貝絲・戈盧布（Beth B. Golub）和出版商卡羅出版集團（Carol Publishing Group, Inc.）發行《SAT：宋飛正傳能力測驗》（*The Seinfeld Aptitude*）著作，全書一百三十二頁包含六百四十三個瑣事問題和《宋飛正傳》中的人物和事件的答案，內容直接引述當時播出的八十六集《宋飛正傳》中已經播出的第八十四集[24]。儘管出版書籍上標示：本書未經任何參與創作或製作《宋飛正傳》的實體批准或許可。地方法院與二審上訴後皆裁定被告敗訴，裁定這不是合理使用。

　　其次，如果涉及侵權著作不影響受版權保護著作或衍生著作的流通性（marketability），或反而有助於流通，未必與合理使用相牴觸。

　　美國佛羅里達嘻哈樂團第二現場劇組（The 2 Live Crew）成員——盧克・坎伯（Luther Campbell）、藝名新鮮仔冰（Fresh Kid Ice）的華裔與非洲裔混血歌手黃溫（Christopher Wong Won）、密克斯先生（Mr. Mixx）和馬奎斯修士（Brother Marquis）——創作電影《麻雀變鳳凰》（Pretty Woman）主題曲，模仿羅伊・奧比森（Roy Orbison）的搖滾民謠《哦，漂亮女人》（Oh, Pretty Woman）。樂團經理詢問阿卡夫羅斯音樂發行公司（Acuff-Rose Music）是否可以獲得使用奧比森的曲調的許可，將這首民謠製作成戲謔仿作（Parody）。儘管音樂發行公司拒絕授權，嘻哈樂團仍然製作發行[25]。

---

[24] Castle Rock Entm't, Inc. v. Carol Publ'g Grp., Inc., 150 F.3d 132, 146 (2d Cir. 1998). https://www.copyright.gov/fair-use/summaries/castlerock-carolpubl%E2%80%99g-2dcir1998.pdf, Retrieved 10 May 2023.

[25] Campbell v. Acuff-Rose Music, Inc., 510 U.S. 569, 584-585 (1994). https://www.law.cornell.edu/supct/html/92-1292.ZS.html, Retrieved 10 May 2023.

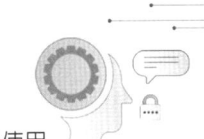

Chapter 6　英美著作權合理使用

　　將近一年後,在唱片售出近二十五萬張後,阿卡夫羅斯音樂發行公司起訴樂團成員及盧克唱片公司(Luke Skywalker Records)侵犯版權。田納西州聯邦地方法院對西哈樂團作出簡易判決[26],根據1976年《著作權法》第一〇七條,模仿的商業目的並不禁止其合理使用(17 USC § 107)裁決,嘻哈樂團的戲謔仿作從原作「迅速退化」(quickly degenerates),且只使用不超過原作必要的模仿來製作。

　　因此,美國法院裁定《麻雀變鳳凰》(Pretty Woman)主題曲極不可能對原作的市場產生不利影響。巡迴上訴法院推翻並發回重審,一度認為模仿的商業性質使其根據第一〇七條合理使用相關的四因素中的第一個使用目的性質,被推定為非合理使用,形成市場損害。最高法院最後裁定,該案件確定商業模仿可以構成合理使用;作品獲利的事實並不意味著合理使用不可能適用;它只是分析合理使用的部分考量。

　　以上案例反覆出現的關鍵在於流通性。這個問題關注衍生著作的市場——原作者有權在其中製作衍生著作。由於涉嫌侵權的作品已經在市場獲利,或衍生作品和服務的潛力替代原創,可能導致市場失靈等,都成為衡量基礎。

　　有關著作流通性的爭議,從實體發行到網路流通都引發討論。美國作家聯盟(The Authors Guild)由受智慧財產權保護的作者組成,2005年向美國紐約南區地方法院起訴被告跨國引擎搜尋公司谷歌侵犯版權,請求禁制令、宣告性救濟及損害賠償。由於谷歌未取得作者授權,透過所謂圖書館計畫(Library Project)和谷歌圖書計畫(Google Books Project)[27],數位化數千萬本圖書,包括掃描數位副本並提供可公開的

---

[26] Campbell v. Acuff-Rose Music, Inc., 510 U.S. 569, 584-585 (1994). supra note 25.

[27] Authors Guild v. Google, Inc., No. 13-4829 (2d Cir. 2015). https://www.copyright.gov/fair-use/summaries/authorsguild-google2dcir2015.pdf, Retrieved 13 May 2023.

搜索功能——構成對原作者群著作的侵權行為。谷歌宣稱其計畫構成「合理使用」為由進行辯護。

長達十一年的訴訟，美國法院根據《著作權法》第一○七條規定於2015年判決，谷歌未經作者授權將受版權保護的作品數位化、創建搜索功能，並展示這些作品的片段，未構成侵權，係合理使用。主張谷歌重製的目的具高度變革性，文本的公開展示有限，谷歌提供披露訊息的服務，沒有成為受版權保護原作的市場替代品，美國作家聯盟主張的商業性質和利潤動機，無法證明拒絕合理使用的正當性。此外，法院認定被告向提供圖書的圖書館提供電子書，前提是圖書館將以符合版權法的方式使用副本，也不構成侵權，屬合理使用。

變革創新的轉化使用，對於原作價值的影響，也是法院研判合理使用與否的依據。近三年新冠疫情衝擊全球，美國聯邦法官支持美國四家主要出版公司，起訴網路檔案館（Internet Archives）在COVID-19初期免費掃描和借出大量受版權保護書籍的數位圖書副本（Burga, 2023）。檔案圖書館為非營利機構，成員包括美國圖書館協會和國際圖書館協會和機構聯合會。

四家出版公司包括希特圖書集團（Hachette Book Group）、哈波·柯林斯出版社）（Harper Collins Publishers）、約翰·威立斯（John Wiley & Sons）出版社，及藍登書屋（Penguin Random House），在網路檔案館提供國家緊急圖書館後提告。網路檔案館從2020年3月24日到6月16日間從數千本電子書創建臨時藏書，表示緊急圖書館的啟動是為幫助疫情期間無法使用實體圖書館的人；主張係根據合理使用原則，國家緊急圖書館合法。然而，四家出版公司指控網路檔案館的行徑屬「大規模侵犯版權」（mass copyright infringement），起訴檔案館超過一百二十七本書侵權。

美國地方法院法官約翰·柯爾特（John G. Koeltl）同意四家出版公

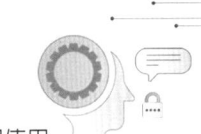

Chapter 6　英美著作權合理使用

司的觀點，宣稱網路檔案館擅自製作「衍生」作品（Burga, 2023），將印刷書籍轉換為電子書並流通，係侵權。美國作家聯盟也聲援支持四家出版公司的提告[28]。

網路檔案館被指控係從事數位剽竊業務。對未經授權的印刷書籍進行大規模掃描，並公開展示、流通這些盜版電子書，違反《著作權法》。相關爭點有[29、30]：

1. 透過大規模且無償地從印刷書籍到電子書的「格式轉換」（massive and uncompensated "format-shifting"），網路檔案館剝奪原著作者授權發展的書籍格式的合法權利。
2. 網路無國界的流通方式，更促使網路檔案館的剽竊版無遠弗屆，形同大規模侵權。
3. 網路檔案館錯誤地堅持自己在做圖書館一直在做的事情。但圖書館通常是獲得電子書的授權，而非自行製作電子書。
4. 網路檔案館未經授權的剽竊方式，有損作者和出版商的權利金收入。
5. 版權費可支持作家繼續耕耘創作，未經授權的剽竊損害作家的生計及出版公司出版新書的能力，也有損出版公司採行新出版技術的能力。
6. 不重視版權與授權，可能導致書籍創作與出版市場機制失靈。

---

[28] The McGraw Hill Companies, Inc. et al v. Google, 05 CV 8881-JES. https://authors-guild.org/app/uploads/2022/09/McGraw-Hill-v.-Google-10192005.pdf, Retrieved 26 May 2023.

[29] Band, J. Google and Fair Use, 3 J. Business. and Technology Law. 1 (2008). Available at: https://digital－commons.law.umaryland.edu/jbtl/vol3/iss1/2, Retrieved 26 May 2023.

[30] https://publishers-org.translate.goog/news/statement-of-the-association-of-american-publishers-on-oral-arguments-in-infringement-suit-against-internet-archive/?_x_tr_sl=enand_x_tr_tl=zh-TWand_x_tr_hl=zh-TWand_x_tr_pto=sc, Retrieved 26 May 2023.

7. 網路檔案館憑空捏造稱為「受控數位借閱」（controlled digital lending）規範，但檔案館不是立法機構。
8. 網路檔案館從書籍開始，但延伸開來，可能會迅速威脅到電影、音樂、軟件、視頻遊戲和其他作品。例如，以數位化格式提供的音樂和電影目錄不僅限於「數位原生」（born digital）作品，還包括過往類比格式的音樂和電影作品，這些作品已經被仔細數位化和保存，現在可以在市場上以公開流式傳輸、許可或購買。
9. 未經授權擅自製作發行剽竊作品，形成與合法製作的電子書或相關串流服務競爭打對台。
10. 侵權行為不僅會發生在美國境內，也會發生在境外。
11. 網路檔案館在未經原著作者許可的情況下流通各種類型的作品——奇幻、浪漫等等。也許在某些程度上，發行的作品具有教育意義，但這些作品也是來自作者的心血和出版公司的付出。

面對法院的判決，網路檔案館創始人布魯斯特·卡利（Brewster Kahle）計劃提出上訴，這起美國四家出版公司與數位檔案館的爭議持續攻防中。數位檔案館以因應疫情期間社區民眾無法前往公共圖書館閱讀為由，希望透過線上圖書服務有閱讀需求的民眾，有其基於公共利益的動機；但其對應四大出版社聯手合作，加上作家協會的聲援，以未經出版社授權的衍生著作、影響市場為由一審敗訴。反觀谷歌線上圖書館未經由作家授權，提供作品部分內容搜尋的線上服務，法院則以其為變革創新服務，屬合理使用。兩者差異包括涉及挑戰合理使用在市場價值與影響、比例原則、受版權保護的性質，以及所謂開放取用資源（open access）或免付費知識模式（a model of free knowledge）存在的方式與價值等。

本章檢視合理使用在中文、英文原文的概念，整理國際公約中《伯恩公約》、《世界著作權公約》、《羅馬公約》、《世界智慧財產權組

Chapter 6　英美著作權合理使用

織版權條約》，有關對於著作人、著作重製、國際間締約國使用的其他例外等合理使用性質、目的、引用範圍、對著作物市場的影響等。

《伯恩公約》、《世界著作權公約》促進國際間對文學、藝術作品智慧財產權的維護。《羅馬公約》由著作鄰接權著眼，關注表演工作者的展演，為錄音製品製作者提供錄音製品保護，為廣播組織提供廣播保護。《世界智慧財產權組織版權條約》處理數位環境中的創作與創作者的權利維護。

英國與美國的著作權益維護，包括文學、藝術、影片、音樂、表演、著作鄰接權等。英國《著作權、設計和專利法》合理使用與其他例外等條款，從教育、數位學習或社會教育、圖書館公共用途、新聞報導引用、對於視障或聽障等弱勢人士的合理使用授權等。未必非營利使用都為合理使用，也視個案衡量是否提供合理的費用取得授權。

美國法院在考慮合理使用時會依據《著作權法》（1976 U.S.C.§17）第一〇七條[31]規定，權衡四個要素：使用目的和性質、受版權保護作品的性質、整個受版權保護的作品相關的受版權保護作品的數量，及使用對受版權保護作品的潛在市場或價值的影響。

美國在網路圖書館與四家出版社的訴訟事件，雖然網路資料庫自稱為非營利組織，法院判決其未取得授權即自行數位化，形同盜版電子書，引發剽竊爭議。另有美國作家協會（Authors Guild）與谷歌科技公司發生合理使用糾紛，長達十一年的訴訟案，法院則以谷歌平台僅提供部分內容，法院判谷歌掃描作家著作未逾越合理使用原則。

隨著生成式人工智慧的普及，2023年第三季美國作家協公布連署聲明（Mashdigi, 2023），要求OpenAI、Google、Meta、Stability AI、

---

[31] https://uscode.house.gov/view.xhtml?req=granuleid:USC-prelim-title17-section107andnum=0andedition=prelim, supra note 148.

207

IBM、微軟等跨國科技業者，不得在未經作者授權下，使用協會成員的創作內容訓練人工智慧。

　　網路空間與實體的著作物、重製、著作權人的案例日益增加，法院衡量與判決依個案也有不同。以英國為例，著作權的其他例外（exceptions to copyright）揭示：漫畫、戲仿或仿製品，出於漫畫、戲仿或仿製品的目的公平處理作品不構成版權侵權。參考2001年《歐盟著作權指令》（The Copyright Directive）第五條關於權利之「例外及限制」規範，各會員國對於為嘲諷、戲謔或仿作目的而對著作之使用，得將其列為重製權及公開傳輸權之例外或限制。

　　美國法院在評估使用目的和性質時，是否具有轉化使用為評估原則；涉及侵權的使用是否為原作品增添新的表現、意涵或訊息。迷因梗圖的戲謔仿作，在歐盟與英國以著作權的其他例外作為依循；美國以轉化性使用面對迷因梗圖現象，但仍看重所表現的新手法與意義，以及是否損及原作的市場價值。

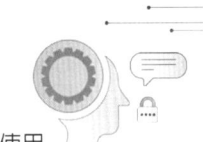

Chapter 6　英美著作權合理使用

參考文獻

朱永發（1990）。〈國際著作權立法之思潮〉，《智慧財產權》，第13期，頁84-99。

《伯恩保護文學和藝術作品公約》1979年巴黎修正案，經濟部智慧局中文版。引自http://www.tipo.gov.tw/ct.asp?xItem=202399andctNode=7014andmp=1。查詢時間：2023年4月27日。

蕭雄淋（2021）。《著作權法論》（第9版）。臺北市：五南。

林利芝（2011）。「英國著作權法令暨判決之研究」期末報告，臺北市：經濟部智慧財產局。查詢時間：2023年5月27日。

章忠信（2003/3/19）。〈何謂「鄰接權」？我國是否採之？〉，《著作權筆記》。引自http://www.copyrightnote.org/ArticleContent.aspx?ID=3andaid=863。查詢時間：2023年5月30日。

章忠信（2001/3/20）。〈世界著作權公約簡介〉，《著作權筆記》。引自http://www.copyright-note.org/ArticleContent.aspx?ID=54andaid=2264。查詢時間：2023年5月30日。

國際及法律事務室（2021/3/10）。「一九六一年著作鄰接權公約」，第420至435頁。引自https://www.tipo.gov.tw/tw/cp-128-207130-51beb-1.html，經濟部智慧財產局。查詢時間：2023年5月30日。

經濟部智慧財產局。1971年「世界著作權公約」。引自https://www.tipo.gov.tw/tw/cp-128-207129-da066-1.html。查詢時間：2023年5月28日。

經濟部智慧財產局。「伯恩保護文學和藝術作品公約」1979年巴黎修正案，經濟部智慧局中文版。引自http://www.tipo.gov.tw/ct.asp?xItem=202399andctNode=7014andmp=1。查詢時間：2023年4月27日。

趙化成（2013）。〈從國際法析論我國參與世界智慧財產權組織（WIPO）之可行性〉，《智慧財產權月刊》，第176期，頁5-35。

Mashdigi（2023/7/20）。〈美國作家協會要求科技業者不得在未經允許下使用版權保護內容訓練A〉，《雅虎新聞》。引自https://tw.news.yahoo.com/

authors-guild-asks-tech-companies-not-to-use-copyrighted-content-to-train-ai-without-permission-095344498.html。查詢時間：2023年9月1日。

Ashdown v Telegraph Group Ltd (2001). https://www.5rb.com/case/ashdown-v-telegraph-group-ltd/, Retrieved 24 May 2023.

Authors Guild v. Google, Inc., No. 13-4829 (2d Cir. 2015). https://www.copyright.gov/fair-use/summaries/authorsguild-google2dcir2015.pdf, Retrieved 13 May 2023.

Bangui Agreement Relating to the Creation of an African Intellectual Property Organization, Constitute binding a Revision of the Agreement Relating to the Creation of an African and Malagasy Office of Industrial Property (Bangui (Central African Republic), March 2, 1977), The World Intellectual Proverty Organization. https://www.wipo.int/wipolex/en/treaties/details/227, Retrieved 31 Oct. 2023.

Burga, S. (2023/3/23). "Internet Archive Loses Lawsuit Over E-Book Copyright Infringement. Here's What to Know". *Internet Archives Loses Copyright Lawsuit: What to Know/ Time*, Retrieved 10 May 2023.

Campbell v. Acuff-Rose Music, Inc., 510 U.S. 569, 584-585 (1994). https://www.law.cor-nell.edu/supct/html/92-1292.ZS.html, Retrieved 10 May 2023.

Campbell v. Acuff-Rose Music, Inc., 510 U.S. 569, 584-585 (1994). supra note 160.

Castle Rock Entm't, Inc. v. Carol Publ'g Grp., Inc., 150 F.3d 132, 146 (2d Cir. 1998). https://www.copyright.gov/fair-use/summaries/castlerock-carolpubl%E2%80%99g-2dcir1998.pdf, Retrieved 10 May 2023.

Copyright, Designs and Patents Act 1988, https://www.legislation.gov.uk/ukpga/1988/48/contents, Retrieved 24 May 2023.

Epping, Jr. J. N., Harmonizing The United States and European Community Copyright Terms: Needed Adjustment or Money for Nothing?, *65 U. Cin. L. Rev. 183* (1996). Retrieved 20 May 2023.

Golden Eye (International) Ltd v Telefonica UK Ltd [2012] EWCA Civ 1740 (21 December 2012) | Practical Law (thomsonreuters.com), Retrieved 24 May

Chapter 6　英美著作權合理使用

2023.

Google LLC v. Oracle America, Inc., 593 U.S. 18-956 (2021). https://harvardlawreview.org/print/vol-135/google-llc-v-oracle-america-inc/, Retrieved 25 May 2023.

Grisbrook v MGN Ltd and others, Chancery Division, [2009] All ER (D) 254 (Oct);[2009] EWHC 2520 (Ch)16 October 2009, https://www.casemine.com/judgement/uk/5a8ff75060d03e7f57eab2b7, Retrieved 24 May 2023.

Guidance：exceptions to copyright, https://www.gov.uk/guidance/exceptions-to-copyright, Retrieved 25 May 2023.

https://uscode.house.gov/view.xhtml?req=granuleid:USC-prelimtitle17section107and-num=0andedition=prelim, Retrieved 24 May 2023.

Liptak, A. (March 28, 2022). "Supreme Court to Hear Copyright Fight Over Andy Warhol's Images of Prince", *The New York Times*. Retrieved 25 May 2023.

Kéréver, A. "The Universal Copyright Convention", featured articles, The UNESCO Courier, https://en.unesco.org/courier/news-views-online/universal-copyright-convention, Retrieved 28 May 2023.

Knights, R. (2000). Limitations and exceptions under the "three-step test" and in national legislation-differences between the analog and digital environments. Paper presented in Montevideo, September 13 and 14, 2000.

Member States of the WIPO Copyright Treaty (WCT) (2024). https://www.wipo.int/treaties/en/ip/wct/, Retrieved 20 April 2024.

Nunez v. Caribbean Int'l News Corp.,235 F.3d 18 (1st Cir. 2000). Nunez v. Caribbean Int'l News Corp., 235 F.3d 18 (1st Cir. 2000) (copyright.gov), Retrieved 25 May 2023.

Patel, R. (2013). First world problems: A fair use analysis of Internet memes. *UCLA. Entertainment Law Review*, *20*(2), 235–256. Retrieved 26 May 2023.

Ricketson, S. (1987). The Berne Convention for the Protection of Literary and Artistic Works: 1886-1986, *Kluwer Center for Commercial Law Studies*, Queen Mary College (1987). Retrieved 2 May 2023.

Schulman, *A Realistic Treaty, American Writers*, November, 1952.

Summary of the Rome Convention for the Protection of Performers, Producers of Phonograms and Broadcasting Organisations (1961), https://www.wipo.int/treaties/en/ip/rome/summary_rome.html, Retrieved 31 May 2023.

Summary of the WIPO Copyright Treaty (WCT) (1996). https://www.wipo.int/treaties/en/ip/wct/summary_wct.html, Retrieved 20 May 2023.

The Copyright and Rights in Performances（Personal Copies for Private Use）Regulations 2014, https://www.legislation.gov.uk/ukdsi/2014-/9780111112700, Retrieved 24 May 2023.

"The Supreme Court Press Summary". Supremecourt.gov.uk. 27 July 2011. Retrieved 20 May 2023.

Universal Copyright Convention, with Appendix Declaration relating to Articles XVII and Resolution concerning Article XI 1952, United Nations Educational, Scientific and Cultural Organization, https://en.unesco.org/about-us/legal-affairs/universal-copyright-convention-appendix-declaration-relating-article-xvii-and, Retrieved 28 Oct 2023.

Universal Copyright Convention of 6 September 1952, with Appendix Declaration relating to Article XVII and Resolution concerning Article XI, WIPO, https://www.wipo.int/wipolex/en/treaties-/details/208, Retrieved 31 Oct. 2023.

U.S. Copyright Office Fair Use Index, https://copyright.gov/fair-use/index.html, Retrieved 24 May 2023.

U.S. Supreme Court, Harper and Row, Publishers, INC. and the Reader's Digest Association, Inc., Petitioners vs. Nation Enterprises and the Nation Associates, Inc., https://www.law.cornell.edu/supremecourt/text/471/539, Retrieved 26 May 2023.

WIPO Copyright Treaty (WCT), WIPO, http://www.wipo.int/treaties/en/ip/wct/, Retrieved 20 Sept. 2023.

Chapter 7

我國著作權合理使用

- 我國《著作權法》
- 合理使用法律主張
- 網路平台著作權案例
- 結論與討論

網路迷因相關論述偏重行銷、社會文化現象等層面，伴隨生成式人工智慧（artificial intelligence generated content, AIGC）應用日趨普及，其中牽涉著作權、假訊息和倫理等議題。本章將聚焦討論我國《著作權法》合理使用的規範與相關案例。

第一節　我國《著作權法》

我國《著作權法》自民國十七年五月十四日制定、同日公布，至民國一百一十一年間，歷經二十次修法。當時共計五章四十條條文，迄今達八章一百一十七條條文。學者蘇世賢將《著作權法》的發展，分為民國三十八年以前、民國三十八年至民國五十三年、民國五十三年至民國七十四年、民國七十四年至民國七十七年，以及民國七十七年迄今等五階段（蘇世賢，1999）。由於其發表日期為民國88年，爾後的發展未列入討論。

本文聚焦涉及合理使用精神的立法變革[1]，本章分為民國十七年至七十年間、民國七十四年至八十年間、民國八十一年至八十九年間、民國九十至九十九年間，以及民國一百年迄今等五個階段審視。

---

[1] 《著作權法》，立法院法律系統。引自https://lis.ly.gov.tw/lglawc/lawsingle?00283EF2EDAD0000000000000000A00000000200FFFFFD00^01176017051400^00000000000。查詢時間：2023年9月27日。

Chapter 7　我國著作權合理使用

一、民國十七年至七十年間

(一)著作型式

《著作權法》民國十七年立法初期，主管公部門為內政部，需註冊專有重製之利益者，為有著作權[2]，包括：

1. 書籍論著及說部。
2. 樂譜劇本（就樂譜劇本有著作權者，並得專有公開演奏或排演之權）。
3. 圖畫字帖。
4. 照片雕刻模型。
5. 其他關於文藝學術或美術之著作物。

爾後民國三十三年修法為[3]：

1. 文字之著譯。
2. 美術之製作。
3. 樂譜劇本（就樂譜劇本、發音片或電影片有著作權者，並得專有公開演奏或上演之權）。
4. 發音片照片或電影片。

以上將圖畫字帖、照片雕塑模型合稱為美術製作，並納入流動視覺

---

[2] 《中華民國十七年著作權法》，經濟部智慧財產局。引自file:///C:/Users/user/Downloads/811216214862%20(1).pdf。查詢時間：2024年1月10日。

[3] 《中華民國三十三年著作權法》，經濟部智慧財產局。引自file:///C:/Users/User/Downloads/811216204576.pdf。查詢時間：2024年1月10日。

的影片類型。

(二)著作權行使

立法初期第二條已經載明：需要向內政部申請登記始享有著作權，且「內政部對於依法令應受大學院審查之教科圖書，於未經大學院審查前，不予註冊」[4]。

第二十條明列不得享有著作權的著作物計有[5]：

1.法令約章及文書案牘。
2.各種勸誡及宣傳文字。
3.公開演說而非純屬學術性質者。

第二十一條規定，揭載於報紙雜誌之事項，得註明不許轉載，其未經註明不許轉載者，轉載人須註明其原載之報紙或雜誌[6]。

報章雜誌之資料編輯權，需註明出處；如果註明不得轉載則不可為之。至1964年修法[7]，則納入未經註明不得轉載，得轉載並播送，並註明出處。

第二十三條規定，著作權經註冊後，其權利人得對於他人之翻印、仿製或以其他方法侵害利益，提起訴訟（姚信安，2021）。

第二十五條規定，著作權年限已滿之著作物，視為公共之物，但不問何人，不得將其改竄、割裂、變匿姓名或更換名目發行之[8]。

第二十八條規範經註明原著作之出處者，不得以侵害他人著作權

---

[4] 同註2。
[5] 同註2。
[6] 同註2。
[7] 同註1。
[8] 同註7。

Chapter 7　我國著作權合理使用

論[9]。

1.節選眾人著作成書，以供普通教科書及參考之用者。
2.節錄引用他人著作，以供自己著作之參證註譯者。

　　第一階段侵權以告訴乃論，相關條文對於著作的界定，以平面出版或美學著作為主，當時的媒體以文字書籍、劇本、圖片或照片居多。

　　民國三十三年三月三十一日全文修正，同年四月二十七日公布，已經將著作納入發音片照片或電影片，並得專有公開演奏或上演之權。爾後針對著作權擁有與再製等權利、義務進行修訂。隨著媒體科技演進，法規所稱的著作已不限於文字或靜態圖像，還逐漸結合有聲圖片，甚至流動影音作品。

　　「合理使用」一詞雖未出現於法條，但經登記著作的著作，著作權歸著作權人享有。並出現有關公共財的條文，當著作權年限已滿三十年（包含承繼人享有），被視為公共之物，但不得更換著作人姓名或更換名目出版，除非另有規定。

　　法令規章文書或不涉及學術的公開演說或勸戒文宣等，以及註明出處等篩選、節錄等方式，不構成侵權。這意味著引用涉及法規、社會道德的文字或廣告，以及非學術的公開演講等訊息內容、聲音或圖像、影音等，皆可能構成合理使用，但需尊重標示著作人的姓名。

　　又如報章雜誌新聞刊載的著作，當未標示不得引用，可以轉載或播送，但須註明出處。簡言之，此一階段合理使用的判斷基準，包括登記時限、內容屬性、使用用途等。

---

[9] 同註7。

二、民國七十四年至八十年代

《著作權法》民國七十四年六月二十八日全文修正,同年七月十日公布施行,始於立法宗旨明列第1條:為保障著作人著作權益,調和社會公共利益,促進國家文化發展[10]。

第二條明文,除另有規定外,其著作人於著作完成時享有著作權,原本向內政部註冊的條文已經刪除。

著作權益的維護可從保護主義、自由主義兩種思維出發(勝本正見,1940)。前者主張個人的創作為其主張與心智結晶,代表創作者個人的成長閱歷與人格發展,應如同私權般受到保護;自由主義則認為任何著作皆無法自外於先人思想的啟蒙或社會發展的影響,個人創作為社會文化的產物,其利益不可自外於社會。這一階段《著作權法》彰顯自由主義的精神,關注創作在公共利益的價值。

(一)著作型式

對於著作用詞定義,已經從著作呈現符號或型態著眼(蘇世賢,1999),計有:

1. 文字著述。
2. 語言著述。
3. 文字著述之翻譯。
4. 語言著述之翻譯。
5. 編輯著述。

---

[10] 同註1。

6.美術著作。

7.圖形著作。

8.音樂著作。

9.電影著作。

10.錄音著作。

11.錄影著作。

12.攝影著作。

13.演講、演奏、演藝、舞蹈著作。

14.電腦程式著作。

15.地圖著作。

16.科技或工程設計圖形著作。

17.其他著作。

同一條文也宣示著作權人，依著作性質，除得專有重製、公開口述、公開播送、公開上映、公開演奏、公開展示、編輯、翻譯、出租等權利外，並得專有改作之權。

這一階段的規範維護的著作物型式，納入音樂、影片、錄音、編輯著述、表演藝術、電腦程式、工程設計素材，進一步因應電腦多媒體科技發展的趨勢。

(二)著作權行使

著作權行使相關條文見諸於第二十六條：無著作權或著作權期間屆滿之著作，視為公共所有。以及第三十條：已發行之著作，得為盲人以點字重製之。經政府許可以增進盲人福利為目的之機構，得錄音已發行

之著作專供盲人使用[11]。

　　這一階段《著作權法》保留自民國十七年以來對於公共物的概念於法條，主管公部門仍為內政部；進一步地，已經明確揭示立法價值：除保障著作人權益外，並兼顧社會公益、促進國家文化發展。

　　有別於過往的需要向主管機關註冊登記，這階段對於著作人的法律保障較直接，明文當著作完成時，著作人即享有著作權。

　　隨著社會國家建設、經濟發展，早期未受保護的非學術性公開演說，以及著作物製作相關流程等著作鄰接權，皆納入《著作權法》的範疇。

　　《著作權法》不僅僅是個人權益或私利的考量，也公開宣示重視維護公共利益、提升國家文化。此一階段修法彰顯，國家保護著作權，除保障著作人之權利外，應兼顧調和社會公共之利益，使著作人之著作因社會其他成員之樂於助成公開發表，促使文化發展。

　　立法理由有關使著作人之著作因社會其他成員之樂於助成公開發表，一方面宣告公益價值，也肯認著作物公開的參與者或機構的權益，關注社會福利視角。如明文已發行之著作，得為盲人以點字重製。經政府許可以增進盲人福利為目的之機構，得錄音已發行之著作專供盲人使用

　　這一階段《著作權法》將著作形式，納入電腦程式設計、工程設計圖等。著作權人享有著作鄰接權，維護著作權人的心智創作。此一階段臺灣進入1987解嚴後階段，新興報章雜誌紛紛創辦，表演藝術蓬勃發展，藝術文化專業分工細緻化，對於著作權的維護也邁向新的里程。

---

[11] 同註1。

Chapter 7　我國著作權合理使用

三、民國八十一年至八十九年代

　　民國八十一年五月二十二日全文修正，六月十日公布《著作權法》，條文由前一階段七十九年一月十一日修正、一月二十四日公布的五章五十二條，倍增為八章一百一十七條。修法重點大致包括主管機關調整、境內與國外人士於我國首次發行之著作、著作合理使用的用途、境外大陸地區之改作等。

　　民國八十一年《著作權法》第二條明定主管機關為內政部，內政部得設著作權局，執行著作權行政事務[12]。民國五十三年《著作權法》第二條明定著作權登記單位為內政部，民國七十四年《著作權法》第二條明文著作權主管機關為內政部，至民國81年開始於內政部設置專屬局處主責，著作權屬私權性質，兼須受行政主管機關輔導（經濟部智慧財產局，2010）、監督及其他目的事業主管機關輔導，或司法機關的救濟與處罰等。這一階段著作的權益隨著社會發展，也進入兩岸三地相關創作授權管轄事宜。

(一)著作管轄權

　　第四條修訂條文說明，外國人之著作合於左列情形之一者，得依本法享有著作權。但條約或協定另有約定，經立法院議決通過者，從其約定[13]。

1. 於中華民國管轄區域內首次發行，或於中華民國管轄區域外首次發行後。三十日內在中華民國管轄區域內發行者。但以該外國人

---

[12] 同註1。

[13] 同註1。

之本國,對中華民國人之著作,在相同之情形下,亦予保護且經查證屬實者為限。

2.依條約、協定或其本國法令、慣例,中華民國人之著作得在該國享有著作權者。

這一階段對於本國著作權人與外國人於境內首次發行的著作,享有我國著作權保障,至於境外的著作權益則視國際之間的協議而定。

其次,過往使用「公共之物」、「公共物」的條文,不復存在。這一階段出現「合理」概念的條文,先後見諸於以下條文:

第四十四條:立法或行政機關,因立法或行政目的所需,認有必要將他人著作列為內部參考資料時,在合理範圍內,得重製他人之著作。但依該著作之種類、用途及其重製物之數量、方法,有害於著作財產權人之利益或係電腦程式著作者,不在此限[14]。

第六十五條:著作之利用是否合於第四十四條至第六十三條規定,應審酌一切情狀,尤應注意左列事項,以為判斷之標準:

1.利用之目的及性質,包括係為商業目的或非營利教育目的。
2.著作之性質。
3.所利用之質量及其在整個著作所占之比例。
4.利用結果對著作潛在市場與現在價值之影響[15]。

第六十七條:著作首次發行滿一年,在大陸地區以外任何地區無中文翻譯本發行或其發行中文翻譯本已絕版者,欲翻譯之人,為教學、研究或調查之目的,有左列情形之一者,經申請主管機關許可強制授權,並給付使用報酬後,得翻譯並以印刷或類似之重製方式發行之:

---

[14] 同註1。
[15] 同註1。

1. 已盡相當努力，無法聯絡著作財產權人致不能取得授權者。
2. 曾要求著作財產權人授權而無法達成協議者。

前項申請，主管機關應於提出申請九個月後始予許可；於九個月期間內，著作財產權人或其授權之人以通常合理價格發行中文翻譯本或原著作人將其著作重製物自流通中全部收回者，主管機關應不許可（蕭雄淋，1999）。

第七十二條：依第六十七條規定，取得強制授權之許可後，有左列情形之一者，主管機關應終止其許可：原著作著作財產權人或其授權之人，於中華民國管轄區域內，以通常合理之價格發行中文翻譯本且其內容與依強制授權許可發行之中文翻譯本內容大體相同（蕭雄淋，1999）。

民國八十一年六月《著作權法》公布版除引入合理使用之概念除擴及國外人士或在大陸地區以外任何地區無中文翻譯本之譯作外（蘇起，1987），開始延展公共思維，展現合理使用的精神。臺灣自民國七十六年開放民眾可以赴中國大陸探親，兩岸文化活動交流逐漸開始；這一階段《著作權法》將相關著作的中譯本版權納入法條。

(二) 合理使用

第四十五條：專為司法程序使用之必要，在合理範圍內，得重製他人之著作[16]。

第四十六條：依法設立之各級學校及其擔任教學之人，為學校授課

---

[16] 《九十二年新舊著作權法條文對照及說明》，經濟部智慧財產局。引自 https://topic.tipo.gov.tw/copyright-tw/cp-442-856493-ec75b-301.html。查詢時間：2024年1月12日。

需要，在合理範圍內，得重製他人已公開發表之著作[17]。

第四十七條：依法設立之各級學校或教育機構及其擔任教學之人，為教育目的之必要，在合理範圍內，得公開播送他人已公開發表之著作，或將其揭載於教育行政機關審定之教科書或教師手冊中。但依著作之種類、用途及其公開播送或揭載之方法，有害於著作財產權人之利益者，不在此限[18]。

第五十一條：供個人或家庭為非營利之目的，在合理範圍內，得利用圖書館及非供公眾使用之機器重製已公開發表之著作[19]。

第五十二條：為報導、評論、教學、研究或其他正當目的之必要，在合理範圍內，得引用已公開發表之著作[20]。

第六十二條：依第四十四條至第四十七條、第四十九條、第五十條、第五十二條、第五十三條、第五十五條、第五十七條、第五十八條、第六十條至第六十二條規定利用他人著作者，應明示其出處。

前項明示出處，就著作人之姓名或名稱，除不具名著作或著作人不明者外，應以合理之方式為之[21]。

第六十五條：著作之利用是否合於第四十四條至第六十三條規定，應審酌一切情狀，尤應注意左列事項，以為判斷之標準（蕭雄淋，1999）：

1.利用之目的及性質，包括係為商業目的或非營利教育目的。
2.著作之性質。

---

[17] 同註16。
[18] 同註16。
[19] 同註16。
[20] 同註16。
[21] 同註16。

3.所利用之質量及其在整個著作所占之比例。

4.利用結果對著作潛在市場與現在價值之影響。

第六十七條：著作首次發行滿一年，在大陸地區以外任何地區無中文翻譯本發行或其發行中文翻譯本已絕版者，欲翻譯之人，為教學、研究或調查之目的，有左列情形之一者，經申請主管機關許可強制授權，並給付使用報酬後，得翻譯並以印刷或類似之重製方式發行之：

1.已盡相當努力，無法聯絡著作財產權人致不能取得授權者。
2.曾要求著作財產權人授權而無法達成協議者。

前項申請，主管機關應於提出申請九個月後始予許可；於九個月期間內，著作財產權人或其授權之人以通常合理價格發行中文翻譯本或原著作人將其著作重製物自流通中全部收回者，主管機關應不許可[22]。

參照美國1976年《著作權法》第一〇七條[23]，民國八十一年六月《著作權法》公布版第三章「著作人及著作權」第三節「著作財產權」第四款「著作財產權之限制」第四十四條至第六十三條修正增訂，合理範圍可引用他人著作（蔡惠如，2016）。這階段著作權條文除擴及國外人士或在大陸地區以外任何地區無中文翻譯本之譯作外，開始關注國家

---

[22] 同註16。

[23] 17 U.S.C.§107. 美國《著作權法》第一〇七條規定，法院於判斷未經授權使用他人著作能否免除侵害著作權責任時，必須斟酌以下四項因素：一為利用之目的與性質，包含該利用是否具商業性質或非營利之教育目的（the purpose and character of the use, including whether such use is of a commercial nature or is for nonprofit educational purposes）；二為原著作之性質（the nature of copyrighted work）；三為整體判斷利用部分占原著作數量及實質之比例（the amount and substantiality of the portion used in relation to the copyrighted work as a whole）；四為利用部分對原著作潛在市場或價值之影響（the effect of the use upon the potential market for or value of the copyrighted work）。

文化發展並調和社會公共利益，展現合理使用的精神。

《著作權法》合理使用精神，見諸使用目的如立法或行政目的，使用性質如非營利或教育、報導、評論、教學、研究或其他正當目的，使用方式如註明出處，使用範圍如比例篇幅，或譯作合理價值如授權費用等。

以上精神，明顯見諸第65條規範合理的判斷之標準：

1. 利用之目的及性質，包括係為商業目的或非營利教育目的。
2. 著作之性質。
3. 所利用之質量及其在整個著作所占之比例。
4. 利用結果對著作潛在市場與現在價值之影響。

此外，民國八十一年七月《著作權法》公布版修正第五十三條：已公開發表之著作，得為盲人以點字重製之。以增進盲人福利為目的，經主管機關許可之機構或團體，得以錄音、電腦或其他方式利用已公開發表之著作，專供盲人使用。

修訂理由為：相關主管單位各司其職，「政府」二字定義太廣，修正為主管機關。其次，相關新科技服務多樣發展，當時提升視障人士的服務，不限於錄音科技，已有盲人電腦開發完成。

這一階段的修法範圍計有主管機關調整為新設的內政部著作權局，外國人士於臺灣境內首次發行著作的權益維護，大陸地區以外的境外地區的中文翻譯改作授權。除教育目的外，圖書館、個人家庭使用，基於報導、評論、教學、研究或其他正當用途等合理使用。

《著作權法》也將著作利用對於著作的市場價值影響、使用質量原則、合理授權價值等，明文於合理使用判斷標準。這一階段除適逢臺灣流行音樂與表演藝術蓬勃發展的階段，傳播媒體也從早期三家無線電視台的態勢，逐漸朝向多頻道發展。民國八〇年代後期臺灣電子媒體

Chapter 7　我國著作權合理使用

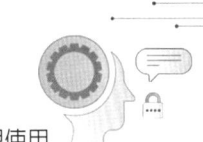

多頻道出現，包括廣播、衛星有線電視頻道執照開放申請，影音作品從企劃、編劇創作、錄製、後製剪輯、發行到正式播印，趨向專業分工。《著作權法》對於相關名詞界定，進一步定義公開口述、重製、公開上映、改作、散布、公開展示、公開發表、權利管理電子資訊、防盜拷措施等納入。其中公開上映包括電影院、俱樂部、錄影帶或磁碟片播映場所、旅館等。

四、民國九十年至九十九年間

民國九十年十月二十五日修正、十一月十二日公布修訂版，將原一百一十七條，調整為一百一十五條。其中第二條將著作權主管機關修改為經濟部，由經濟部設專責機關辦理[24]。

主管機關從內政部改為經濟部主責，凸顯著作權爭議不限於著作權人與使用者的協議，也屬於由經濟部管轄的經濟活動之一。「合理使用」為追求著作權人利益與公眾利益之均衡（蔡惠如，2007），避免獨占性之著作權所形成的負面影響，因而對著作權予以一定權益範圍，即所謂衡平機制。著作權雖屬於私權，卻可能涉及文化創意產業或相關經濟活動的發展，這兼顧著作人格權與著作財產權的平衡的重要。

(一)著作權行使

第八十一條[25]明文著作財產權人為行使權利、收受及分配使用報

---

[24]《著作權法》，立法院法律系統。引自 https://lis.ly.gov.tw/lglawc/lawsingle?001A67 4133E0000000000000000000A000000002000000^01176090102500^00000000000。查詢時間：2023年10月5日。

[25] 同註24。

酬，經著作權專責機關之許可，得組成著作權仲介團體。專屬授權之被授權人，亦得加入著作權仲介團體。

著作權相關事務由專責機關處理，且將著作權仲介團體的仲裁角色強化。類似音樂創作、表演藝術、作家、錄影等不同創作者，皆由同類創作性質的著作權人集結，委由仲介團體協助各類著作財產權人管理其著作財產權。著作財產權人的權益過度擴張，無法授權給利用人使用，將阻礙開放社會文化的教育與傳遞（章忠信，1998）；著作廣泛被利用，輕忽著作權人的授權與否，也有損著作財產權人的權益。仲介團體組織形成溝通著作權人與利用人的橋梁。

民國九十二年六月六日修正、七月九日公布版本，第五十三條：已公開發表之著作，得為視覺障礙者、聽覺機能障礙者以點字、附加手語翻譯或文字重製之[26]。

以增進視覺障礙者、聽覺機能障礙者福利為目的，經依法立案之非營利機構或團體，得以錄音、電腦、口述影像、附加手語翻譯或其他方式利用已公開發表之著作，專供視覺障礙者、聽覺機能障礙者使用。

民國九十二年《著作權法》修正版對於社福公益的精神，依《身心障礙者保護法》之用詞，將原條文「盲人」修正為「視覺障礙者」。從原本視障，延伸涵蓋聽障，增列得以附加手語翻譯或文字重製之；另區分釐清原條文的主管機關，係負責視覺障礙者福利之社會福利主管機關。

(二)合理使用

民國九十三年八月二十四日修正、九月一日公布版本，保留第六十五條條文的情形，但將標準修正為基準。

---

[26] 同註24。

Chapter 7　我國著作權合理使用

著作之利用是否合於第四十四條至第六十三條規定或其他合理使用之情形，應審酌一切情狀，尤應注意下列事項，以為判斷之基準[27]：

1. 利用之目的及性質，包括係為商業目的或非營利教育目的。
2. 著作之性質。
3. 所利用之質量及其在整個著作所占之比例。
4. 利用結果對著作潛在市場與現在價值之影響。

著作權人團體與利用人團體就著作之合理使用範圍達成協議者，得為前項判斷之參考。前項協議過程中，得諮詢著作權專責機關之意見。

修法理由為原六十五條條文所稱「判斷之『標準』」，並非法規，為與《中央法規標準法》第三條所定「標準」，區別所致。

相關仲介團體角色功能凸顯，著作權利人團體與利用人團體就著作之合理使用範圍達成「君子約定之協議」之作法，其雖未必全然為司法機關所接受，惟實務上確可使利用人有所依循而避免爭議，因而增訂。如有差距，再尋求著作權專責機關提供專業意見，以協助達成共識。

五、民國一百年迄今

民國一○三年一月七日修正、一月二十二日公布的修正版，將《著作權法》公益使用精神，與國際人權法案接軌[28]。

(一)著作權行使

民國一○三年修訂的《著作權法》第五十三條：中央或地方政府機

---

[27] 同註24。

[28] 同註24。

關、非營利機構或團體、依法立案之各級學校,為專供視覺障礙者、學習障礙者、聽覺障礙者或其他感知著作有困難之障礙者使用之目的,得以翻譯、點字、錄音、數位轉換、口述影像、附加手語或其他方式利用已公開發表之著作[29]。

前項所定障礙者或其代理人為供該障礙者個人非營利使用,準用前項規定。

依前二項規定製作之著作重製物,得於前二項所定障礙者、中央或地方政府機關、非營利機構或團體、依法立案之各級學校間散布或公開傳輸。

修改依據2013年6月27日在摩洛哥舉辦的世界智慧財產權組織(World Intellectual Property Organization,簡稱WIPO)馬拉喀什外交會議,通過《關於為盲人、視力障礙者或其他印刷品閱讀障礙者獲得已出版作品提供便利的馬拉喀什條約》(Marrakesh Treaty to Facilitate Access to Published Works for Persons Who Are Blind, Visually Impaired or Otherwise Print Disabled,簡稱MVT)[30],其中第四條規定,得重製無障礙格式版本之利用主體,應包括政府機關或非營利機構團體。至於本項之受益人不問身心障礙種類,而側重於其因身體、生理、精神等身心障礙而無法或難以藉由既有視覺或聽覺感知一般常規著作之事實(例如:有閱讀障礙者,或者因高齡或外傷導致無法拿住或操控一般書本者)。

另參考《WIPO馬拉喀什條約》規定,利用方式並無限制,但應該要因應未來可能之科技發展而預留彈性。第四條規定的精神,利用主體應包括視障者個人及其代理人供該視障者個人非營利使用。

---

[29] 同註24。

[30] 經濟部智慧財產局(2016/9/30)。〈為視障者解決書荒的《馬拉喀什條約》已於2016年9月30日生效〉。引自 https://topic.tipo.gov.tw/copyright-tw/cp-464-858026-19445-301.html。查詢時間:2023年10月7日。

Chapter 7　我國著作權合理使用

(二)合理使用

《著作權法》第六十五條：著作之合理使用，不構成著作財產權之侵害。

著作之利用是否合於第四十四條至第六十三條所定之合理範圍或其他合理使用之情形，應審酌一切情狀，尤應注意下列事項，以為判斷之基準：

1.利用之目的及性質，包括係為商業目的或非營利教育目的。
2.著作之性質。
3.所利用之質量及其在整個著作所占之比例。
4.利用結果對著作潛在市場與現在價值之影響。

著作權人團體與利用人團體就著作之合理使用範圍達成協議者，得為前項判斷之參考。

前項協議過程中，得諮詢著作權專責機關之意見[31]。

這一階段對於合理使用條文的研判，進一步釐清合理範圍，以與相關利益關係人的協議為判斷原則。

民國一一一年五月二十七日修正、六月十五日公布《著作權法》，針對合理使用第四十六條至四十八條相關條文增修。

第四十六條：依法設立之各級學校及其擔任教學之人，為學校授課目的之必要範圍內，得重製、公開演出或公開上映已公開發表之著作。

前項情形，經採取合理技術措施防止未有學校學籍或未經選課之人接收者，得公開播送或公開傳輸已公開發表之著作。

---

[31] 同註24。

第四十四條但書規定，於前二項情形準用之[32]。

第四十六之一條：依法設立之各級學校或教育機構及其擔任教學之人，為教育目的之必要範圍內，得公開播送或公開傳輸已公開發表之著作。但有營利行為者，不適用之。

前項情形，除符合前條第二項規定外，利用人應將利用情形通知著作財產權人並支付適當之使用報酬（章忠信，2023）。

第四十七條：為編製依法規應經審定或編定之教科用書，編製者得重製、改作或編輯已公開發表之著作，並得公開傳輸該教科用書。

前項規定，除公開傳輸外，於該教科用書編製者編製附隨於該教科用書且專供教學之人教學用之輔助用品，準用之。

前二項情形，利用人應將利用情形通知著作財產權人並支付使用報酬；其使用報酬率，由主管機關定之（章忠信，2023）。

第四十八條：供公眾使用之圖書館、博物館、歷史館、科學館、藝術館、檔案館或其他典藏機構，於下列情形之一，得就其收藏之著作重製之：

1. 應閱覽人供個人研究之要求，重製已公開發表著作之一部分，或期刊或已公開發表之研討會論文集之單篇著作，每人以一份為限。但不得以數位重製物提供之。
2. 基於避免遺失、毀損或其儲存形式無通用技術可資讀取，且無法於市場以合理管道取得而有保存資料之必要者。
3. 就絕版或難以購得之著作，應同性質機構之要求者。
4. 數位館藏合法授權期間還原著作之需要者。

國家圖書館為促進國家文化發展之目的，得以數位方式重製下列著

---

[32] 同註24。

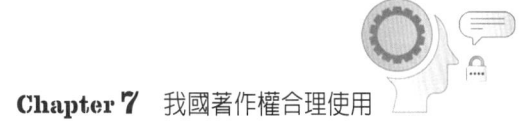

作：

1. 為避免原館藏滅失、損傷或污損，替代原館藏提供館內閱覽之館藏著作。但市場已有數位形式提供者，不適用之。
2. 中央或地方機關或行政法人於網路上向公眾提供之資料。

依前述規定重製之著作，符合下列各款規定，得於館內公開傳輸提供閱覽：

1. 同一著作同一時間提供館內使用者閱覽之數量，未超過該機構現有該著作之館藏數量。
2. 提供館內閱覽之電腦或其他顯示設備，未提供使用者進行重製、傳輸。

國家圖書館依規定重製之著作，除前項規定情形外，不得作其他目的之利用（章忠信，2023）。

民國一一一年五月二十七日修正、六月十五日公布《著作權法》第四十六條與第四十六之一條，就學校教師基於教學工作合理使用的目的、性質、社會影響，明文相關原則。第四十七條修訂條文傳遞利用人須取得著作權人授權的必要，也關注利用結果對著作潛在市場與現在價值之影響。

第四十八條規範公共典藏機構的內容保存、取得授權時間、內容公開的服務型態、授權使用的比例原則、利用結果對著作潛在市場與現在價值之影響，轉化性使用的質量等。

第二節　合理使用法律主張

著作合理使用的法律性質，大致有以下主張（黃明展，2015）：權

利限制說、使用者權利說、使用者抗辯特權說、阻卻違法事由說。

一、權利限制說

權利限制說是對著作權人施展其著作權益的規範原則。為調合社會公益與著作權人的權利，權利限制說將合理使用視為對著作財產權的限制。

其認為著作權制度之精神，除保護著作權人私人財產權之私益外，也保護著作流動、促進文化發展等公益，兼顧維護公共利益的需求，而不得不對於著作權人個人私益加以限制（蕭雄淋，2010）。由於著作有可能為原創，也可能是改作等，且一些學術研究往往參考既有論述再進行創新探索。有關著作財產權限制（蕭雄淋，2014）的合理使用，可參見《著作權法》第四十四條至第六十三條規定之範圍。

這一主張仍顧及原創者的創造動力與其智慧財產權，避免限制或約束公益使用，阻礙知識利用與資訊傳播。南投簡易庭95年埔智簡字第4號民事判決，被告育樂公司於所屬泰雅渡假村網站的「泰雅渡假村動物族群」網頁，使用原告享有著作財產權之攝影著作「黃嘴角鴞」圖像，註明圖片網路出處，法院判決說明，《著作權法》為鼓勵創作，賦予著作權人諸多財產性質權利，但為調和文化發展並兼顧社會大眾利益，對著作權人之權利加以適當限制，此為著作權法合理使用立法之由來。

二、使用者權利說

使用者權利說，從使用人的主體角度出發，認為合理使用為使用人依法享有利用他人著作之權利，只要是合理使用之行為，即是合法行為。且《著作權法》第六十五條第一項及同法第九十一條第四項有例外

Chapter 7　我國著作權合理使用

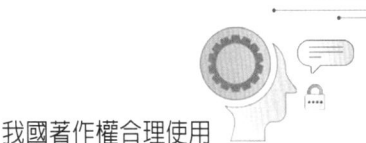

排除侵害之合理使用規定。

美國史丹福大學著作權法權威認為（Goldstein, 2003）：所謂合理使用係著作權人以外之人，主張合理使用是屬於美國《憲法》第十一條言論自由所保障，而智慧財產權則是受《憲法》第十五條的財產權所保障，兩者發生基本權利衝突時，依基本權在未經著作權人同意情形下，以合理使用之方式加以利用之特權（privilege），稱為「使用者權」（user's right）。

三、使用者抗辯特權說

使用者抗辯特權說，將合理使用界定為一種抗辯特權（privilege），而非一種權利（right）（簡啓煜，2009）。利用人得自由利用，但不能轉讓，不能以契約剝奪，但基於契約自由原則，可以約定不得使用此特權（章忠信，2019），但縱使違約而使用特權者，雖不會構成著作財產權的侵害，只是仍會構成對於契約的違反，但著作權人僅能依契約約定請求救濟，不得以司法刑罰處。

由於著作權保護範圍不斷擴張，且《著作權法》的規範模式是以著作人之著作權為核心，先勾勒出具體的權利範圍，涉及利用人權益規範則通常以著作權限制、例外、抗辯或救濟性的方式呈現（李治安，2012）。

四、阻卻違法事由說

認為合理使用是屬於阻卻違法事由。我國《著作權法》第四十四條至第六十五條之規定，非經著作權人同意之使用行為是違法的，若利用人的使用行為符合合理使用，便不會構成侵權行為。

臺灣臺北地方法院92年度北小字第2558號判決認為著作權之合理使用並非權利而是許可（Not a Right but a Privilege）採取使用者抗辯特權說。按豁免規定與合理使用不同，豁免規定對於著作類別及專屬權種類設有限制，法院考量符合法律所定之構成要件者，即可豁免，無須再行斟酌其他合理使用之權衡要素。

參考最高法院103年度臺上字第1352號判決，《著作權法》第四十九條被視為豁免規定，透過新聞紙、網路等從事時事報導者，在報導之必要範圍內，得利用其報導過程中所接觸之著作，並未規定於合理範圍內為之，得以阻卻違法，法院不用酌量是否符合《著作權法》第六十五條第二項合理使用之事項，以為判斷標準。第四十九條界定「所接觸之著作」，係指報導過程中，感官所得知覺存在之著作。

第三節　網路平台著作權案例

臺灣有關迷因梗圖的著作權判決，截止2024年研究期間查詢司法院法判決書，仍無相關資料。本章審閱臺灣網路平台涉及《著作權法》的判決，大致分為以重製方法侵害他人著作財產權、網路圖片改作、以公開傳輸方法侵害他人著作財產權。近期新聞報導相關政治人物梗圖案例，臺北地檢署檢察官則主張戲謔仿作不構成違反《著作權法》，未獲起訴。

一、重製方法侵害他人著作財產權

網路圖文重製相關判決有二，分別涉及渡假村官網照片，及網路社群照片重製爭議。

Chapter 7　我國著作權合理使用

(一) 參考南投簡易庭（含埔里）95年埔智簡字第4號民事判決[33]

　　被告公司於所屬族群文化渡假村網站的「XX渡假村動物族群」網頁，使用原告享有著作財產權攝影著作「黃嘴角鴞」圖像，未經原告授權或同意，使用時未載明著作權人為原告，致侵害原告之著作人格權、財產權。

◆圖片授權部分

　　原告稱被告採用「黃嘴角鴞」圖像取自原告《發現臺灣野鳥》著作，被告堅稱「黃嘴角鴞」圖像係取自某自然生態網站，載有「圖片來源：一沙一世界一花一天堂」等字語。

　　法院判決說明，《著作權法》為鼓勵創作，賦予著作權人諸多財產性質之權利，但為調和文化發展並兼顧社會大眾之利益，對著作權人之權利加以適當限制，此為《著作權法》合理使用立法之由來。且《著作權法》第六十五條第一項及同法第九十一條第四項尚有例外排除侵害之合理使用規定，是否符合合理使用之規定，應依同法第六十五條第二項所規定之事項，以為判斷標準。

◆著作權人姓名表示權

　　《著作權法》第十六條第一項規定，「著作人於著作之原件或其重製物上或於著作公開發表時，有表示其本名、別名或不具名之權利。著作人就其著作所生之衍生著作，亦有相同之權利。」但為避免不必要糾紛，著作權人之姓名表示權，同條第四項亦規定「依著作利用之目的及方法，於著作人之利益無損害之虞，且不違反社會使用慣例者，得省略

---

[33] 法院判決：南投簡易庭（含埔里）95年度埔智簡字第4號民事判決。引自https://judgment.judicial.gov.tw/FJUD/defaulte.aspx

著作人之姓名或名稱。」以對姓名表示權作適當限制。

被告表示，「黃嘴角鴞」圖像從某自然生態網站下載，該網站並無註明「黃嘴角鴞」圖片是原告著作，無從標示為何人著作，且被告已在該圖片網頁下註明圖片來源係出自於某自然生態網站，主觀上無侵犯聲請人著作權。

◆利用範圍、性質與質量

被告於特定族群渡假村網站張貼圖像目的在介紹該渡假村園區內鳥類的自然生態，內容諸如學名、生活特徵及棲地分布等項目，傳遞生態教育，數量一張，在網頁所占比例甚小，

該網頁係置於「生態」網頁連結之「鳥類」網頁下層資料夾內，且無文字或圖案強調前來族群渡假村園區才能目睹該鳥類生態之營利手法，表示沒有藉由此網頁來大肆宣傳吸引顧客，一般瀏覽該網頁，自當有該「黃嘴角鴞」圖片僅係表示族群渡假村園區生態景象，且為提供大眾學習認識鳥類之認知。

◆利用目的與市場影響

被告育樂公司經營「族群渡假村」，以商業營利為目的，網站列有各項消費項目，如入園玩遊樂設施、購買紀念品、用餐及住宿小木屋等，均另以其他網頁細載，並非由前開放置「黃嘴角鴞」圖片網頁所連結，難認瀏覽該網頁者即會有至族群渡假村消費意願。被告辯稱：該圖片放在族群渡假村網頁，主要目的係介紹族群渡假村之鳥類特徵及生態，教育瀏覽該網頁之人能辨識該鳥類進而保護生態，並無將該圖片當作商業營利使用，僅為教育用途等語，因而駁回原告提訴。

Chapter 7　我國著作權合理使用

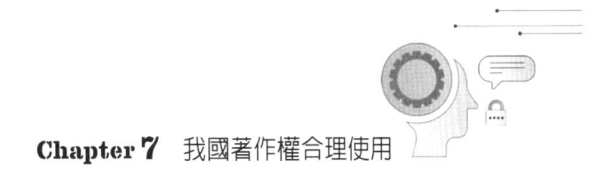

(二)臺灣苗栗地方法院105年智易字第2號刑事判決[34]

◆ **利用範圍與目的**

湯男與其女友不睦，未經友人黃女同意，擅自重製黃女個人照片一張，上傳即重製黃個人照片至湯男Line「動態消息」（即個人網路公布欄），發布文章內容為「我想念我的孩子」貼文，企圖暗示黃與其有男女關係，以達前開激怒其女友之目的。

◆ **利用性質與質量**

黃女之夫劉先生使用妻子黃手機瀏覽Line，發現上開附有黃個人照片及湯男之子等照片貼文，因而誤會黃女與湯男間有異常男女關係，嗣經黃女求湯男刪除貼文並報警處理。

◆ **市場影響**

參考法院判決書記錄，這起湯男違反著作權案件，於一〇五年六月十五日至臺灣苗栗地方法院檢察署接受偵訊後，不滿黃女提出告訴，同日下午以網際網路連結至FACEBOOK（臉書）個人網頁，在未設限或加密而屬不特定多數人均可瀏覽之臉書個人動態時報，張貼「XX湯（即湯男臉書名稱）覺得火大－在苗栗地檢署。妳的證據反變成，是讓我告妳們的證物。黃XX害人之心，不可有！複製我照片，相對的我也可以反告妳了，就連妳哥都會有事情了，1比2＃我不認為吃虧的是我」等語之文章，並基於散布文字誹謗之犯意，於同日晚間七、八時許，在前揭貼文下留言：「沒什麼事，我在想她應該想仙＊跳吧？」，影射黃女係為設局詐財而提告，而藉此方式散布並指摘傳述足以毀損黃名譽不實言論，

---

[34] 法院判決：臺灣苗栗地方法院 105 年智易字第 2 號刑事判決。引自https://judgment.judicial.gov.tw/FJUD/default.aspx

損害黃名譽。

　　《著作權法》第三條第一項第一款規定，著作係指屬於文學、科學、藝術或其他學術範圍之創作。所謂創作，即具「原創性」之人類精神上創作，包含「原始性」及「創作性」之概念。「原始性」係指獨立創作，亦即著作人為創作時，並未抄襲他人著作，獨立完成創作。「創作性」則指創作至少具有少量創意，且足以表現作者之個性及獨特性。

　　法院依據《著作權法》第五條第一項各款著作內容例示第二點第五款主張，著作權所要求之原創性，僅須獨立創作，非抄襲他人之著作，至其創作內容縱與他人著作雷同或相似，仍不影響原創性之認定，同受著作權法之保障，與專利之新穎性要件有別。再按攝影著作，與圖形、美術、視聽等著作，同屬具有藝術性或美感性之著作，係指以固定影像表現思想、感情之著作，其表現方式包含照片、幻燈片及其他以攝影之製作方法。

　　攝影著作雖須以機械及電子裝置，再利用光線之物理及化學作用，將所攝影像再現於底片（含膠片、磁片、記憶卡）或紙張（如拍立得）等感知媒介，始能完成，惟攝影者如將其心中所浮現之原創性想法，於攝影過程中，選擇標的人、物，安排標的人、物之位置，運用各種攝影技術，決定觀景、景深、光量、攝影角度、快門、焦距等，進而展現攝影者之原創性，並非單純僅為實體人、物之機械式再現，即應受著作權法之保護。

　　黃女被盜用的個人照片，為黃女先生所拍攝，法院認定作品表達告訴人黃女旅行愉悅之思想內涵，運用取景角度、距離，使照片人物臉部之光度、線條柔和，無累贅疊影，以此系列之精神作用表達其創意，雖屬較低度之個人思想、感情或個性之表達，惟因著作權保護之創意高度採「微量程度創意」，黃個人照片仍有原創性受著作權保護。

　　《著作權法》第九十一條第四項規定，著作權僅供個人參考或合理

使用者，不構成著作權侵害，然被告湯為激怒女友重製黃女照片，非屬《著作權法》第四十四至六十三條所定合理使用情形，且欲使觀看貼文者聯想湯與黃有相當之男女關聯，法院因此判定湯擅自以重製方法侵害告訴人黃女之著作財產權。

◆公然侮辱

上述案例也涉及違反《刑法》第三〇九條第一項公然侮辱罪範疇（最高法院86年度臺上字第6920號判決要旨參照），《刑法》第三一〇條誹謗罪之成立，必須意圖散布於眾，而指摘或傳述足以毀損他人名譽之具體事實，如僅抽象的公然為謾罵或嘲弄，並未指摘具體事實，屬第三〇九條第一項，由於非本論述討論範圍，不再贅述。

前述渡假村官網照片爭議，呼應使用者權利說，被告也提出有註明圖片來源之辯詞，未被判刑；網路社群照片盜用重製訴訟，顯而易見以剽竊行徑，未經著作權人及肖像當事人同意或授權，逕自改造傳遞，明顯觸法。

二、網路圖片改作

網路圖片改作爭議判決，近期有網路圖片改為刺青圖像使用爭議。另有重製政治人物新聞照片之梗圖案例。

(一)士林簡易庭110年士簡字第1670號民事判決[35]

◆利用範圍與影響

原告主張被告施作刺青使用網路上他人圖樣作品，影響原告誤以為

---

[35] 法院判決：士林簡易庭110年士簡字第1670號民事判決。引自https://judgment.

係原創刺青，以致影響其參加比賽事宜。

◆利用目的

經法院調查，原告提出右臂部分提出自網路下載圖片之比對照片，左臂部分提出自網路下載圖片比對照片及與該圖片原創者網路對話紀錄為證，但雙方對於施作前要求刺青圖像原創性的約定，由於原告無法舉證而無法認定雙方是否在刺青施作前已經約定。

◆利用性質與質量

被告自承施作刺青確有參考網路圖片，則上述網路圖片應難認有何造偽造情形，此外對照前述左右臂之比對照片，可見右臂部分中網路圖片刺青人物長相、手持物品及手數量並非相同，但姿勢及繪圖細節近似，左臂部分飛龍上方較網路圖片多出自上流下之水流，然就飛龍部分之圖樣相同，足徵系爭刺青參照網路圖片為部分修改而來，應堪認定。

法院判定，為他人施作刺青，與為他人彩繪牆面、車輛或進行裝潢，於圖樣之使用，有在人體或物品上施作差別，此等承攬契約之內容，或為承攬人或訂做人雙方或一方提供現存之設計圖樣後，由承攬人於合理使用範圍內就現存圖片進行施作，或由雙方或一方蒐羅各式圖樣後，由訂做人整合、修改後施作，或訂做人提供所欲施作之方向後，由承攬人設計百分之百原創圖樣後再行施作，上開契約內容倘未違反強制規定或公序良俗，即應容許此等契約之存在，而具體個人契約當事人間約定如何，則屬事實認定問題，若承攬人承諾以自身原創製作圖樣刺青，卻私下以其他創作者製作圖片進行部分修改而施做，訂做人非不能依《民法》承攬或不完全給付規定主張權利。按當事人主張有利於己之事實者，就其事實有舉證之責任，《民事訴訟法》第二七七條前段定有

---

judicial.gov.tw/FJUD/defaulte.aspx

Chapter 7　我國著作權合理使用

明文。本件原告主張兩造約定系爭刺青圖樣須為原創，然為被告所否認，原告自應就此有利於己之事實負舉證之責。

　　雙方有無曾經約定須原創情事，並未簽署任何書面契約佐證，法院無從認定，難依《民法》第四九四條規定請求減少價金，或依同法第二二七條第二項、第二二七條之一準用同法第一九五條等規定請求損害賠償。因原告未能舉證兩造間曾有系爭刺青之圖樣須為原創約定，原告主張為無理由，應予駁回。

　　網路圖片改作之原告，並非圖片原作者，原告刺青施作被告係採使用者抗辯特權說，且提出相關協議約定紀錄佐證，維護其相關權益。

(二)重製政治人物新聞照片為梗圖

　　平面媒體攝影記者提告國民黨立委王鴻薇違反《著作權法》，起因為王姓立委的臉書粉專上張貼前新竹市長林智堅照片的梗圖，梗圖所使用林智堅的照片係張姓攝影記者的作品。臺北地檢署檢察官主張，林智堅照片僅占部分已改作，且具戲謔仿作性質，王鴻薇獲不起訴處分（林長順，2023）。

　　張姓記者陳述所拍攝前新竹市長林智堅照片，已經先後於民國一〇九年十二月、一一一年七月間在《Newtalk新聞》網站公開發表，王鴻薇未徵得著作權人的同意或授權，重製林智堅照片為梗圖，並於一一〇年十二月、一一一年六、七月間張貼在王鴻薇的臉書粉絲專頁。

　　張姓記者提告，王鴻薇擅自重製攝影記者所拍的林智堅照片，未標示創作者姓名，侵害其著作財產權及著作人格權，因此向臺北地檢署提告王鴻薇涉嫌違反《著作權法》。王鴻薇則回應，不清楚林智堅攝影人像來源，係針對時事議題以政治梗圖方式上傳社群平台；並說明梗圖為社群平台廣為運用的內容。

　　檢視報導引用檢察官的見解大致有以下原則：

1. 影響：林智堅係政治、公眾人物，肖像多與新聞、時事事件高度相關，為新聞報導普常見，張姓記者的攝影著作難認定何特殊商業價值。
2. 利用質量：王女所刊登的梗圖圖片，林智堅的攝影人像部分僅占部分。
3. 利用性質：立委的社群小編已經進行改作且具戲謔仿作、詼諧仿作性質，不構成著作財產權侵害。
4. 利用範圍與目的：檢察官以為，類似「梗圖」、「迷因」，多是以名人、語錄、漫畫、影視截圖為素材，加上文字、圖形等，用以表達特定訴求，通常含有幽默、嘲諷意味，為一般常見的政治梗圖。
5. 著作人格權：此類圖片的使用慣例，並無要求必須標示著作人的姓名或名稱。

相較前面苗栗縣判決黃女個人照片被原封不動張貼，並加上沒有根據的文字註解，法官並主張黃女先生的照片因著作權保護之創意高度採「微量程度創意」，黃個人照片仍有原創性，受著作權保護。相較之下，針對林智堅梗圖案，地檢署檢察官未從張姓攝影記者的作品是否具備創意來判斷；而從所拍對象是否為一般公眾人物，和新聞事件密度相關；張姓記者作品原刊登平台為新聞媒體平台，經由改作的林智堅人像梗圖為部分使用；且為經過重製的詼諧仿作著眼。

依據《著作權法》第五十二條：「為報導、評論、教學、研究或其他正當目的之必要，在合理範圍內，得引用已公開發表之著作。」由此案例觀察，取材於新聞圖片之重製梗圖，以詼諧改作呈現，且未涉及假訊息，被檢察官視為合理使用。

Chapter 7　我國著作權合理使用

三、以公開傳輸方法侵害他人著作財產權

類似網路平台案例有五起,其中兩起為同一犯案人。

(一)臺灣基隆地方法院100年度基智簡字第17號刑事判決[36]

吳男明知《鬼虐殺》影像視聽著作,係某影業股份有限公司享有著作財產權視聽著作,未經特定公司之同意或授權,於基隆市住處,以電腦設備上網連線,利用所下載之Foxy軟體,擅自重製前開視聽著作,並將重製物儲存在電腦硬碟內,又利用電腦網路設備,連接、登入FOXY網站,供不特定人得利用Foxy軟體重製點選下載上開影片,以此公開傳輸方式侵害特定公司之著作財產權。警方在FOXY網路平台上以封包監控程式查出其IP與違法情事。

(二)臺灣基隆地方法院101年度基智簡字第7號刑事判決[37]

邱男明知《特種精英》之影像視聽著作,係特定影業股份有限公司享有著作財產權之視聽著作,現仍於著作權存續期間內,未經著作財產權人同意或授權,不得擅自以擅自重製及公開傳輸方法侵害他人之著作財產權。未經特定公司之同意或授權,在其位在基隆市住處,以電腦設備上網連線,利用所下載之Foxy軟體,擅自重製前開視聽著作,並將重製物儲存在電腦硬碟內,又利用電腦網路設備,連接、登入FOXY網

---

[36] 法院判決:臺灣基隆地方法院100年度基智簡字第17號刑事判決。引自https://judgment.judicial.gov.tw/FJUD/defaulte.aspx

[37] 法院判決:臺灣基隆地方法院101年度基智簡字第7號刑事判決。https://judgment.judicial.gov.tw/FJUD/defaulte.aspx

站，供不特定人得利用Foxy軟體重製點選下載上開影片，以此公開傳輸方式侵害特定公司著作財產權，被警方查獲相關犯罪事證。

(三)臺灣基隆地方法院102年度智簡上字第1號刑事判決[38]

被告邱男又因非法下載傳輸另一部特定電影國際有限公司代理影片《步步驚心》，經與告訴代理人和解，賠償告訴人新臺幣四萬元，告訴人因而撤回告訴，並經臺灣基隆地方法院檢察署檢察官為不起訴處分。

法院判決指出，任何以「Foxy」電腦程式供不特定之使用者執行該電腦程式，即自動連結至「Foxy」網站（使用者能利用電腦程式進行「搜尋」、「下載」之動作），而使不特定之多數使用「Foxy」電腦程式之使用者，將其電腦內之電影（視聽著作）之電子檔案，使欲下載該等電子檔案之其他不特定「Foxy」使用者得各自選定時間、地點下載該電子檔案，足以發生擅自公開傳輸結果。

邱男連續兩起案件均觸犯《著作權法》第九十一條：擅自以重製之方法侵害他人之著作財產權者，處三年以下有期徒刑、拘役，或科或併科新臺幣七十五萬元以下罰金。

意圖銷售或出租而擅自以重製之方法侵害他人之著作財產權者，處六月以上五年以下有期徒刑，得併科新臺幣二十萬元以上兩百萬元以下罰金。以重製於光碟之方法犯前項之罪者，處六月以上五年以下有期徒刑，得併科新臺幣五十萬元以上五百萬元以下罰金。

---

[38] 法院判決：臺灣基隆地方法院102年度智簡上字第1號刑事判決。引自https://judgment.judicial.gov.tw/FJUD/defaulte.aspx

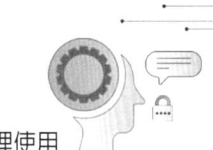

Chapter 7　我國著作權合理使用

(四)臺灣基隆地方法院103年度基智簡字第4號刑事判決[39]

曾男明知電影《驚天凍地》（The Frozen Ground）視聽影像係特定影業股份有限公司享有著作財產權之視聽著作，未經該公司之同意或授權，不得擅自重製或公開傳輸，且可預見其公開傳輸上開視聽著作之檔案置於網路空間，將使未經著作財產權人同意或授權重製之不特定網友，得以藉此下載、重製上開視聽著作，而侵害系爭視聽著作權人之著作財產權。

曾男在其基隆市居處，利用電腦設備連接網際網路至Foxy網路平台，利用BT（BitTorrent，係一種分散式點對點下載〔P2P〕方式，使用者一方面擔任上傳者，另自其他使用者下載資料，此種傳輸方式不使用集中式之檔案索引伺服器，而係使用副檔名為「.torrent」之檔案，俗稱「種子」，建立交換檔案之連結管道，以傳銷、共享之方式下載）之下載軟體，自網路上其他BT用戶端，下載重製系爭視聽著作檔案於其電腦硬碟內後，再自下載該時起，於開啓上揭下載軟體程式時，同時上傳分享系爭視聽著作檔案之「種子」，將使眾多未經著作權人同意或授權重製之不特定網友，得經點擊系爭視聽著作之「種子」，再利用之BT傳輸協定，加入BT客戶端程式之下載序列區，進而大量交換下載重製系爭視聽著作，侵害特定影業公司之著作財產權。經高雄市政府警察局岡山分局偵查隊員警查緝違反著作權案件執行網路巡邏查獲。

---

[39] 法院判決：臺灣基隆地方法院103年度基智簡字第4號刑事判決。引自https://judgment.judicial.gov.tw/FJUD/defaulte.aspx

(五)臺灣基隆地方法院103年度基智簡字第3號刑事判決[40]

　　林男明知《殺戮行動》影像視聽著作，係特定影業股份有限公司享有著作財產權之視聽著作，現仍於著作權存續期間內，未經著作財產權人同意或授權，不得以擅自重製及公開傳輸方法侵害他人之著作財產權。經調查，林男基於重製、公開傳輸犯意，未經特定公司之同意或授權，於民國一〇二年七月五日，在其位在基隆市住處，以電腦設備上網連線，利用所下載Foxy軟體，擅自重製前開視聽著作，並將重製物儲存在電腦硬碟內，又於住處，利用上開電腦網路設備，連接、登入Foxy網站，供不特定人得利用Foxy軟體重製點選下載上開影片，以此公開傳輸方式侵害特定公司之著作財產權。特定影業有限公司訴由高雄市政府警察局鹽埕分局報告偵辦。警方在Foxy網路平台上以封包監控程式查出其IP與違法情事。

　　基隆地方法院判定，林男違反《著作權法》第九十一條第一項非法重製及第九十二條之擅自以公開傳輸方法侵害他人著作財產權等罪嫌。又被告以一行為同時觸犯《著作權法》第九十一條第一項非法重製罪及同法第九十二條非法公開傳輸罪，為想像競合，依情節較重之同法第九十二條非法公開傳輸罪處斷，並依《刑事訴訟法》第四五一條第一項聲請簡易判決處刑。

　　以上影視作品被非法公開傳輸、非法重製，為盜版剽竊，相關判決明顯構成違法侵權，非合理使用維護的範疇。

---

[40] 法院判決：臺灣基隆地方法院 103 年度基智簡字第3號刑事判決。引自https://judgment.judicial.gov.tw/FJUD/defaulte.aspx

第四節　結論與討論

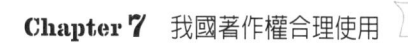

　　網路迷因梗圖的產製傳遞方式,可由內容(可被複製、再創、夾議夾敘、各自表述、結合時效)、傳輸(可被傳遞)、接收(各自解讀)、影響(市場決定)層面觀察。本章參考九則法院判決,相網路圖文重製、傳輸,很明顯地以可被複製的主張最多,其次為各自表述、結合時效或可被傳遞;較少觸及市場決定的影響或夾議夾敘等訊息接收解讀。

表7-1　九件案例涉及重製形式特色

判決	複製	二創	夾議夾敘	各自表述	結合時效	可被傳遞	各自解讀	市場決定
渡假村官網照片	×			×	×	×	×	
網路照片重製	×	×	×	×	×		×	
新聞照片重製		×	×	×	×	×	×	
網路圖片刺青	×	×		×				
五起盜版影音平台	×				×	×		×

　　本章參考九件案例,檢視社群平台涉及網路圖片、改作、傳遞等合理使用原則:

1. 利用範圍:如渡假村官網生態照片引用其他網站照片,有註明出處外,雖然其官網係呈現當地生態為主,偏重生態教育,未明顯牴觸合理使用的利用範圍。不可否認,官網的生態圖片展現,的確也可吸引網友有機會,點選進入官網其他的消費資訊,提升瀏覽人次,這部分屬於私目的利用範圍。
   再檢視社群照片重製事件,湯男盜用黃姓女友人照片進行合成,和參考網路圖片以人體刺青呈現,兩例的利用範圍屬私目的。重

製林智堅新聞照片之梗圖，被視為詼諧改作的政治梗圖，為一般社群平台常見的使用型態。

2. 利用目的：渡假村官網生態照片引用其他網站照片案例，其利用目的兼有商業使用與生態展示教育用途，但仍以商業利用行銷為主。五起影視著作未經授權下載個人主機並供網友連結下載傳遞，明顯為商業利用目的。

3. 著作性質：前述相關判決有涉及事實性著作（factual work）及虛構或幻想著作（works of fiction or fantasy）。後者如參考網路圖片以人體刺青呈現，網路圖片或人體刺青圖騰皆虛構或幻想著作，惟本案不是由原著作權人提出告訴。湯男盜用黃姓女友人的合成照片，法院檢視黃女先生的人像風景照片結合實景與光影設計，兼具事實與幻想作品，但湯男盜用為家人親子合照為未經授權、偽造事實的虛構作品。

4. 利用質量：五起影視著作未經授權盜版事件，未經授權、違反比例原則也觸犯《著作權法》；湯男盜用黃女個人照片，雖僅一幀照片，其重製並傳遞的虛構內容，已侵害告訴人黃女的著作財產權、肖像權。林智堅照片被重製政治梗圖案例，地檢署主張其符合比例原則。

5. 對潛在市場與價值影響：五起影視著作未經授權盜版事件，明顯影響相關影片的市場價值，也損害或可替代擁有播映權方的市場價值。地檢署主張林智堅梗圖的新聞照片來源，係媒體報導常見之公眾人物照片，未損及原著作權人的商業利益或價值。

審視臺灣相關判決，迷因梗圖的案例仍偏重內容（可被複製、二創、夾議夾敘、各自表述、結合時效）及影響（市場決定）層面居多，傳輸（可被傳遞）、接收（各自解讀）層面的判斷基準相較有限。傳輸與接收層面也可能受到時效話題時效性的影響。

Chapter 7　我國著作權合理使用

表7-2　九件案例涉及的合理使用

判決	範圍	目的	性質	質量	可被傳遞	市場價值	成立
渡假村官網照片	×	×		×	×	×	
網路照片重製	×	×	×	×	×		×
新聞照片重製	×	×	×	×	×		
網路圖片刺青	×			×			
五起盜版影音平台	×	×	×	×	×	×	×

目前公開傳輸以是否公開為主,至於公開平台的流量或點閱相關基準則不明確。接收解讀面也以相關單位的政策主張比對為主,閱聽接受的選擇、注意、理解差異等,則無從判斷。從重製林智堅新聞照片的政治梗圖案例研判,係依據利用範圍與目的、比例原則、作品之市場價值,且符合社群平台使用慣例之詼諧改作之作品。隨著生成式人生智慧演進,今後有關社群平台迷因梗圖內容重製的資訊接收解讀、傳輸影響範圍的評估,仍待累積相關論述與法院判決。

本章審視我國《著作權法》自民國十七年五月十四日制定且公布,至一一一年間,歷經二十次修法。從合理使用概念的進展,分為以下五階段:1928-1980年間、1985-1991年間、1992-2000年間、 2001年-2010年間、2011年迄今。

1. 主管機關變動:《著作權法》主管機關先前為內政部,民國九十年調整為經濟部下專責機構。

2. 著作物範圍:第一階段侵權以告訴乃論,相關條文對於著作的界定,以平面出版或美學著作為主。民國三十三年三月三十一日全文修正,同年四月二十七日公布,已經將著作納入發音片、照片或電影片,並得專有公開演奏或上演之權。爾後針對著作權擁有與再製等權利、義務進行修訂。

3. 公益與國家發展:1985以降,《著作權法》保留自民國十七年以

來對於公共物的概念於法條，已經明確揭示立法價值：除保障著作人權益外，並兼顧社會公益、促進國家文化發展。

4. 弱勢合理近用權益：1992年7月《著作權法》公布版修正第五十三條：已公開發表之著作，得為盲人以點字重製之。以增進盲人福利為目的，經主管機關許可之機構或團體，得以錄音、電腦或其他方式利用已公開發表之著作，專供盲人使用。

5. 2001年起，著作權相關事務由專責機關處理，且將著作權仲介團體的仲裁角色強化。

6. 2014年1月22日公布的修正版，將《著作權法》公益使用精神，與國際人權法案接軌。

7. 著作合理使用的法律性質，分別有權利限制說、使用者權利說、使用者抗辯特權說、阻卻違法事由說。

8. 參考九則涉及著作權法的案例，檢視網路圖片、改作、傳遞等使用性質、目的、比例原則、對市場的影響等合理使用層面。

Chapter 7　我國著作權合理使用

參考文獻

《九十二年新舊著作權法條文對照及說明》。經濟部智慧財產局。引自 https://topic.tipo.gov.tw/copyright-tw/cp-442-856493-ec75b-301.html。查詢時間：2024年1月12日。

《中華民國十七年著作權法》。經濟部智慧財產局。引自file:///C:/Users/user/Downloads/811216214862%20(1).pdf。查詢時間2024年1月10日。

《中華民國三十三年著作權法》。經濟部智慧財產局。引自file:///C:/Users/User/Downloads/811216204576.pdf。查詢時間：2024年1月10日。

史尚寬（1954）。《日本著作權法》，第1頁。新北市：中央文物供應社。

李治安（2012）。〈著作權法中的灰姑娘——利用人地位之探討〉，《臺大法學論叢》，第41卷3期，頁931-979。

林長順（2023/12/11）。〈重置林智堅照片做梗圖挨告 王鴻薇獲不起訴〉，《中央通訊社》。引自https://www.cna.com.tw/news/firstnews/202312110092.aspx。查詢時間：2024年1月31日。

法院判決：南投簡易庭（含埔里）95年度埔智簡字第 4 號民事判決。引自 https://judgment.judicial.gov.tw/FJUD/defaulte.aspx

法院判決：臺灣苗栗地方法院105年智易字第2號刑事判決。引自https://judgment.judicial.gov.tw/FJUD/default.aspx

法院判決：士林簡易庭110年士簡字第1670號民事判決。引自: https//judgment.judicial.gov.tw/FJUD/defaulte.aspx

法院判決：臺灣基隆地方法院100年度基智簡字第17號刑事判決。引自https://judgment.judicial.gov.tw/FJUD/defaulte.aspx

法院判決：臺灣基隆地方法院101年度基智簡字第7號刑事判決。引自https://judgment.judicial.gov.tw/FJUD/defaulte.aspx

法院判決：臺灣基隆地方法院102年度智簡上字第1號刑事判決。引自https://judgment.judicial.gov.tw/FJUD/defaulte.aspx

法引自院判決：臺灣基隆地方法院103年度基智簡字第4號刑事判決。https://

253

judgment.judicial.gov.tw/FJUD/defaulte.aspx

法院判決：臺灣基隆地方法院103年度基智簡字第3號刑事判決。引自https://judgment.judicial.gov.tw/FJUD/defaulte.aspx

姚信安（2021）。〈著作權法關於製版權之立法研究〉，《國立中正大學法學集刊》，第72期，頁129-187。

《著作權法》，立法院法律系統。引自https://lis.ly.gov.tw/lglawc/lawsingle?00283EF2EDAD000000000000000000A00000000200FFFFFD00^01176017051400^00000000000。查詢時間：2023年9月27日。

《著作權法》，立法院法律系統。引自https://lis.ly.gov.tw/lglawc/lawsingle?000506EF2F34000000000000000000A00000000200FFFFFD00^01176053063000^00000000000。查詢時間：2023年9月27日。

《著作權法》，立法院法律系統。引自https://lis.ly.gov.tw/lglawc/lawsingle?000506EF2F34000000000000000000A000000002FFFFFA00^01176074062800^00000000000。查詢時間：2023年9月27日。

《著作權法》，立法院法律系統。引自https://lis.ly.gov.tw/lglawc/lawsingle?000506EF2F34000000000000000000A000000002FFFFFA00^01176081052200^00000000000。查詢時間：2023年9月27日。

《著作權法》，立法院法律系統。https://lis.ly.gov.tw/lglawc/lawsingle?001A674133E0000000000000000000A000000002000000^01176090102500^00000000000。查詢時間：2023年10月5日。

《著作權法》，立法院法律系統。引自https://lis.ly.gov.tw/lglawc/lawsingle?001A674133E0000000000000000000A000000002FFFFFD^01176093082400^00000000000。查詢時間：2023年10月5日。

《著作權法》，立法院法律系統。引自https://lis.ly.gov.tw/lglawc/lawsingle?001A674133E0000000000000000000A000000002FFFFFA00^01176103010700^00000000000。查詢時間：2024年1月10日。

《著作權法》，立法院法律系統。引自https://lis.ly.gov.tw/lglawc/lawsingle?001A674133E0000000000000000000A000000002FFFF

Chapter 7　我國著作權合理使用

FA00^01176103010700^00000000000。查詢時間：2023年10月5日。

《著作權法部分條文修正草案條文對照表》，經濟部智慧財產局。引自 https://topic.tipo.gov.tw/copyright-tw/cp-442-856416-b144c-301.html。查詢時間：2024年1月10日。

黃明展（2015）。〈論著作合理使用在訴訟實務之運作〉，《智慧財產權月刊》，第190期，頁40-64。

章忠信（1998年3月）。〈111年新修正著作權法關於教學之合理使用評析〉，《月旦法學》，第34期，頁1-23。

章忠信（2019）。《著作權法逐條釋義》（第五版）。臺北市：五南。

章忠信（2023年6月）。〈我國著作權政策的發展與變遷〉，《智慧財產權》，第294期，頁86-102。

蔡惠如（2007）。《著作權之未來展望──論合理使用之價值創新》，頁37。臺北市：元照。

蔡惠如（2016）。〈著作權合理使用概括規定之回顧與前瞻〉，《智慧財產權月刊》，第209期，頁4。

經濟部智慧財產局（2010）。《歷年著作權法規彙編專輯》，頁103。臺北市：經濟部智慧財產局。

經濟部智慧財產局（2016/9/30）。〈為視障者解決書荒的《馬拉喀什條約》已於2016年9月30日生效〉。引自https://topic.tipo.gov.tw/copyright-tw/cp-464-858026-19445-301.html。查詢時間：2023年10月7日。

膽本正見（1940）。《日本著作權法》，第1-3頁。巖松堂書店。

簡啟煜（2009）。《著作權法案例解析》，頁245。臺北市：元照出版公司。

蕭雄淋（2021）。《著作權法論》（第9版），頁65。臺北市：五南。

蕭雄淋（1999）。〈臺灣著作權法概況及其將來加入WTO後與兩岸三地之版權貿易關係〉，《出版學刊》，第2期，頁36-43。

蕭雄淋（2010 年 11 月），〈著作權法第 65 條之修法芻議〉，《智慧財產權月刊》，第143期，頁12至16。

蕭雄淋（2014 /12/19）。〈論著作財產權限制與合理使用之關係〉，蕭雄淋律師的部落格。引自https://blog.udn.com/2010hsiao/19722410。查詢時

間：2023年5月27日。

蘇世賢（1999）。〈我國著作權政策的發展與變遷〉，《智慧財產權》，第72期，頁18-23。

蘇起（1987）。〈大陸探親對臺海兩岸政治的影響〉，《政治學報》，第15期，頁23至29。

Goldstein (2003), Fair Use in a Changing World. *50 Journal of the Copyright Society of the U.S.A*, 133-148.

Chapter 8

AI世代迷因面面觀

- 迷因梗圖資訊近用觀
- 迷因梗圖科技近用觀
- 迷因梗圖合理使用
- 結論與討論

接續前述文獻分析整理臺灣《著作權法》各階段的修法延革，及合理使用相關條文的發展。本章以深度訪談法訪問十五位學者專家，針對迷因梗圖繽紛多樣，對於社會文化展現交流，產生哪些影響？社群媒體頻頻出現相同或相近圖文的迷因梗圖，是否涉及觸犯《著作權法》？迷因梗圖的合理使用原則有哪些？將依序陳述深度訪談結果、討論與建議。

第一節　迷因梗圖資訊近用觀

社群網站的特色在於提供社群成員彼此交流的空間，也被視為一種媒體近用權的實踐，包括所留意或接觸的梗圖內容資訊、對於梗圖結合運用新科技的觀感等層面。本章整理深度訪談法（見附錄），分別從資訊近用、科技近用，以及合理使用等角度分析。

一、資訊近用觀

迷因梗圖被視為一種時代精神，提供社群成員新型態的交流，讓社群媒體展現活力。十五位受訪學者專家肯認這是一種新的溝通型態，雖然優劣待查驗。他們分別從個人內在對話、情緒調整、人際互動，或媒體近用方式，乃至社會文化創新思維等層面，說明迷因梗圖瀰漫的文化現象。

(一)正面影響

從社群貼圖、動態圖文、動態影音等各式訊息，一目瞭然的迷因梗圖，往往帶給人們會心的一笑。受訪者收到社群成員分享的迷因梗圖，引發留意的關鍵點，包括結合專業領域新近的動態、圖文並茂、詼諧的

Chapter 8　AI世代迷因面面觀

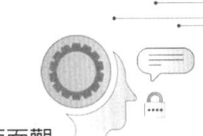

標題，或搶眼的圖像，尤其作品反映了當時的內心世界、引發共鳴。

結合專業領域的迷因梗圖，往往來自相關社群平台，這部分會引發受訪者留意。其次，受訪者中身具教師角色者，也基於接觸或認識網路世代想法，可以成為與年輕世代溝通的話題。

迷因梗圖在詼諧揶揄中可能反射傳遞者或創作者心態，在互為參照的接力下，增加網友交流，這對認識新世代是一個很好的體驗。但也可能限於同溫層。

受訪者往往在放鬆時段匆匆瀏覽，可打發時間；如果覺得無傷大雅或贊同，再分享傳遞或回覆按讚。這些過程是一種社群參與感，或與親友保持聯絡交流的方式。

除非是相當熟悉的親友，遇見不同觀點或涉及專業領域，才會進一步以通訊聯絡溝通澄清，梗圖只是聯誼的媒介，未必可以有效溝通。

「梗圖反映那時的情緒，透過加1或按讚，表達我同意並贊同梗圖的意思。」（MM1）

「收到疫情很悶的梗圖，每天三餐都在廚房沒事找事做，反正過不了多久又要下廚，真是我的心聲，就按讚回應。」（MF1）

「同事傳來義大利有居民在窗戶旁，用歌聲互相聯絡，再做成照片，看來有點感慨，這些人苦中作樂，令人佩服。」（MM3）

「很長的時間，家人待在房間，各滑手機，幸好可以上網，一些好玩的梗圖挺紓壓。」（TF1）

「結合時事變化，口罩可以如何戴、搭配服裝，雖然也不出門。」（LM1）

「梗圖圖像搶眼幽默，有朋友在玩，互相傳。」（VF1）

「迷因梗圖反映情緒，蛋荒的梗圖很真實，也很無奈」。（VM2, TM1）

「上班族社畜的迷因梗圖，貼近工程人員的心聲。」（TM1）

「可能我要看法律條文，會先注意到文字標題，再留意看圖片。」（LF1）

「先匆匆看文字標題，有梗才瀏覽。」（LF2）

「標題凸顯可抓住我，照片常常重複，常看到黑人問號圖都一樣，但文字梗不同。」（TF1）

「文字標題要有跳出來的感覺，就比較吸引我。」（MM2）

「就要看報紙或雜誌吧，會先注意標題是否是我關心的。」（TM2）

「標題很重要，要有料。」（LM1）

「圖像吸引，我比較關心視覺表達的感受。」（VM2）

「平時看太多文字，圖片可以一目瞭然。」（LF2）

「年輕人喜歡玩社群打卡，從這些內容可以略知學生流行的話題，避免脫節。」（VF1）

「你看，年輕學生沒有耐性閱讀，從瘋傳的梗圖內容可知學生的焦點話題。」（VM1）

「網友發燒熱議話題。」（TM1）

「有同感、會心一笑。」（TM2）

「網友關注的話題，有時候有些無俚頭，但就是被關注。」（MF2）

多數受訪者對於負面文字的迷因梗圖，除非和個人專業領域相關，否則選擇輕忽。原因在於受訪學者專家將社群媒體訊息視為交流或放鬆的過程。部分受訪者也傾向採取工具性或有目的的形式使用社群訊息：當收到負面或地獄梗圖時，會想散播方是否有利益考量？若涉及國內公共議題，具傳播背景或教學背景的受訪者，會進行適時查核。

梗圖常被公部門或私部門作為社群行銷的方式，此外，受訪者認為與行銷無關的梗圖，也可被視為不過度打擾的自我表達。這部分對於觀

Chapter 8　AI世代迷因面面觀

察傳遞者的生活近況,也可做為參考,暗黑文字或圖片時而幽默或辛辣地反諷,有時也傳達當事人的心境,有助旁敲側擊。

視覺設計或媒體背景的受訪者比較會藉由地獄梗,接觸當下的網友意見氛圍,作為觀察社群行銷手法,或社群文化變遷的參考;或留意比較特別的梗圖,檢視圖像設計思維。至於是否再進行分享散播,則視情況而定,往往僅止於瀏覽參閱。

「地獄梗很無聊,有時有酸民心態⋯⋯也許有些人覺得有新鮮感,但挖苦他人不太討喜,在他人傷口撒鹽,觀感不佳。」（LF2）

「負面梗反映一些內心對話,但我不太喜歡接觸,生活需要多一些鼓勵與樂趣,不喜歡太暗黑。」（LM1）

「地獄梗如果沒有酸到我周圍的人,就算了;如果有所牽連,雖然不想對話入座啦,但會不舒服。」（TF1）

「地獄梗常常是批評一些名人,看多會煩悶,加上常常重複收到。」（TM1）

「地獄梗可以表達心中的圈圈叉叉,有替人出口氣的快感。」（TM2）

「看梗圖或地獄梗,需要可以理解貼文的意思,否則看過就忘。有時候心情被拉扯一下,也可換個角度思考。」（VM2）

「工作忙碌,看過就忘,也不想影響情緒。」（MM1）

「就我觀察,有些網友看多負面梗圖,的確會產生一些負能量,這比較不好。」（MF1）

「工作忙碌,看過就忘,不想影響情緒。」（LF2）

「地獄梗反諷也有笑點,也是一種現象,有時候啟發我對事情的思考方式,也未必都不好。」（TF1）

「暗黑梗需要不同的體驗,代表有這樣想法的人,所以有這樣的作品。」（VM1）

261

「地獄梗在心情平靜時看無所謂，如果正好不開心或不如意，看後更消極負面。」（VM2）

「另一面的心態表達，有時候可以略知學生暗黑面，介入適時溝通應變。」（MF1）

「如果這就是一個社群平台的分享常態，代表這是個風格展現，如果是突然被分享出現，我比較會觀察一下，是否有突發狀況，或需要留心的部分。」（MM1）

「一些想法不直接表達，而換個方式說，我會看是否是單純的梗圖搞笑，或有刻意操作，如果刻意就比較要謹慎。」（MF2）

(二)負面影響

迷因梗圖主要透過社群媒體散播，社群平台各有不同定位與參與成員。從社群成員層面觀察，社群關係的建立需要累積，如同一動態連續的連結或聚合過程。社群成員間彼此交流有共同關注面的梗圖，可能加深所謂「同溫層」效應（echo chamber effect）。同一社群的成員彼此分享的迷因梗圖，究竟是跨大成員的視野？或適得其反？有不同定論。

相對角度來看，受訪專家學者也提出迷因梗圖產生的負面文化效應，包括性別或族群刻板印象與歧視、世代差距或代溝、網路霸凌或假訊息等。

在性別刻板印象方面，迷因梗圖傾向以二元對立方式，呈現性別議題，製造笑點，諸如性別認同、性別氣質、體態、相處互動、親密關係。受訪者舉例說明一些挪揄同志關係的梗圖，或以人際對談中，標示「異性戀男」的一方問另一位男士：你該不會愛上我吧？或是標示「同性戀男」的一方問另一位男士：你會在街上看到一位恐龍異性就愛上他嗎？

Chapter 8　AI世代迷因面面觀

　　或是以卡通人物圖像呈現文字對話：女人怕男生跨進入女廁、男跨不敢進入女廁。受訪者說明，有些梗圖呈現當事人真實的感受，是一種表達；也有些簡化的對立梗圖，使得社會對於相關議題三緘其口，避免被貼標籤。後來也不想太關注，以免陷入莫名其妙的糾紛，干擾心情，經由梗圖呈現未必達到溝通交流的目的。梗圖究竟是排遣情緒？或挑動情緒？不同時空的圖文，有不同解讀與影響。

　　「以宮崎駿的動漫梗圖來看，年長女性的臉部與身材都誇張的巨大沉重，這對於女性，尤其是老太太的外貌，太單一了。」（LF1）

　　「少男都要練肌肉、外表陽剛，少女都是高瘦妹、穿著清涼，從圖片或照片都這樣。」（MF1）

　　「男生看起來要強壯有力，瘦弱、斯文一點不行嗎？當初就是發生玫瑰少年的社會案件，這些給網友篇物的觀念。」（MM1）

　　「性別體型、身材、性特徵等刻意表現刻板的形象。」（MF2）

　　「過去萬華防疫出現破口，一些萬華私娼的地獄梗，或嘲笑老先生買春染疫的梗圖對於萬華居民、性工作者。」（VM2）

　　「用出草的漫畫、配上有口音的注音梗圖，帶些嘲弄的口吻，引起原住民的抗議。」（TM2）

　　「有關親子對於多元性別立場不同的梗圖，互相指控對方的憤怒樣子。」（TF1）

　　「校園友善廁所設置，引發親子大戰的梗圖，誇大親子看法的衝突或對立。」（LM1）

　　「廁所標示性別的梗圖，顯示跨性別的困境，男廁女廁都不敢使用。」（MM1）

　　「外籍移工的居住衛生，移工宿舍周圍環境，移工群聚生活，用放大髒亂的照片描繪，讓人對外籍照顧者產生不安恐懼，擔心被感染。」（VM2）

263

「原先是毛小孩的萌表情，後來就收到一些嘲笑不同性別的梗圖，男上加男的性行為梗圖，或是裝扮很陽剛的女女，誇大奇特的親密互動。」（MF1）

「同志團體或反同團體間的互相抹黑，互相叫囂對抗的梗圖，顯示跨性別的困境。」（MM1）

「同志團體或反同團體間的互相抹黑，有些是可以理性對話的，卻用簡化的圖文傳遞一些主張的漏洞，這些原本可以溝通，卻成為楚河漢界、互相對抗、爭吵。」（VM2）

族群認同梗圖的標籤化，從原住民、臺灣客家、閩南、外省、新住民，到跨膚色、跨國籍等認同，都成為網友梗圖嘲弄的題材。很明顯地，類似梗圖除可能鞏固決斷偏執己見的思維，也更再深化族群關係的誤解與對立。

受訪者提及以族群關係為主題的梗圖，圖像往往是動物或卡通人物，或影視節目劇情照片段。如將代表閩南、客家、原民、外省、新住民間的劇照畫面人物，互相不准對話講話發聲，或以暴力威脅彼此的梗圖，呈現臺灣各族群間的分歧。

類似以族群為話題的梗圖，或以文字標示：不講臺語就不是呆灣人、外省豬／老芋頭、客家人就是小氣盪生啦、青番／沒文化的山地人、小心把臭蕃仔當成蕃膏、黑鬼魚。或類似對話：「妳一直嘴臺女，妳媽不也是臺女？我媽是馬來西亞啦。」受訪者表示，這些素材未必在公開社群媒體出現，但會被相似認同的封閉是社群平台成員交流，這些又展現內團體城間間同溫層的效應，沒有達到與外團體溝通的意義。

還有取笑亞洲人教育的梗圖，如媽媽對哭泣的小孩提問：你竟然有時間玩？你竟然有時間睡覺？竟然不能二十四小時工作，亞洲人之恥。或是提問：為什麼你要用語音？孩子回答因為自己打字慢，媽媽對著哭泣的孩子說亞洲人之恥。受訪者表示，這雖然是對普遍亞洲人的偏見，

卻也是部分人的經驗。類似化繁爲簡、簡化的梗圖長期灌輸網友類似偏見。這些帶有標籤化的梗圖，也不時替社群成員洗腦，形成自我預言的負面效應。

受訪者提及，新冠病毒期間，電視新聞曾經用韓國國旗改作爲新冠病毒圖像，報導韓國案例激增，引發韓國與臺灣韓國僑民的抗議，這些是不好的示範。此外，運用卡通人物雖然看似幽默或輕鬆，也容易打入社群成員間彼此分享傳遞，但傳達的文化偏見卻相當嚴重。

「以海綿寶寶、派大星的卡通角色，大家都有的記憶，揶揄臺灣的族群文化，或各說各話，缺乏尊重，卡通帶給人趣味輕鬆，但背後的主張確有爭議。」（LM1）

「以蝙蝠俠和穿著唐裝的人互相毆打，出自美國動漫的蝙蝠俠恥笑東方穿著的人白癡，蝙蝠俠邊甩耳光邊質疑：原住民哪來的漢姓，這不只是原住民與非原住民，還代表東方與西方、中國與美國等。」（MM1）

「迷因梗圖像是說為何客家人都看起來很黑、很陽光，暗自Sad，這樣拿客家語言開玩笑的梗圖，引起客家族群的抗議，臺灣近年對於族群的糾紛很多，有時候是廣告吧，或是一些公眾人物的發言。」（MF2）

「電影劇照表現族群文化差別，不同國家外配的梗圖，運用各角色互相不屑對方的表情，表現族群爭競、互看對方不順眼的敵意。」（VM2）

「韓國國旗呈現新冠病毒案例增加，某電視台報導韓國疫情加重，網路上運用韓國國旗與新冠病毒重疊的國旗梗圖，引起臺灣韓僑、韓國民眾抗議。」（LF1）

「嘲笑客家人過於勤儉，媽媽責備孩子：客家人還請班上同學喝飲料？還要浪費電力發貼文？客家人之恥。媽媽罵孩子：你為什麼要丟

掉原子筆，哭泣的孩子回答：因為筆沒水，媽媽回應：客家人之恥。取笑客家族群的金錢消費觀念。另一方便，也複製女性管家子女的缺乏智慧，也是對性別的偏見。」（MM1）

「嘲笑特定族群的梗圖，使用卡通人物容易誤導，看起來瞪大眼睛很滑稽的猴子，偷笑表示：這首歌太色情了，一大堆髒話和批判的美國黑人歌，刻意歧視黑人，而且是美國的黑人。」（MF2）

家庭成員的代溝或世代差距，成為梗圖題材並放大傳布。受訪者以「有一種冷，叫媽媽／阿嬤覺得你冷」為例，說明世代間的溝通代溝，也成為網友分享的素材。簡潔的文字配上小輩已經身穿厚皮大衣，且汗流浹背狀，仍然被長輩說自己穿不夠會冷。類似梗圖的確道出年長者關心小輩的固執面，收到會心一笑。這些呈現家庭溝通落差的梗圖，也有提醒的意味。

除了食衣住行的觀點，育樂也是世代梗圖的來源。受訪者表示，有梗圖呈現年輕學生分別和同學、家長表達自己上課請假的結果，前者表情充滿活力，後者眼目發黑如同被打罵一頓。又如對於手機使用觀念，梗圖呈現家長總問用手機的孩子一連串的問題：功課寫完了沒？國英數念完了沒？那你怎麼還敢在這給我滑手機？受訪者解釋，這些傳達片面的親子溝通對話，但不是所有的家長與孩子的溝通都如此這般，網友互傳一方面有趣，久而久之可能形成親子世代間溝通的刻板印象。

其他如金錢觀、選舉、生兒育女或性別關係等梗圖，凸顯兩代間觀點的差距。例如呈現社群談及媽寶的對話：我們分手吧、我爸媽不同意我們在一起，對方回覆：就你有爸媽？我爸媽不同意我們分手。受訪者表示，收到類似梗圖傳給子女時，可以自我解嘲，也拉近彼此的距離。梗圖成為盡在不言中的溝通交流，有時勝過話語的力量。

每逢選舉鄰近，各政黨訴求不同議題或投票對象，家庭不同世代的投票行為，也成為梗圖題材。其中家長常被刻劃為保守的世代，年輕子

Chapter 8　AI世代迷因面面觀

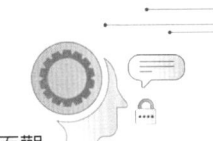

女則為求新求變的世代。受訪者無奈地說，梗圖反映一些親子的不同，但有些梗圖表達的正好相反，或這些社會事件不見得成為家中關心的話題。

然而，一些家庭成員世代間差異的梗圖，片面放大某些狀態，讓身為家長或子女輩之間，擔心自己落入梗圖情境，未必有助於有效真實的溝通，這時往往浮現自我預言、自我設限的效應。

「外國人不懂的亞洲父母，如亞洲父母溝通法：我那麼辛苦是為誰？亞洲父母標準法：我當年做不到你要做到；亞洲父母認錯法：你現在是什麼態度？這些似曾相似的溝通，有時候會以偏概全。」（MF1）

「有一種冷，是媽媽說你冷；會一些長輩表情包、長輩圖，反映一些現象，也反諷長輩自以為是，沒有同理孩子的一面，這些傳達給家長年輕人的心聲。」（MF2）

「對於手機使用觀念不同，往往家長責備孩子玩手機，但家長自己又傳網路謠言，散播假消息。」（LF2）

「對於媽寶的嘲諷，讓年輕人擔心被貼標籤，而刻意疏遠；一些爸媽也恐怕被誤解，雙方產生不確定與不信任，彼此受到梗圖的感染，擔心落入梗圖情況。」（VM2）

「臺灣選舉多，政黨選舉的梗圖，有時候取笑特定候選人，或嘲弄家中成員對於公共政策看法不同、親密關係相處界線等，導致家人為擁護己見而各懷敵意，這不是家庭親子相處的全貌，嘲弄社會議題的梗圖反而挑起家人的曲解與對立。之前市長選舉，有候選人的照片被人放大他吸菸過度的烏黑牙齒，有夠惡毒。」（LF2）

第二節　迷因梗圖科技近用觀

在幽默或揶揄的背後，迷因梗圖的資訊內容傳遞各式主張或觀點，前面梳理受訪者對於迷因梗圖的資訊近用解讀，本節將從科技運用層面陳述受訪者對於迷因梗圖的科技近用觀點。

一、正面效應

十五位受訪者面對類似梗圖以科技結合圖像，或影音的表現形式，大多保持正面立場，也有提出需要留意的負面現象。有十四位受訪者皆肯定結合科技應用的迷因梗圖為時勢所趨，提出結合科技應用具備以下正面影響，包括便捷、參與分享、延伸想像力、創新、素材多樣、友善、取代人為的限制，或個人助理等。

多數受訪學者專家指出，這是無法迴避的新世代的演進發展趨勢，符合社群成員接收訊息或分享傳遞的模式。從網路1.0以專家為主的訊息階段，網路2.0進入網友交流傳遞的階段，同時，訊息愈趨多樣多量的資訊爆炸時代，簡要的文字標題或一目瞭然的圖片，方便提供網友快速瀏覽、篩選，即便部分受訪者本人未必製作梗圖，但每日均收到各式主題的迷因梗圖，可以在短時間觀察網友動態或熱議話題，獲知社群關切與動態。

不同背景的受訪者對於社群分享參與迷因梗圖的樣貌有別，多數受訪者坦言，大多時間是瀏覽、其次才會轉發分享，至於是否自創迷因梗圖，則因人而異。具備媒體創作背景的受訪者表示，充其量是運用手機自行拍攝的照片，加上簡要文字標題作為梗圖。瀏覽社群訊息不會特別

Chapter 8　AI世代迷因面面觀

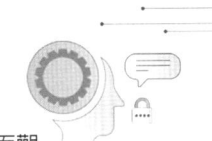

空出時間製圖，也不特別刻意使用數位工具繪圖。有特色的迷因梗圖會進行轉傳，但也視社群而定，如涉及立場或敏感題材，就避免轉發以免被貼標籤。一般而言，比較會轉傳無傷大雅的日常幽默素材，或職場笑話等。參與分享轉傳，並非參與改作轉傳。

儘管收到的相近迷因梗圖不勝枚舉，受訪者本人未必扮演迷因梗圖的原創者。有受訪者以一幅下高速公路交流道的梗圖為例，照片畫面有前往地點的告示牌，常常收到同樣的畫面構圖，但告示牌文字被改作的情況不少。可能標示：從哪裏來？髮夾彎？上課vs.睡覺、今天要吃什麼？考前一天失眠／認真考完回家補眠／考試時睡等，這些文字有別、但畫面完全一樣。

又如日本吉卜力動畫公司授權釋出的動畫圖面，其中龍貓大喊出現於各式文案梗圖，包括看診時間開張或公休、口試通過的吶喊、餐廳取餐叫號，或替隊友加油，或大喊出特定對象出包的模樣等。這一系列已經過動畫授權釋出圖片，網友加增各式文案傳遞。

素材多樣意味著來自不同國家的網友、文字、圖像或改作等，具視覺創作背景的受訪者形容，有些圖像可能並非自己所想像，但透過網友改作，充滿創意與新鮮感。不過多數受訪者也發現，網友瘋傳的梗圖固然有趣或搞笑，但部分涉及偏見或歧視，要避免照單全收。這些詼諧的表達，的確可以拉近網友的距離，但當涉及性別或族群等爭議時，未必是用卡通或可愛毛小孩就可以搪塞。

除了因應趨勢、軟體應用增加網友的參與交流外，受訪者也說明迷因梗圖的友善與易用性，可替代人為的限制。這些人為限制除了想像力外，也包括讓不熟悉繪圖技巧的網友，可嘗試使用網路素材，產出個人的梗圖。具科技背景、圖像設計的受訪者以AI發展普及為例，抱持積極樂觀態度。科技藝術背景的受訪者舉例說明，現今將元宇宙或AI或AIGC技術，視為多方面融合與發展，並且主張未來可以運用手勢或語音

途徑，下指令要AI產製各式內容與梗圖，既可豐富生活趣味，也能更貼合未來的設計表現。

具教職背景的受訪者會運用迷因梗圖於教材規劃，受訪者解釋，網路世代對於接近社群生活型態的圖像或影音比較有感，運用迷因梗圖在課程講解，可提高學習專注，穿插運用也可帶動討論。例如，課堂上提供同學相關網路資源，示範演練後，直接讓同學自行設計生成規定主題的迷因梗圖，師生再根據作品檢討。受訪者表示，與其面對走心的手機低頭族，不如結合課程主題，引導學生善用科技。

以上反映網路世代對於多媒體素材的感知與注意力較高，也考驗授課教師準備教案的科技搜尋應用知能。結合科技的迷因梗圖不僅成為溝通的素材，也是做中學、學中做的重要途徑。

迷因梗圖的出現，讓人們的時間成本減少或增加，值得討論。融合科技的迷因梗圖，對於不同的使用者或社群網友，降低了彼此溝通（網友或師生等），或個人產製圖文的時間成本，這些是科技演進的附加價值。儘管產製時間縮短，一波波多變速成且吸睛的交流素材頻頻出現於社群平台，是否更讓網友駐足上網瀏覽、輕忽真實生活？

「社群交流趨勢，那影音部分的AI自動生成工具，我也用了很多，可是現在如果是影音的、人像影音或圖片的那個AI生成工具，已經開始使用，影音銜接部分所能夠做出來的東西離產業界能夠用的還有一段距離，團隊所使用的人工智慧的自動影音剪輯工具，目前是完全沒有辦法取代，就是我們的剪輯師，這需要設計構想。」（TF1）

「趨勢，那像ChatGPT其實它的內容的生成還有非常非常多的應用，那比如說像你給他幾個關鍵字，讓他去生成完整的內容這個是一般人會去實驗的嘛，你也可以讓他去角色扮演，去生出一個有互動感覺的圖畫、梗圖，有點類似要需要我們先下指定才可以得到。」（TM2）

「分享一個，如果是畫畫的話，現在只要會輸關鍵字，你只要輸

Chapter 8　AI世代迷因面面觀

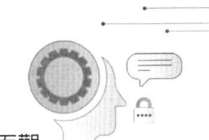

入（字）得很精確，或者是你希望是怎麼樣的風格，那你把它設得很清楚，下的關鍵字呢描述得愈是具體、愈清晰、愈明確，那其實他畫的就會是愈好。所以現在在國際上已經有人他說他自己，他不是個畫家，可是他已經畫出漫畫出來，甚至都出版了。」（TM3）

「當人工智慧它的模型複雜都夠高，現在ChatGPT其實就是把大量的文本放進去，放進去之後它所學到的實際上也是從人過去的經驗去學習過來的，但是因為他看過大量的這個文本的內容，所以他可以從AI認為合理的方式，去生成人可以接受的內容，這樣子就會讓你覺得它好像是有創作的能力。」（VM1）

「AI的發展是非常非常快，特別是生成式的AI，那大家很熟悉的像是透過文字的生成，圖像的生成，現在這幾個月真的是突飛猛進，發展是非常的快速。」（VM3）

「在這個的潮流下，就是說在數位下的數位環境這件事情，要有文字梗、搭配圖像，那因為我畢竟在跨領域過去除了美學的一些美術的基礎或是設計的基礎之下，那我又多了這些資訊程式，電腦其實是可以幫助我們有創造力、也有創意，所以對我來說，那數位有一半他是技術，技術內容有一半我覺得就是所謂的文化的含量。」（VM2）

「我想國際間的趨勢已經很明顯，包含現在的生成式AI它是後面的算力跟大數據，可是前面端的話像這樣媒體或迷因梗圖，為什麼現在ChatGPT大家這麼容易上手，就把這個AI就融入到梗圖的設計裏面，省時省力。」（MM1）

「要引導他就是講下一個關鍵點你要設什麼，所以我覺得那個東西，其實對於可能一開始想不出什麼梗的人，他可能是會比較快速。」（MM2）

「覺得這些工具其實蠻好的，太依賴可能也不是辦法，把它當一個溝通工具，圖跟文可能都是，我覺得是這個方向，對。」（VF1）

二、負面效應

　　受訪者大致對迷因梗圖現象表示樂見，但也提醒梗圖往往成為假訊息散播的溫床。媒體背景的受訪者提醒，迷因梗圖讓忙碌的現代人或網友有心情轉換的空間，部分也形成假訊息的助長者。包括過往有深偽的照片誤傳總統坐戰車訪視的梗圖，或有市長將本人大頭貼作為宣導口罩防疫的梗圖爾後被舉報為假訊息。具創作背景的受訪者認為，這是一些創意的表現；但媒體教育受訪者則表示應審慎面對類似以搞笑為名的假訊息。

　　類似梗圖表現究竟是言論自由？或涉及違法？也視被梗圖捉弄的當事公眾人物的反應。法學背景的受訪者認為，除非涉及社會秩序安全或人身攻擊，一些搞笑的作品，也反映一個社會言論的寬容程度。

　　法學背景受訪者以國外社群平台出現兩岸元首，被人工智慧技術做的迷因梗圖為例，對岸領導人與臺灣卸任總統各用家鄉口音唱小調，社群媒體出現時，網友很容易辨識是作弄搏君一笑的迷因梗圖；結果上傳迷因梗圖者的帳號，被對岸網友申訴而被禁言。反觀臺灣社群平台作弄公眾人物的梗圖處處可見，社群帳號也未必立即被封鎖禁用。這些反映社會對於不同意見的開放接納。

　　迷因梗圖被公部門運用傳達施政與服務，社群平台有時也出現網友自製梗圖的不同主張，具法學背景的受訪者認為，如果類似藉由梗圖表達的多元聲音，過度嚴肅看待，被當作假訊息處置，對標榜民主自由的臺灣社會所推崇維護的言論自由是項挑戰，需要審慎以對。

　　重視媒體識讀的受訪者則以為，假訊息判斷的原則在於究竟是事實陳述，抑或是主觀感受表達。後者涉及個人的表達意見或感受，比較不受到假訊息或假新聞的處置；一旦涉及客觀的事實內容，則是假訊息關

Chapter 8　AI世代迷因面面觀

注的層面。

　　比較需要留意的是，接觸到類似假訊息的迷因梗圖，人們是否持續轉傳、媒體是否爭相報導，擴散傳播反轉變成眾口鑠金？一旦脫離作弄搞笑的趣聞，涉及人身攻擊，便容易構成霸凌；這時迷因梗圖就一點都不好笑了。

　　科技背景的受訪者比較在意迷因梗圖的創作型態，由於人工智慧與繪圖軟體的精進，使用更友善，且是否在科技展現上更創新，對於相關文化影響面比較忽略。

　　視覺創作背景受訪者比較關注視覺元素的運用與呈現風格，他們指出，迷因梗圖自初期的2D平面圖像，目前進入到3D立體圖像，除了手繪外，運用人工智慧軟體也可生成，輸入相關指令語法，便可產生各式迷因梗圖，相當簡易。不過，受訪者強調，科技使用門檻降低，迷因梗圖可以短時間產生，圖像的細節表現仍可觀察出自科技或人機協作。例如，運用AI生成的迷因梗圖構圖雖然天馬行空，畫面卻常有模糊馬賽克的段落。其次，科技生成的迷因梗圖有時候不符合邏輯：如貓咪吃橘子的畫面，其實不符合真實生活，因為貓咪食用柑橘類食物會脫毛，所以不可能發生。這些都顯示迷因梗圖結合科技的工具特色，但仍需要經由人為的規劃構思或調整因應。

　　科技工具助長迷因梗圖可迅速生成，加速訊息主張的傳遞交流，收到迷因梗圖再分享傳遞的過程，既可拉近社群成員的溝通，無形也促使網友處於科技使用回應的急迫感，考驗網友的是否有分辨、思考的空間，是照單全收？或三思而後分享？

　　「一些新科技我們擁抱來的，我們可以稱為一個助力，但絕對不能是限制我們、框架我們，尤其是學這個創作因子的人，你不能為這個所框架，你框架了以後，你就找不出你自我，我覺得你還是要尋找真正的你，對於我自己的一個創作，或者研究裏面我個人的一個想法，鼓勵學

生去使用它,那我們共同努力來互助,或者是合作共創,那至於說到最後我們還是要擁有你自己的創作,你的精神、你的內涵,屬於一個你自己的一個風格。」(MF1)

「科技便於生成迷因梗圖,深偽科技廣泛運用,圖文不符合邏輯。」(LF2)

「無中生有的訊息/假訊息,不要以為迷因梗圖都是真的,看起來有趣好笑,有時禁不起事實查證,所以,你還要再去查證。」(MF2)

圖像仍有瑕疵、漏洞,餵給他的中文資料大部分是來自於對岸,用詞用「語遣辭用句,很多是不同的習慣用語,他會有很多不一樣的用詞用語,然後觀點這個是你要特別注意的。」(MM1)

「我有一個很核心的概念,就是去導入設計思考的概念,就是以人為本的,就是我希望同學們能夠思考,透過這樣子的一個方式那可以對人是有幫助,但仍有出現沒有經過設計構想,直接用科技生成的迷因梗圖,有些環節與現實脫離。」(VM2)

迷因梗圖的速成方式,對於真實生活的意見表述與人際互動,是否有所影響?來自藝術設計、媒體背景的受訪者分別從各自生活經歷表達見解,其中各有長短,較難定論。藝術設計與影音創作的受訪者坦言,平日接觸的工作者或學生如果習慣透過媒材創作表達個人想法,迷因梗圖的出現僅能算是多一種溝通的形式,未必造成人際交流的困擾。

迷因梗圖近年大量出現,早期已經有網路表情貼圖可以參考。具創作背景的受訪者表示,難以斷言是迷因梗圖影響網路世代惜字如金,或這個現象早已存在多時,近三年的疫情居家生活,更促使網路世代的透過科技溝通而未必直接面對面交流。受訪者已近四年接觸的大學校園學生為例,大四這一年級階段生與其他年級生的溝通方式有明顯差距,後者在人際團隊分組討論出現不適應團隊共創的現象,推想原因也可能受到居家隔離的學習與作息使然。

Chapter 8　AI世代迷因面面觀

受訪者以川普遭警方逮捕、藝人楊丞琳表情管理梗圖為例，川普遭逮捕雖被證實是惡作劇的假訊息，楊丞琳表情猙獰的迷因梗圖也被楊本人抗議澄清，但網友仍慣習分享這樣的暗黑地獄梗圖，無視當事人的其他圖像或迷因梗圖的更新。迷因梗圖要有特別獨到的觀點，才易引發共鳴、在社群平台傳遞。

這些「梗」的浮現來自觀察與創意，反映網友眼光獨具，社群廣為分享，也可能形成適者生存、不適者淘汰的排他效應。這的確呼應《自私的基因》作者到道金斯所描繪的迷因特質。

迷因梗圖可以去中心化地讓社群網友發抒己見，社群經由大數據科技的推波助瀾，又可能更深一層鞏固同溫層間的交流，原本多樣化的迷因梗圖，與大數據科技交互作用，反而形成網友視角趨向相近相同。「梗」在於有特色及靈光乍現，所以可引發網友的趣味點，是否也可能有去脈絡化的現象，對於人際溝通產生先入為主或片面觀感，皆引發深思。

「輔助人的個人助理的角色，個人表達己見的簡易方式，但因個案而定，不是一以貫之，一幅梗圖可以行遍天下。」（TM1）

「那我們上課的時候，就是我弄了一張半身的，只有到半身的人，我就generate field之後，我打了我要的關鍵字，他幫我變成全身就是我下半身都沒有畫這個，變全身，全部按照一樣的風格生成出來，那我的背景一樣可以延伸，比如說我的背景是一個7-11，然後我其實只畫了局部。」（VF1）

「迷因梗圖有助（不擅言詞者）發抒情緒，有圖未必有真相，但反映我的態度、心情、想法。」（MF2）

「會有一個規定，就是說你這個作業是可以使用生成式AI的工具，可是你要告訴我你使用什麼工具，還有你是怎麼下指令的，然後他最後呈現出來是什麼，然後呢，你有沒有做一些修正？你有沒有做優化？有

沒有做更新,然後這些都要呈現出來?」(TM3)

「科技生成的文案或梗圖,如果取材固定的資料庫,語言與風格會受到資料庫內容的影響。」(VM3)

「就是說我本身,因為以我所教的創作課程,然後他們所要提供的作業,他們如果是用AI來進行偷懶的話,其實非常非常明顯,我就請那個同學來說明,他設計構想的過程,如何完成文字或圖像,我大致可以分辨是否有運用AI科技繪圖。」(TM2)

「大數據科技深化同溫層,我們同個群組分享臭味相投的內容,常常推出相似的圖片或照片,與另外、其他社群默契不夠,就會產生差異,如果缺乏前情提要,就有出現溝通誤解／失誤,影響和他人相處對話。」(MM1)

第三節　迷因梗圖合理使用

迷因梗圖取材於網路,運行於社群平台,其中以圖文為呈現型態的迷因梗圖,可運用照片、圖片、結合文字標題表現。社群間的迷因梗圖使用或傳布,對應我國《著作權法》有哪些合理使用的原則?以下將陸續從權益主張維護、事實認定、合理使用等角度整理訪談意見。

一、權益主張維護

權益維護包括迷因梗圖作品內容、作品著作權人的著作人格權以及著作財產權。不論法律、科技、視覺設計、媒體等背景受訪者一致表示,要尊重迷因梗圖的圖像著作權。如果未經原著作權人授權使用可能涉及侵權。法學背景的受訪者引用《著作權法》說明著作完成所生之著

Chapter 8　AI世代迷因面面觀

作人格權及著作財產權,其中著作人格權專屬於著作人本身,不得讓與或繼承;著作財產權則視著作權人相關約定或授權程度。簡言之,迷因梗圖運用之素材如果具有「原創性」及「創作性」,可被視為受保護的「美術著作」或「攝影著作」。

除著作人享有其著作權外,當迷因梗圖使用人物的照片,也涉及《民法》保障照片當事人的個人人格權之肖像權維護。如同手機打卡上傳與他人合照,最好知會或取得當事人諒解進行,這些都是對他人肖像權的尊重。合照的當事人不知情下被上傳社群平台,有主張其肖像不出現或照片下架的權利。

「一樣讓他看三張梗圖,不過這個時候他怎麼看這三張,他會如何做,沒有啊!他是把他放在社群檔案裏,或是直接傳出分享,或進行重製的行為?那如果是重製的行為,那要不要經過這個照片的權利人的同意?那這有沒有涉及到著作權法所謂的著作之利用呢?如果有,那他是需要取得同意或授權呢?還是說他是一個合理使用?他是屬於所謂的轉化性的合理使用?」(LM1)

「這些梗圖的照片當然要取得授權才合法,我們整理下來所謂的智慧財產權,他其實是一個統稱,它包括了著作權、商標,還有專利營業秘密跟所有權,這麼多的權利集合在一起叫做智慧財產權,那社群圖片重製有哪一些權利?我們就個案來看。」(LF1)

「著作人格權專屬著作人,要經過授權,除非另有約定,《民法》有人格權,聲音、肖像、姓名。」(LF3)

「合理利用他人著作應標示出處。但其出處明示的內容及程度如何,因著作之種類及利用型態的多樣化,要視個案研判。」(LF2)

「怎麼保護權益呢?《民法》有人格權,他的聲音、肖像、姓名,都可以告,因為沒有經過我的同意,就有問題啊!」(LF1)

「同樣的都是梗圖,法國、美國的法院也一直覺得這個都是所謂

的轉化性的合理，構成合理使用，法院甚至於覺得搜尋引擎，它比系列仿作更具轉化性，他說你看那個訓練仿作呢？就是把人家的作品拿來修改，然後達到嘲諷的目的，那畢竟還是有用新的作品去替代原來的作品，可是如果只是做搜尋之用的時候呢？那這完全沒有替代的可能，所以他就覺得這是一個完全新的利用。所以當然認為他是一個more transformative use。」（LM1）

二、事實認定

迷因梗圖在社群平台流動是常態，法學背景受訪者解釋，社群網友接獲各式迷因梗圖，未必構成觸法；但如果迷因梗圖訊息涉及謠言或霸凌，是否轉傳分享便要慎重。

吉日本卜力工作室2020年9月釋出八部動畫片靜態劇照，每部五十張，總共四百張高畫質劇照，提供影迷下載。網路出現許多梗圖產生器，包括授權的劇照或不同人物的各式表情與互動照片、繪圖，受訪者指出類似授權的圖像，可供網友自行生成迷因梗圖，侵權疑慮較低。然而，如果產製的迷因梗圖中的圖像素材或照片，取自網路他人圖像作品或照片，要先查閱使用平台的相關授權規範，或先知會網站管理人，於確認取得授權後再使用。

由於合理使用涉及使用性質為商業或非商業，商業使用往往牽涉到雙方的授權約定範圍或授權金等。迷因梗圖的改作如果涉及戲謔／詼諧仿作，是否觸犯《著作權法》則依個案而定。受訪者舉例說明詼諧仿作，改圖的目的如果是嘲諷原著作或kuso新聞事件，參考國外司法實務與近期臺灣法院判決，作品如果與原創作傳達之目的或特性有所不同，便具備所謂「轉化性之利用」，則有可能構成合理使用。

換一個角度，詼諧使用的迷因梗圖未必都構成合理使用。受訪者再

Chapter 8　AI世代迷因面面觀

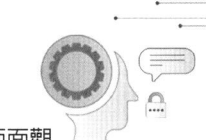

以奧斯卡頒獎典禮轉播為例，威爾・史密斯（Will Smith）在典禮上給克里斯・洛克（Chris Rock）一巴掌的意外事件，網友製作各種網路迷因，雖然這些以演藝人員為主的照片梗圖，可以達到多重曝光或宣傳個人知名度的機會，但歸根結底，未經他人同意（尤其是名人）製作散播仍有觸法風險，何況這類頒獎典禮畫面還牽涉取得轉播所有權方的授權等，擁有版權的相關利益關係人不僅僅是台上的藝人，還有幕後工作人員與所屬代表錄影、錄音、表演團體、播出單位等。

「奧斯卡頒獎典禮巴掌事件的迷因梗圖，雖可能視為詼諧仿作，圖像後面涉及影星肖像權、頒獎典禮錄製、轉播等複雜的授權，只要相關當事人或團隊提出權益保障，仍舊構成違法。」（LF1）

「法規中著作財產權人投稿於新聞紙、雜誌或授權公開播送等，除非有其他約定，合理使用多授與刊載或公開播送一次之權利。」（LM1）

「我們一個一個著作，讓各位同學慢慢進到智慧財產權的世界裏。那這個是聲音、圖片、照片、影片，聲音把它錄製下來《著作權法》叫做錄音著作，收到貼圖再更動其中的文字或加一些畫面特效，改圖的目的如果是嘲諷原著作或kuso新聞事件，相關實務判決，作品如果與原創作傳達之目的或特性有所不同，便具備『轉化性之利用』。」（LF2）

「著作權絕對是有問題，像我們在生成圖片的時候也是一樣，我如果用某一個名人照片，那個就真的很，一個很模糊的界線。」（VF1）

「美國《憲法》第一條第八款，關於著作的保護條款，跟第一修正案跟言論自由有關的部分，美國的立法者跟司法者都必須要考量這兩者當中的均衡，著作權保護條款要保護著作權，第一修正案要考慮言論自由的問題，那當然言論自由的問題跟著作權的保護要如何均衡？確實是需要去處理。不過我們就在問說，那梗圖迷因系列仿作呢？這是言論自由嗎？系列仿作也許是言論自由，我把你的作品拿來進一步地去二創，

去突顯某一個議題的不合理性、荒謬性,來達到評論的效果,所以也許可以作為合理使用,可是美國法院說這個transformative use要比系列仿作更好、更有效益。」(LF2)

「我們跟雜誌合作,去看世界各國攝影記者怎麼麼報導這個世界,比如說以色列的衝突,你會這樣看,但是他非常花人力,而且還有一點的限制,那你還要看懂英文、看懂一點點日文或法文、德文,這些素材蒐集過程就付出了智慧心力,視覺總監運用AI製成各式仿作,放上社群網站,就被轉傳,原創當然有付出,企業組織在這部分的權益保障比較重視,力道比較強烈。」(TF1)

三、合理使用

我國《著作權法》第六十五條第二項主張合理使用,須參酌利用目的及性質、所利用著作之性質、質量及其在整個著作所占比例、利用結果對著作潛在市場與現在價值之影響等要件;如果並未產生市場替代效果,則有主張「合理使用」空間,不過個案是否構成合理使用,仍應由法院調查事實認定。受訪者表示,非商業目的之利用,一般爭議較少,但也有例外。三位法律背景受訪者皆提及網紅古阿莫爭議事件,古阿莫主張「X分鐘看完一部XX的電影」是詼諧仿作,他自稱「引用」影片片段,放在社群平台沒有營利行為,也解釋是符合比例原則;訴訟過程,法院認為古阿莫使用的影片已經由國外授權給臺灣片商,引發爭議的「X分鐘看完一部XX的電影」是利用他人影片剪輯、配上古阿莫個人旁白已是「改作」,古阿莫的講評導致片商無法上院線片,社群平台瀏覽率涉及利潤計算分配、並非為非營利目的,判決最終判決侵害著作權。很明顯地,一旦著作權利人主張權益保障,詼諧改作未必可以成為推託未觸犯著作權法的藉口。

Chapter 8　AI世代迷因面面觀

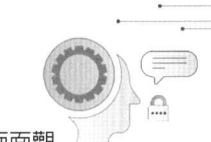

「詼諧仿作未必都成立，前一陣子網紅古阿莫引發合理使用爭議，他自稱『引用』影片片段，放在社群平台沒有營利行為，也解釋是符合比例原則；訴訟過程，法院認為古阿莫使用的影片已經由國外授權給臺灣片商，引發爭議。」（LM1）

「合理使用的比例原則未必用時間衡量，關鍵內容與價值也可評估，我們在法定授權上，我們可以做這樣一個分配，事先不必取得授權就可以直接用，但是權利人，他可以要求我不要，我們把先取得授權再利用把它反過來，不必取授權就可以用，但是我們尊重權利人的控制權，他可以要求我不要被用，那錢呢？無論如何，錢要拿出來，錢可以交給著作權基金管理組織，也不一定要分配，那不分配，我們要幹什麼？把錢拿去用在對整體著作權力有幫助的事情。」（LF2）

「古阿莫事件牽涉上傳社群媒體，是否是非營利目的？背後有網路流量的商業利益，我們一些學生常放自己的作品上網，希望被看見，有時是自己作品被引用，如果成為somebody後，就比較謹慎，目前網站有檢舉機制，大家會小心一些。」（MF1）

「古阿莫利用他人影片剪輯、配上古阿莫個人旁白屬於『改作』，片商主張取得影片在臺灣的發行權，就不算合理使用，有時候是有權利人主張，但，還是要小心啦！」（MF2）

「因為我們在做圖像作品，我們在找AI生成的那些工具的時候，那些平台的時候，其實他們會有一些關於他們的版權聲明，或者是他們可以用在商業用途或什麼的一些聲明，我們可能要去看一下他的聲明，免責的聲明是什麼，我覺得這個可能是創作者要注意的。」（VF1）

社群平台為開放多元空間，受訪者咸認同迷因梗圖激發多樣創意與觀點，言論自由是重要價值。隨著俄烏戰爭開打，國際之間的戰爭明顯延伸至網路社群，科技法律背景的受訪者以跨國科技平台掌握到的資訊流量，以及假訊息流量分布，說明資訊戰正方興未艾，其中的看似無傷

大雅的迷因梗圖，或經由深偽變造的假新聞，對戰爭發生國家的人民與國際視聽，形成重大影響；如果資訊掌握錯誤，可能決策錯誤或有損國家安全，或引起社會動盪不安。迷因梗圖看似直觀兼具寓意的交流或各自表述，讓社群成員忙著接收或接力傳布，如何避免白忙一場，且不被誤導為「無中生有」的虛張聲勢，考驗社群網友的合理使用與判斷。

「社會與國際間的衝突，已進入資訊戰，烏克蘭戰爭就用它，事實查核中心網站就有許多訊息，臺灣本島的狀況也很多，梗圖仿作成為資訊戰的子彈。」（TF1）

「網友過度熱情傳遞轉貼迷因梗圖，可能陷入資訊戰而不自知，常出現在國際衝突，可能語文或距離感，對這些查證比較不在意，便成為跨國網軍，持續發酵。」（LF2）

「假訊息的迷因梗圖看起來好笑，背後傳遞的價值影響判斷。」（LF1）

「俄烏戰爭開打後，俄羅斯用網路間諜對烏克蘭與其他國家連續發動攻擊，駭客攻擊雲端安全系統，直接影響內部外部溝通，或製造假事件、假新聞，看似好笑的迷因梗圖，也可能在操弄輿論，這就是資訊戰；資訊戰的網路攻擊，會透過雲端安全性系統防治，目前也有圖像辨識系統，但無法百分百。」（LF3）

坊間出現所謂著作權蟑螂，以釣魚方式引誘網友下載，再索取和解金。視覺設計、媒體、法律背景受訪者提及著作權蟑螂的現象，擁有著作權的團體將圖片或照片放置社群平台，網友誤以為可公開下載運用，爾後收到相關團體發律師存證信函，往往被迫以和解金收場、花錢消災。類似個案有無辜受害者或有心觸法者，前者可能是資源有限的私部門，或非營利組織，誤用網路圖片或照片而牽涉剽竊疑慮。

媒體背景受訪者以日前有名為維護智慧財產權的新創公司，與片商

Chapter 8　AI世代迷因面面觀

合作包攬取締盜版者，一旦釣魚成功，再根據掌握的網址寄存證信函，索取和解金獲利。這件不當取財的行徑曝光遭起訴。類似誘拐網友下載使用的釣魚方式，如果使用者具備需取得著作權授權的法律素養，便可避免觸法或被誘導。

「著作權蟑螂以釣魚方式引誘網友再索賠，我知道一些公益組織常常碰到這種、算詐騙吧，有些組織碰到著作權蟑螂，擔心訴訟傷害組織，就被他們脅迫付和解金，其實，圖片檔案授權費未必都要上萬元，但大家不懂法律，也沒預算請律師。」（MM1）

「我們都互相提醒，有哪個攝影家會將個人作品分享傳遞，當發現有被下載使用，便尋著IP位置發存證信函，千萬不要上當，這還是與個人是否原創有關。」（MM1）

「維護版權的新創公司與片商合作引誘網友下載而後索賠，引起爭議。」（LF1）

「有資訊公司架設圖像網站，網友誤以為可開放取用，不知情下載而觸法，後被迫和解收場，類似上當的案例不少，或是從境外網站取用以為沒事，後來被發存證信函，原來公司在臺灣。」（VF1）

迷因梗圖被網友擴散傳布，對於創作者來說也是一種作品與人分享展示的成就感，無形促進社會文化發展。從創作者維護個人著作財產權的預防角度，迷因梗圖的原創著作權人如何宣示其作品主權？具科技、創作與法律背景的受訪者認為，如同過往字畫有創作者的落款，目前有使用防止盜圖的文字浮水印方式宣示作者主權，或展示作品的社群平台或網頁要有類似「權利保留、違法必究」的宣告，並註明法律權利義務，且提供聯絡信箱以便聯絡授權事宜。這些並非萬無一失，是防君子的方式。

法律背景的受訪者說明，圖像創作過程要記錄，特殊耗費心力的作

品記得要註冊，建立版權所有權記錄，以便有效保護權益。社群媒體與人工智慧應用普及，數位內容的權益保障尤其有挑戰，創作者在分享展示個人創意的同時，需要留意自保。

　　至於著作權保護期限與使用範圍，法學背景受訪者比較著作權與商標權的權利續存期間，著作人格權可終生享有，一般權利續存時間為五十年，例外者可再有五十年；商標權的權利續存期間自註冊登記開始享有十年，可延展。著作效力範圍則有重製權與公開再現；商標的權利效力範圍則含括同一或類似商品、使用權等表現形式。

　　受訪者說明，網路社群平台相關網路業者在不知情或使用侵權圖片等情況下，不用負擔賠償責任；當接獲侵權通報時，如查屬實採取「通報即移除」方式，避免違法事態擴大但要保留相關事證，供後續調查。

　　以德國為例，德國聯邦憲法法院在呂特案（Lüth）判決中為言論自由案件的司法審查建立起「交互影響理論」（Wechselwirkungstheorie）。交互影響理論是一項衝突規範（Kollisionsregelung），參考規範解釋層次的「合憲性解釋」和規範適用層次的「狹義比例原則」組成（蘇慧婕，2012）；憲法實務向來偏重在後者，亦即「個案法益權衡」。德國德紹－羅斯勞（Dessau-Roßlau）勞工法院視按讚行為涉及基本法第五條的「意見表達」（Meinungsäußerung），使用交互影響理論主張按讚的評論不致造成人格權的重大侵害，從而限縮系爭民法和勞動法規的個案適用。

　　「一般使用浮水印保護版權，防君子啦，但至少要自己表態。」（LF2）

　　「在照片或圖片加上特有標誌或文字、浮水印，告示網友這有版權。」（VF1,）

　　「網站標示『權利保留、違法必究』字樣，會特別提醒要注意，減少紛爭。」（VM2）

　　「建立版權所有權的創作歷程記錄，維護權益。」（LF1）

Chapter 8　AI世代迷因面面觀

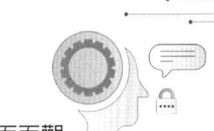

「從權利續存期間來看，著作人格權可終生享有，一般權利續存時間為五十年，例外者可再有五十年；著作效力範圍則有重製權與公開再現。商標權的權利續存期間自註冊登記開始享有十年，可延展；權利效力範圍則包括同一或類似商品、使用權等表現形式。」（LF3）

「可以參考網路著作權與《著作權法》第六章之一：網路服務提供者之民事免責事由；《著作權法》第九十之五條規定，連線服務提供者對其使用者侵害他人著作權或製版權之行為，不負賠償責任：一、所傳輸資訊，係由使用者所發動或請求。二、資訊傳輸、發送、連結或儲存，係經由自動化技術予以執行，且連線服務提供者未就傳輸之資訊為任何篩選或修改。這些啦，或像是也有規定平台業者，如果接獲侵權申訴，資訊儲存服務提供者及搜尋服務提供者，經著作權人或製版權人通知其使用者涉有侵權行為後，立即移除或使他人無法進入該涉有侵權之內容或相關資訊。」（LM3）

社群網路無遠弗屆，網友來自全球各地，迷因梗圖風潮席捲社群平台。人工智慧日新月異，網路上出現梗圖產生器相關服務，方便網友進行重製、改作。迷因梗圖持續演進的社群接力行動，〈迷因篇〉兼用文獻分析法、深度訪談法，分析網路重製圖文相關法院判決，所涉及的文化現象與特色為何，社群網友可以如何合理使用迷因梗圖、避免觸法。以下將提出研究結論與與後續建議。

第四節　結論與討論

社群媒體結合人工智慧科技運用，成為網路3.0階段媒體近用權實踐的重要里程碑。從Web1.0，Web2.0，演進至Web3.0時代，資訊社會媒體創意也由專業產製（professional generated content, PGC），歷經自

媒體（user-generated content, UGC），進展到生成式人工智慧（artificial intelligence generated content, AIGC）階段（Gan, Ye, Wan & Yu, 2023），社群網有運用AI，即可迅速生成產製內容訊息。

從社群貼圖、動態圖文、動態影音等各式訊息，一目瞭然的迷因梗圖，往往帶給人們會心的一笑。受訪者收到社群成員分享的迷因梗圖，引發留意的關鍵點，包括結合專業領域新近的動態、圖文並茂、詼諧的標題，或搶眼的圖像，尤其作品反映了當時的內心世界、引發共鳴。

一、迷因梗圖文化現象

結合專業領域的迷因梗圖，往往來自相關社群平台，這部分會引發受訪者留意。或基於接觸或認識網路世代想法，可以成為與年輕世代溝通的話題。迷因梗圖在詼諧揶揄中可能反射傳遞者或創作者心態，在互為參照的接力行動下，增加網友交流，這對認識新世代是一個很好的體驗，但也可能限於同溫層。

迷因梗圖提供現代人在放鬆時段匆匆瀏覽、打發時間的生活經驗；如果覺得無傷大雅或贊同，再分享傳遞或回覆按讚。這些過程是一種社群參與感，或與親友保持聯絡交流的方式。除非是相當熟悉的親友，遇見不同觀點或涉及專業領域，才會進一步以通訊聯絡溝通澄清，迷因梗圖只是聯誼的媒介，未必可以有效溝通。

迷因梗圖始於原作，結合表達主張，主要透過社群媒體散播，社群平台各有不同定位與參與成員。從社群成員層面觀察，社群關係的建立需要累積，如同一動態連續的連結或聚合過程。社群成員間彼此交流有共同關注面的梗圖，可能加深所謂「同溫層」效應（echo chamber effect）。同一社群的成員彼此分享的迷因梗圖，究竟是擴大成員的視野，或適得其反，有不同定論。民主社會接觸多樣化的網路訊息，已形

Chapter 8　AI世代迷因面面觀

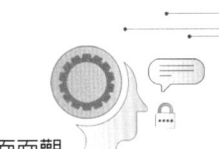

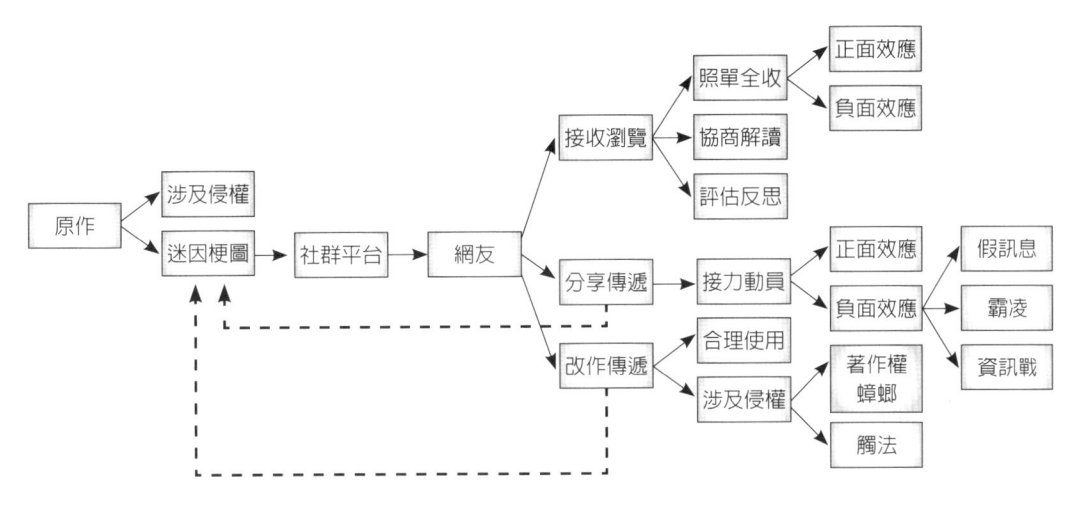

圖8-1　社群平台迷因梗圖傳遞流程與衍生現象

成日常。可以確認地，社群成員如果可以過濾假訊息，避免畫地自限，接觸多元角度的素材，迷因梗圖也成為各式訊息的表達；所謂閱聽人素養的建立，尤為上策。

圖8-1呈現迷因梗圖的傳遞流程與衍生現象，其中虛線部分代表當網友分享傳遞，或改作重製再散播，所涉及的合理使用層面。如果原作經由改作為迷因梗圖的第一階段，放置社群平台經過網友瀏覽、分享、改作傳遞，各有不同的衍生現象。

1. 接收瀏覽：網友可能採取照單全收，或協商解讀分辨，或評估反思等不同閱聽方式。如果採取照單全收，對於單純搏君一笑、無傷大雅的梗圖，或達到情緒共鳴的交流目的，或衍生負面反應。
2. 分享傳遞：當網友接觸迷因梗圖加入被召喚的行列，相關概念主張可迅速傳遞發酵，擴大相關主張的能見度。然而當涉及假訊息、霸凌、資訊戰的泥淖，網友成為被利用的管道與棋子，則引火上身，涉及觸法。

287

3.改作傳遞：迷因梗圖為表達個人主張的溝通型態，網友在合理使用的範圍，發揮創意參與改作，彼此交流、展現個人風格，形成網路繽紛的文化現象；相對地，當改作涉及侵權或類似著作權蟑螂等不當動機，類似改作傳遞，也是網路會出現的違法陷阱，端賴網友第一時間的分辨，遠離風險。

接受深度訪談的專家學者也提出迷因梗圖產生的負面文化效應，包括性別或族群刻板印象與歧視、世代差距或代溝、網路霸凌或假訊息等。帶有標籤化的梗圖，也不時替社群成員洗腦，形成自我預言的負面效應。

新冠病毒期間，電視新聞曾經用韓國國旗改作為新冠病毒圖像，報導韓國案例激增，引發韓國與臺灣韓國僑民的抗議，這些是不好的示範。此外，運用卡通人物雖然看似幽默或輕鬆，也容易打入社群成員間彼此分享傳遞，但傳達的文化偏見卻相當嚴重。

類似梗圖表現究竟是言論自由，或涉及違法，也視被梗圖捉弄的當事公眾人物的反應。法學背景的受訪者認為，除非涉及社會秩序安全或人身攻擊，一些搞笑的作品，也反映一個社會言論的寬容程度。

迷因梗圖被公部門運用傳達施政與服務，社群平台有時也出現網友自製梗圖的不同主張，具法學背景的受訪者認為，如果類似藉由梗圖表達的多元聲音，過度嚴肅看待，被當作假訊息處置，對標榜民主自由的臺灣社會所推崇維護的言論自由是項挑戰，需要審慎以對。

此外，圖8-1有關迷因梗圖的傳遞流程與衍生現象，原作在改作第一階段及涉及侵權；與後續網友在不知情前提下，持續接力傳遞或改作傳遞，兩階段所涉及的侵權處罰是否有別，也值得後續探討。

重視媒體識讀的受訪者則以為，假訊息判斷的原則在於究竟是事實陳述、抑或是主觀感受表達。後者涉及個人的表達意見或感受，比較不受到假訊息或假新聞的處置；一旦涉及客觀的事實內容，則是假訊息關

Chapter 8　AI世代迷因面面觀

注的層面。

比較需要留意的是，接觸到類似假訊息的迷因梗圖，人們是否持續轉傳、媒體是否爭相報導，擴散傳播反轉變成眾口鑠金，一旦脫離作弄搞笑的趣聞，涉及人身攻擊，便容易構成霸凌。涉及商業、政治競選、國際角力的資訊戰，更成為助長資訊戰的工具。

由於人工智慧與繪圖軟體的精進，科技易用性與友善性提高，迷因梗圖自初期的2D平面圖像，目前進入到3D立體圖像，除了手繪外，運用人工智慧軟體也可生成，輸入相關指令語法，便可產生各式迷因梗圖，相當簡易。

科技使用門檻降低，迷因梗圖可以短時間產生，圖像的細節表現仍可觀察出自科技或人機協作。例如，運用AI生成的迷因梗圖構圖雖然天馬行空，畫面卻常有模糊馬賽克的段落。其次，科技生成的迷因梗圖有時候不符合邏輯；如貓咪吃橘子的畫面，其實不符合真實生活，因為貓咪食用柑橘類食物會脫毛，所以不可能發生。這些顯示迷因梗圖結合科技的工具特色，但仍需要經由人為的規劃構思或調整因應。

科技工具助長迷因梗圖可迅速生成，加速訊息主張的傳遞交流，收到迷因梗圖再分享傳遞的過程，既可拉近社群成員的溝通，無形也促使網友處於科技使用回應的急迫感，考驗網友的是否有分辨、思考的空間，是照單全收，或三思而後分享。

根據深度訪談，坊間出現所謂著作權蟑螂，以釣魚方式引誘網友下載，再索取和解金。類似個案有無辜受害者或有心觸法者，前者可能是資源有限的私部門，或非營利組織，誤用網路圖片或照片而牽涉剽竊疑慮。

迷因梗圖被網友擴散傳布，對於創作者來說也是一種作品與人分享展示的成就感，無形促進社會文化發展。從創作者維護個人著作財產權的預防角度，迷因梗圖的原創著作權人可使用防止盜圖的文字浮水印方

289

式宣示作者主權,或展示作品的社群平台或網頁要有類似「權利保留,違法必究」的宣告,並註明法律權利義務,且提供聯絡信箱以便聯絡授權事宜。這些並非萬無一失,是防君子的方式。

　　法律背景的受訪者建議,圖像創作過程要記錄,特殊耗費心力的作品記得要建立版權所有權記錄,以便有效保護權益。社群媒體與人工智慧應用普及,數位內容的權益保障尤其有挑戰,創作者在分享展示個人創意的同時,需要留意自保。

二、合理使用討論

　　〈迷因篇〉探討以網路社群平台以靜態圖文型式呈現的迷因梗圖,社群網友分享或重製再分享傳遞,如何不違背我國《著作權法》中合理使用的範圍。從法院有關涉及《著作權法》重製圖文的判決來看,利用人出於非商業之教育用途、著作原創目的、比例原則、不影響著作的市場價值等,都在合理使用的範疇。網路社群間流傳的迷因梗圖,卻未必有明示出處,是否觸法?

　　著作權包括著作人格權與著作財產權,法律學者認為(李治安,2012),合理使用相關條文係規範著作財產權的範圍;至於是否註明出處則各有見解。根據《著作權法》第五十七條:美術著作或攝影著作原件或合法重製物之所有人或經其同意之人,得公開展示該著作原件或合法重製物。條文揭示不論原作品或重製均需經著作所有人的同意授權,再進行公開展示。

　　另一方面,美國哈佛大學法律學者雷貝嘉‧圖施奈(Rebecca Tushnet)曾舉例說明,得不用明示出處的社會實例,如引用某流行歌曲,利用人未必呈現原詞曲創作人,但會標明演唱歌手;戲謔仿作(parody)的創作者也常如此,但當原著作具相當知名度,一般大眾於

接觸類似仿作後，即知原著作為何，形同以暗示性的方式表達出處來源（Tushnet, 1997）。法律學者李治安以為，如此則或可允許類推適用《著作權法》第十六條第四項規定，依著作利用之目的及方法，無損於著作人之利益，且不違反社會使用慣例者，得省略著作人之姓名或名稱。

戲謔仿作或改作、重製是否具備創新價值，也成為合理使用的評估原則。法律學者也提醒（沈宗倫，2023），評估是否具備文化創新價值、屬合理使用與否等因素，如果有違比例原則、較大程度影響著作財產權利的市場價值利益時，應特別考量著作財產權人對於合理使用結果的補償、共有或未來參與成果管理的可能性，以平衡合理使用評價可能形成的負面影響。

由於哈佛大學法律學者於1997年提出可免除合理使用利用人標示原創作者的義務，當時適逢網際網路發展初期，網路處於篳路藍縷推展階段，科技演進至今，相關網路治理與法治精神已經與過往不可同日而語。面對類似黑人問號公開釋出工人利用的迷因梗圖處處傳遞，其創新價值實難評估，本研究主張，除非原作者採取公開釋出其圖片或照片，使用人有告知原作者、經由原作者同意授權的義務；原作者如不同意其創作未經授權利用或分享，也需要註明需要經過原作者同意的責任。使用人在社群平台轉傳，或重製分享要留心個人權利義務，既可避免觸法，也可嚇阻著作權蟑螂的橫行，以維護著作人格權與著作財產權的衡平，兼顧鼓勵著作權人創作及社會文化交流。

三、研究建議

「AI世代臺灣青少兒數位韌性與美感素養調查報告」顯示（黃葳威，2024），臺灣青少兒最常使用的入口網站，前五名皆為跨國科技平台；其中「Google」為入口網站的青少兒最多（49%），其次為短影音

平台「Instagram」（45.6%），再者為「YouTube」占（35.2%）、「抖音TikTok」（25.5%）、「Facebook」（23.4%）。隨著俄烏戰爭開打，國際之間的戰爭明顯延伸至網路社群，跨國科技平台掌握全球網路平台管制與資訊流通權，資訊戰的戰場，臺灣沒有主場優勢。

看似無傷大雅的迷因梗圖，或經由深偽變造的假新聞，對戰爭發生國家的人民與國際視聽，形成重大影響；如果資訊掌握錯誤，可能決策錯誤或有損國家安全，或引起社會動盪不安。迷因梗圖看似直觀兼具寓意的交流或各自表述，讓社群成員忙著接收或接力傳布，如何避免白忙一場，且不被誤導為「無中生有」的虛張聲勢？類似網路資訊戰下的勞動成本與勞動權益分析，仍待後續研究。

美國加州大學曾發表「蘋果的iPad和iPhone誰分到最多價值？」（Capturing Value in Global Networks: Apple iPad and iPhone?）論文（Kraemer, Linden & Dedrick, 2011），釐清一件眾所周知的事實，蘋果商品外包中國大陸製造，品牌地主國美國為最大獲益方。

2011年總統歐巴馬在國情咨文提出創新與科技、教育的重要性，發布《總統2012預算要求和中小學教育改革藍圖法案》（A blueprint for reform: The reauthorization of the elementary and secondary education act）。美國羅德島設計學院（Rhode Island School of Design）發起「從STEM到STEAM」的運動（Maeda, 2013），推廣至全美。藝術及傳播學者專家認為（Bequette & Bequette, 2012; Vande Zande, 2017），STEAM最有效的切入點，是從設計的角度來結合科技、科學與藝術。

「賞識思維」（artful thinking）源自美國哈佛大學教育所「零點計畫」（Project Zero），賞識思維的關鍵在「深思熟慮的觀看」（slow looking）（李宜蓁，2022）。思考、思辨形同需時深沉的腦力活動。迅速瀏覽可看到事物的輪廓；深思熟慮的賞識，則可辨識細節及弦外之音。

Chapter 8　AI世代迷因面面觀

　　臺灣一〇八課綱強調素養導向教學，藉十二年國民教育培養學生的知識、能力、態度，核心素養中的「藝術涵養與美感素養」，為「溝通互動」的一環。但在重視升學的臺灣，藝術相關課程或教育，常被數理語文課借走，無形剝奪年輕學子涵詠美感生活的機會。

　　從教育角度觀察迷因梗圖的多樣發展，不論面對著作權蟑螂、資訊戰、著作權權益保障、合理使用等議題與新興現象，網友如何解讀迷因梗圖？究竟是照單全收，或採取協商方式、對立反思方式解讀？涉及媒體識讀教育應該加強視覺元素的融入教學。

　　如果加入被動員行列分享傳遞迷因梗圖，分享傳遞過程是否原圖照傳？或經由原創、改作散播？如何避免成為假訊息的傳遞工具，深陷資訊戰場而不自知？建議十二年國民教育在推動素養教育的過程，應與時俱進結合科技應用教學、法律素養，以及人文藝術教育於課程設計與行動實踐。

參考文獻

李治安（2012）。〈合理使用誰的著作？──論合理使用與出處明示之關聯〉，《政大法學評論》，第126期，頁357-403。

李宜蓁（2022/12/14）。〈什麼是賞識思維？它有什麼重要性？〉，《教育家》。引自https://teachersblog.edu.tw/events/1699。查詢時間：2025年1月31日。

沈宗倫（2023年7月）。〈由三步驟測試法檢視著作權轉化性合理使用之正當性與界限〉，《臺灣法律人》，第25期，頁110-130。

黃葳威（2020）。《數位時代社會傳播》，頁73-76。新北市：揚智。

黃葳威（2024/12/17）。「AI世代臺灣青少兒數位韌性與美感素養調查報告」。臺北市：中華白絲帶關懷協會。引自https://www.cyberangel.org.tw/file/evt2024-/2024_tw_youth_survey.pdf。查詢時間：2025年1月31日。

蘇慧婕（2012）。〈淺論社群網路時代中的言論自由爭議──以臉書「按讚」為例〉，《臺灣本土法學雜誌》，第214期，頁28-35。

Bequette, J. W. & Bequette, M. B. (2012). A place for art and design thinking in the STEM conversation. *Art Education, 65*(2), 40-47.

Gan, W., Ye, Z., Wan, W. & Yu, P. S. (2023). Web3.0: The Future of Internet. In Companion Proceedings of the ACM Web Conference 2023 (WWW'23 Companion), April 30-May 4, 2023, Austin, TX.

Kraemer, K. L., Linden, G. & Dedrick, J. (2011). Capturing value in global networks: Apple's iPad and iPhone. PCIC Working Paper. https://www.scirp.org/reference/ReferencesPapers?Reference-ID=1500026, Retrieved 10 November 2023.

Maeda, J. (2013). STEM + Art = STEAM. *The STEAM Journal, 1*(1), 1-3.

Tushnet, R. (1997). Legal Fictions: Copyright, Fan Fiction, and a New Common Law, *17 Loyola of Los Angeles Entertainment Law Review* 651 (1997).

Vande Zande, R. (2017). *Design Education: Creating Thinkers to Improve the World*. Lanham, MD: Rowman and Littefiled.

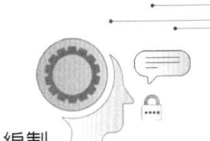

附錄：訪談研究架構及其工具編製

　　迷因梗圖爲結合科技應用傳遞主張或訊息的一種形式，本研究根據研究問題，進行文獻探討與文獻分析，顯示社群平台迷因梗圖近用包括接收瀏覽、轉傳分享、重製或二創、再傳布分享，是否觸法等流程，涉及資訊內容近用[1]、網路科技近用、合理使用等面向（黃葳威，2020）。

　　研究者採取半結構式訪談，訪談問題的題綱計有：

一、資訊近用層面

1. 請問在網路上有接觸或瀏覽迷因梗圖的經驗嗎？如果有，是那些？
2. 請問您認爲迷因梗圖對於社會文化發展有那些正面的影響？請舉例說明。
3. 請問您認爲迷因梗圖對於社會文化發展有那些負面的挑戰？請舉例說明。

---

[1] 大法官解釋釋字第364號說明，學理上所謂「接近使用傳播媒體」之權利（the right of access to the media），乃指一般民眾得依一定條件，要求傳播媒體提供版面或時間，許其行使表達意見之權利而言，以促進媒體報導或評論之確實、公正。例如媒體之報導或評論有錯誤而侵害他人之權利者，受害人即可要求媒體允許其更正或答辯，以資補救。民眾「接近使用傳播媒體」應在兼顧媒體編輯自由之原則下，予以尊重。如何設定上述「接近使用傳播媒體」之條件，自亦應於法律內爲明確之規定，期臻平等。

二、科技近用層面

1. 請問您工作上對於數位科技的應用有那些？
2. 請問您對於迷因梗圖結合科技應用有那些要留意的情況？請舉例說明。

三、合理使用層面

1. 請問您對於迷因梗圖在使用上有那些要留意的情況？
2. 請問您認為合理使用迷因梗圖的原則是什麼？如何尊重著作權？
3. 請問有其他要補充的想法或建議嗎？

訪談研究執行及訪談內容整理，依序有「執行訪談前」、「執行訪談中」與「完成訪談後」三階段。

一、執行訪談前

本研究依序展開「聯絡預定訪談對象」、「寄送訪談大綱」及「準備訪談物品」。透過電子郵件或電話自行聯繫，以確定研究參與者之受訪意願，再進一步約訪可行的受訪時間與地點。

考量迷因梗圖的產製與版權維護涉及科技應用、法律、視覺創作、媒體等不同領域，研究規劃的原採訪七位學者專家，執行後視相關資料蒐集需求，增加深度訪談對象，以增加訪談內容的角度與豐富。結果進行十五位學者專家深度訪談，受訪者包括三位科技背景、五位法律背景、四位視覺創作背景、三位媒體背景等四領域，總計六位女性、九位男性。

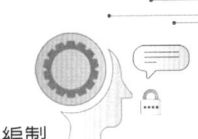

附錄：訪談研究架構及其工具編製

受訪者相關背景與訪問時間如附表。

附表一　深度訪談對象與執行時間

專長	訪談對象	訪問時間
法律			
LF1	著作權律師兼大學助理教授	2023.11.15上午11:00-12:00
LF2	大學法律系教授	2023.9.9晚上20:00-21:30
LM1	民間司改會律師	2023.8.16下午13:30-14:20
LF3	科技公司法務兼大學助理教授	2023.9.25下午16:30-18:00
LM2	卸任大法官兼大學教授	2023.10.20上午9:20-10:20
視覺設計			
VF1	動畫設計工作者兼大學教授	2023.7.26下午14:00-14:30
VM1	紀錄片導演兼大學教授	2023.7.26下午14:30-15:00
VM2	數位設計工作者兼大學副教授	2023.8.13下午16:30-17:30
VM3	數位設計工作者兼大學副教授	2023.9.9下午13:00-14:00
科技			
TF1	AI內容行銷長兼大學助理教授	2023.10.20上午10:30-12:00
TM1	新創工作者兼大學助理教授	2023.8.15晚上21:30-22:50
TM2	AI繪圖研究者兼大學助理教授	2023.12.4下午16:30-18:00
媒體教育			
MF1	影像工作者兼大學教授	2023.9.4中午12:00-13:00
MM1	媒體識讀教授	2023.9.12上午11:00-12:00
MF2	資訊傳播副教授	2023.9.4下午13:10-14:00

二、執行訪談中

迷因梗圖為近年社群平台出現的交流方式，研究者先評估受訪者是否有接觸迷因梗圖的經驗，作為前面引導主題，分享日常生活話題，再請受訪者提出其接觸與觀察，目的在營造輕鬆自在的訪談情境；其次，切入迷因梗圖結合社群AI大數據的擴散現象，訪問受訪者對於科技應用

的觀察與評估；並在對談過程中，追問或釐清受訪者的意見。十五位受訪者分別從資訊近用、科技近用角度提出對於迷因梗圖的觀察，或提供其經歷或見解。有關法律層面的問題，法律背景的受訪者比較有其獨到觀點。

三、完成訪談後

訪問過程以錄音筆或手機紀錄，完成後先整理逐字記錄，再整合分析。迷因梗圖流傳與社群媒體，社群媒體被視為Web3.0發展階段，可供使用者參與傳播的媒體近用實踐場域。媒體近用可從資訊近用、科技近用、參與使用層面觀察。十五位受訪者訪談內容經記錄後，分別從資訊近用觀、科技近用觀、合理使用依序分析討論。

新聞傳播叢書

AI 世代傳播素養

作　　者／黃葳威
出 版 者／揚智文化事業股份有限公司
發 行 人／葉忠賢
總 編 輯／閻富萍
地　　址／新北市深坑區北深路三段260號8樓
電　　話／02-8662-6826
傳　　真／02-2664-7633
網　　址／http://www.ycrc.com.tw
 E-mail／service@ycrc.com.tw
 ISBN／978-986-298-459-8
初版一刷／2025年9月
定　　價／新台幣450元

＊本書如有缺頁、破損、裝訂錯誤，請寄回更換＊

國家圖書館出版品預行編目（CIP）資料

AI世代傳播素養 = Media literacy in the age of AI / 黃葳威作. -- 初版. -- 新北市：揚智文化事業股份有限公司, 2025.09

面；　公分. -- (新聞傳播叢書)

ISBN 978-986-298-459-8（平裝）

1.CST: 數位傳播　2.CST: 媒體素養　3.CST: 文集

541.8307　　　　　　　　　　　　114012793

NOTE

NOTE